高等职业教育"十二五"规划教材
汽车专业工作过程导向职业核心课程双证系列教材
人力资源和社会保障部职业技能鉴定中心组编

汽车发动机构造与维修

主　编　高　洁

副主编　李　博

上海交通大学出版社

内容提要

本书编写以项目式教学为主,内容包括发动机总体构造认识、曲柄连杆机构的构造与检修、配气机构的构造与检修、汽油机燃油供给系的构造与检修、柴油机燃油供给系的构造与检修、发动机冷却系的构造与检修和发动机润滑系的构造与检修等七个项目。每个项目包括若干个任务,辅以案例教学和技能训练,结合大量的配图,内容翔实,重点突出。

本书可作为高职高专汽车检测与维修、汽车运用工程、汽车电子技术等汽车类专业教材,也可作为职业技能培训教材和汽车维修、汽车检测等工程技术人员的参考书。

图书在版编目(CIP)数据

汽车发动机构造与维修/高洁主编.—上海:上海交通大学出版社,2014(2017 重印)
ISBN 978-7-313-12477-7

Ⅰ.①汽… Ⅱ.①高… Ⅲ.①汽车-发动机-构造-高等职业教育-教材
②汽车-发动机-车辆修理-高等职业教育-教材 Ⅳ.①U472.43

中国版本图书馆 CIP 数据核字(2014)第 305610 号

汽车发动机构造与维修

主　　编:高　洁
出版发行:上海交通大学出版社　　　　　地　　址:上海市番禺路 951 号
邮政编码:200030　　　　　　　　　　　电　　话:021-64071208
出 版 人:郑益慧
印　　制:上海颛辉印刷厂　　　　　　　经　　销:全国新华书店
开　　本:787mm×1092mm　1/16　　　印　　张:14.25
字　　数:329 千字
版　　次:2015 年 2 月第 1 版　　　　　印　　次:2017 年 1 月第 2 次印刷
书　　号:ISBN 978-7-313-12477-7/U
定　　价:38.00 元

前 言

《国务院关于加快发展现代职业教育的决定》(国发〔2014〕19号)以及教育部等六部委《现代职业教育体系建设规划(2014—2020年)》文件明确提出:现代职业教育是服务经济社会发展需要,面向经济社会发展和生产服务一线,培养高素质劳动者和技术技能人才并促进全体劳动者可持续职业发展的教育类型。要提高人才培养质量就必须坚持校企合作、工学结合,强化教学、学习、实训相融合的教育教学活动,推行项目教学、案例教学、工作过程导向教学等教学模式。

我们根据汽车检测与维修专业技术领域和职业岗位(群)的任职要求,参照相关的职业资格标准,结合目前汽车维修行业实际需求,编写了这本汽车检测与维修专业高素质劳动者和技术技能人才教学用书。本书在编写过程中,充分考虑高职学生的能力特点,认真总结了国内汽车专业院校多年来的专业教学经验,吸收了一些高职院校汽车发动机构造与维修教材中知识的实用性和针对性优点,形成了如下特点:

(1) 以"一体化"课程为主,理论教学与实践教学相统一,使学生在学习过程中做到了"学中做"和"做中学"。

(2) 以项目教学为主,依据专项能力培养确定知识目标和能力目标,使人才培养过程做到认知与行动的统一。

(3) 以案例教学为辅,利用汽车维修企业实际解决的故障案例分析作为课堂教学的补充,便于实现教学过程与生产过程的对接。

(4) 配以大量的技能训练,充分体现岗位工作能力的需求,凸显以职业需求为导向,实现了课程内容与职业标准的对接。

《汽车发动机构造与维修》是汽车检测与维修专业领域高素质劳动者和技术技能人

才培养的核心课程。全书共分 7 个学习项目,由河南机电职业学院高洁担任主编,李博担任副主编。其中,项目 1,2 由高洁编写;项目 3 由李博编写;项目 4 由冯如只编写;项目 5 由胡丰收(任务 5.1 和 5.4)、李宁(任务 5.2 和 5.3)编写;项目 6 由薛姣编写;项目 7 由朱永存编写。

　　由于时间仓促和水平有限,且课程改革正处于研究探讨阶段,尚无成熟的经验可以借鉴,书中存在的不妥和误漏之处,恳请使用本教材的教师和学生予以批评指正。本书参阅了大量论著和文献,不管文后是否列出,均向文献作者表示诚挚的谢意。

编　者

目 录

项目 1 | 发动机总体构造认识

【情景导入】

一辆汽车进厂修理,客户反映该车发动机存在故障需要进行全面的检测。维修技师接车后首先对该车型的发动机型号、结构、工作方式、运行参数等资料进行登记,并查阅相关维修手册确定具体要求,然后对发动机总成的各方面性能进行逐一的检测。

【学习目标】

(1)了解发动机的作用和不同类型。

(2)掌握发动机的总体结构和工作原理。

(3)理解发动机各种参数指标的含义。

(4)能够熟练进行发动机总成就车拆装。

(5)能借助网络、文件资料等手段查阅发动机型号、规格、性能资料等信息。

(6)养成认真负责、安全文明和团队协作的职业素养。

汽车的动力来源于发动机。发动机就是将燃料燃烧产生的热能转换为机械能的机器。汽车发动机的结构复杂,种类繁多,现应用比较广泛的为汽油机、柴油机和气体燃料发动机。所有的发动机都具有曲柄连杆机构、配气机构、润滑系、冷却系,燃料供给系和起动系等六个部分,汽油机有独特的点火系和电子控制系统。本项目将介绍发动机的不同类型和总体构造、发动机基本术语和工作原理以及发动机的性能指标等知识。

任务 1.1 发动机类型与总体构造

【任务描述】

针对该进厂维修的汽车发动机进行认识,判断其类别、工作方式和各部分构件的安装位置及作用。

【知识准备】

1.1.1 汽车发动机的分类

汽车发动机的种类有很多,按照不同的特征有以下几种分类。

1. 按活塞运动方式分类

活塞式内燃机可分为往复活塞式(见图 1-1)和旋转活塞式(见图 1-2)两种。

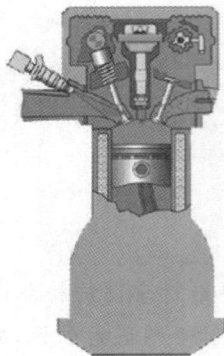

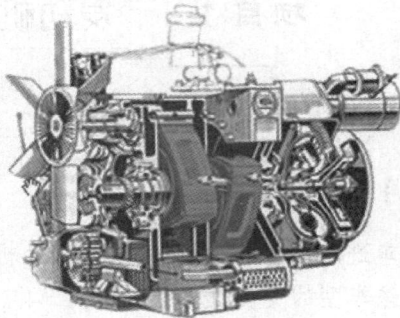

图 1-1　往复活塞式内燃机　　　　　图 1-2　旋转活塞式内燃机

2. 按使用燃料分类

活塞式内燃机主要分为汽油机(见图 1-3)、柴油机(见图 1-4)和气体燃料发动机三类。以汽油和柴油为燃料的活塞式内燃机分别称作汽油机和柴油机。使用天然气、液化石油气和其他气体燃料的活塞式内燃机称为气体燃料发动机。

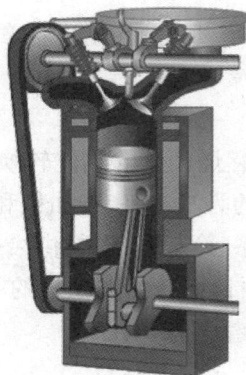

图 1-3　汽油机　　　　　　　　　图 1-4　柴油机

3. 按着火方式分类

发动机所使用的燃料不同,其着火方式也不相同。利用火花塞发出的电火花点燃可燃混合气的称为点燃式发动机(汽油机属于此类),利用气缸内的空气被高度压缩后所产生的高温高压使燃料自行着火燃烧的称为压燃式发动机(柴油机属于此类)。

4. 按工作循环期所需活塞行程数分类

往复活塞式内燃机可分为四冲程和二冲程往复活塞式内燃机。活塞式内燃机每完成一个工作循环,便对外做功一次,不断地完成工作循环,才使热能连续地转变为机械能。在一个工作循环中活塞往复四个行程的内燃机称为四冲程往复活塞式内燃机(见图 1-5),而活塞往复两个行程便完成一个工作循环的则称为二冲程往复活塞式内燃机(见图 1-6)。

图 1-5　四冲程内燃机

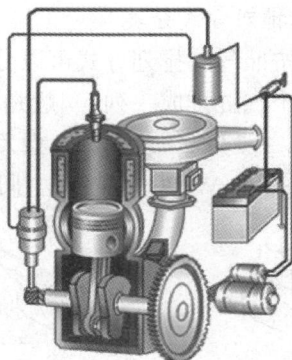

图 1-6　二冲程内燃机

5. **按冷却方式分类**

活塞式内燃机分为水冷式和风冷式两种。以水或冷却液为冷却介质的称为水冷式内燃机（见图 1-7），而以空气为冷却介质的则称为风冷式内燃机（见图 1-8）。

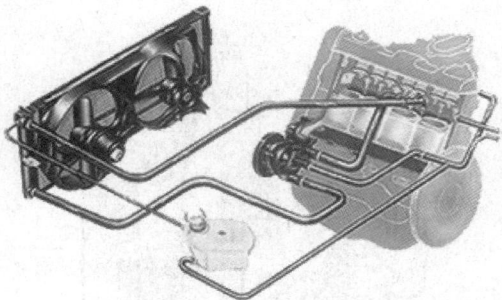

图 1-7　水冷发动机

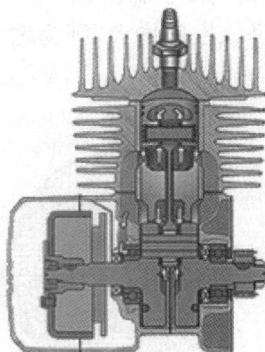

图 1-8　风冷发动机

6. **按照气缸数目分类**

发动机可以分为单缸发动机和多缸发动机。仅有一个气缸的发动机称为单缸发动机（见图 1-9）；有两个以上气缸的发动机称为多缸发动机（见图 1-10）。如双缸、三缸、四缸、五缸、六缸、八缸、十二缸等都是多缸发动机。现代车用发动机多采用四缸、六缸、八缸发动机。

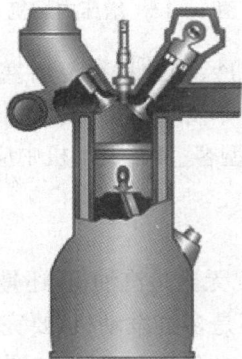

图 1-9　单缸发动机

图 1-10　多缸发动机

7. 按照气缸排列方式分类

多缸发动机按照气缸排列方式可以分为直列式、V 型、对置式和 W 型(见图 1-11)。直列式发动机的各个气缸排成一列,一般是垂直布置的;V 型发动机把气缸排成两列,两列之间的夹角<180°(一般为 90°)称为 V 型发动机,若两列之间的夹角=180°称为对置式发动机;现代发动机采用的 W 型,是把气缸排成三列,三列之间形成一定的夹角。

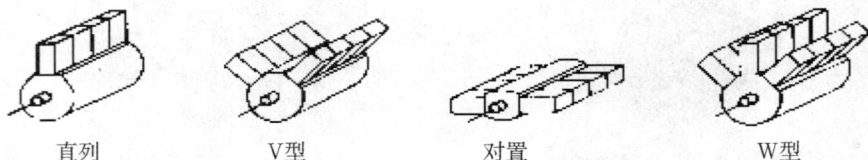

直列　　　V型　　　对置　　　W型

图 1-11　气缸排列方式

8. 按进气状态分类

按进气状态不同,活塞式内燃机还可分为增压和非增压两类。若进气是在接近大气状态下进行的,则为非增压内燃机或自然吸气式内燃机(见图 1-12);若利用增压器将进气压力增高,进气密度增大,则为增压内燃机(见图 1-13),增压可以提高内燃机功率。

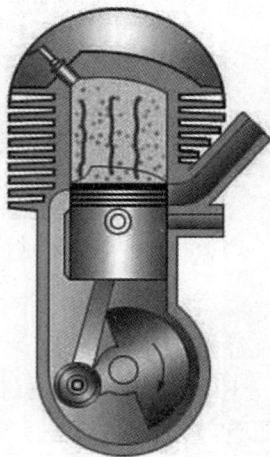

图 1-12　自然吸气式内燃机

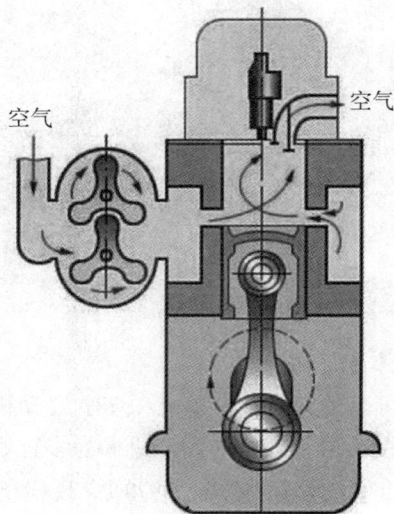

空气　　　　空气

图 1-13　增压内燃机

目前,应用最广、数量最多的汽车发动机为多缸、水冷、四冲程往复活塞式内燃机,其中汽油机用于轿车和轻型客、货车上,而大客车和中、重型货车发动机多为柴油机。由于柴油机具有燃油经济性及排放性优异等特点,近年来在轿车和轻型客、货车发动机中应用越来越广。

1.1.2　发动机的总体构造

发动机是一种由许多机构和系统组成的复杂机器。无论是汽油机,还是柴油机;无论是四行程发动机,还是二行程发动机;无论是单缸发动机,还是多缸发动机,要完成能量转换,实现工作循环,保证长时间连续正常工作,都必须具备以下一些机构和系统,如图 1-14 所示。

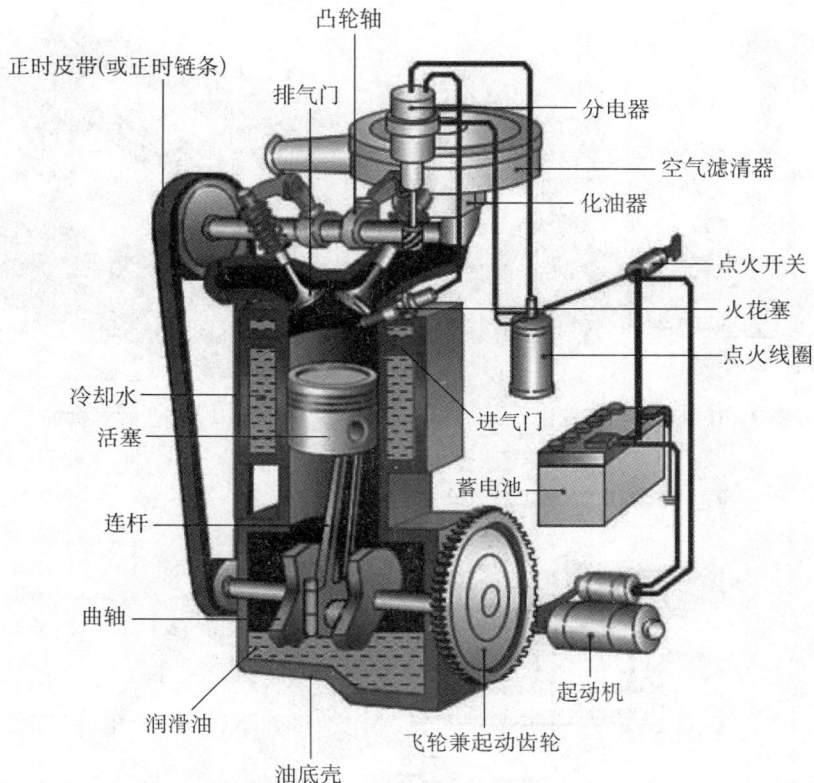

图 1-14 发动机总体构造

汽油机由以下两大机构和五大系统组成,即由曲柄连杆机构、配气机构和燃料供给系、润滑系、冷却系、点火系、起动系组成;柴油机由两大机构和四大系统组成,即由曲柄连杆机构、配气机构和燃料供给系、润滑系、冷却系、起动系组成。

1. 曲柄连杆机构

曲柄连杆机构是发动机实现工作循环,完成能量转换的主要运动零件,将燃料燃烧时产生的热能转化为推动活塞往复运动的机械能,再通过连杆将活塞的往复运动转变为曲轴的旋转运动,从而对外输出动力。它由机体组、活塞连杆组和曲轴飞轮组等组成,如图 1-15 所示。

2. 配气机构

配气机构的功用是根据发动机的工作顺序和工作过程,定时开启和关闭进气门和排气门,使可燃混合气或空气进入气缸,并使废气从气缸内排出,实现换气过程。它主要由气门组和气门传动组两部分组成,如图 1-16 所示。

3. 燃料供给系统

汽油机燃料供给系(见图 1-17)的功用是向进气道内或气缸内(缸内直喷)喷入雾化的汽油与空气混合形成可燃混合气,通过电脑控制进入气缸内可燃混合气的数量,并将燃烧后的废气从气缸内排出到大气中去;柴油机燃料供给系(见图 1-18)的功用是把柴油和空气分别供入气缸,在燃烧室内形成混合气并燃烧,最后将燃烧后的废气排出。

图 1‑15　曲柄连杆机构　　　　　　　　　图 1‑16　配气机构

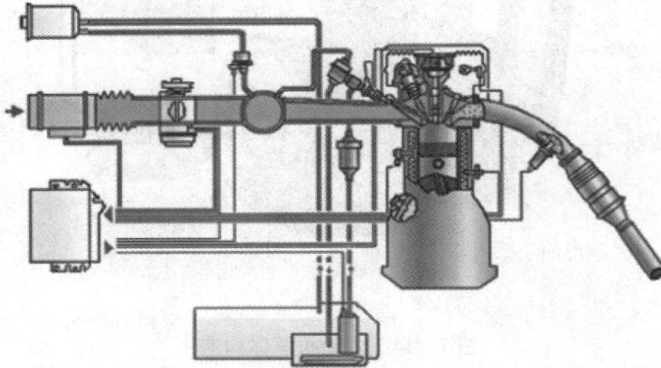

图 1‑17　汽油机燃料供给系

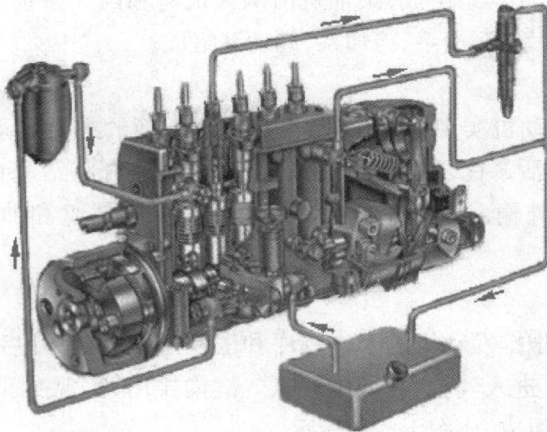

图 1‑18　柴油机燃料供给系

4. 冷却系统

　　冷却系的功用是将受热零件吸收的部分热量及时散发出去,保证发动机在最适宜的温度状态下工作。水冷发动机的冷却系通常由冷却水套、水泵、风扇、水箱、节温器等组成,如图 1‑19 所示。

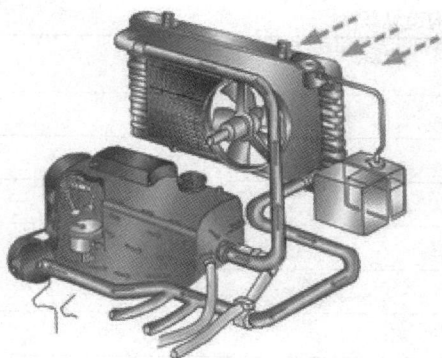

图 1-19 冷却系统

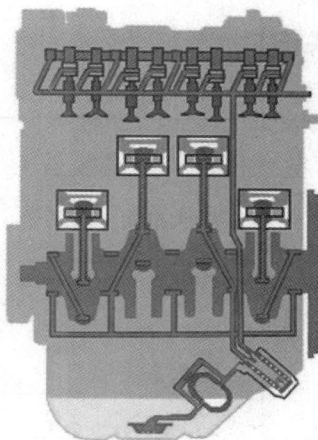

图 1-20 润滑系统

5. 润滑系统

润滑系的功用是向做相对运动的零件表面输送定量的清洁润滑油,以实现液体摩擦,减小摩擦阻力,减轻机件的磨损,并对零件表面进行清洗和冷却。润滑系通常由润滑油道、机油泵、机油滤清器和一些阀门等组成,如图 1-20 所示。

6. 点火系统

在汽油机中,气缸内的可燃混合气是靠电火花点燃的,为此在汽油机的气缸盖上装有火花塞,火花塞头部伸入燃烧室内。能够按时在火花塞电极间产生电火花的全部设备称为点火系,点火系通常由蓄电池、发电机、分电器、点火线圈和火花塞等组成,如图 1-21 所示。

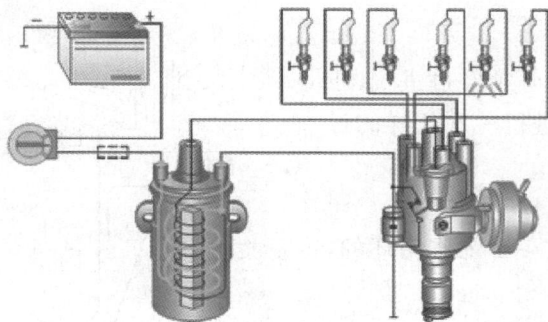

图 1-21 点火系统

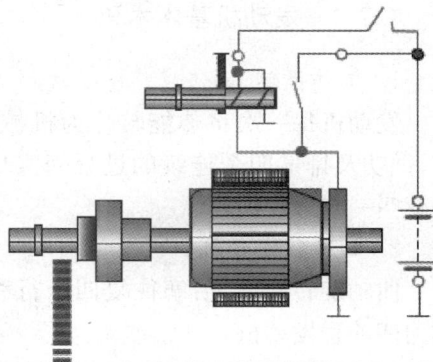

图 1-22 起动系统

7. 起动系统

要使发动机由静止状态过渡到工作状态,必须先用外力转动发动机的曲轴,使活塞做往复运动,气缸内的可燃混合气燃烧膨胀做功,推动活塞向下运动使曲轴旋转。发动机才能自行运转,工作循环才能自动进行。因此,曲轴在外力作用下开始转动到发动机开始自动地怠速运转的全过程,称为发动机的起动。完成起动过程所需的装置,称为发动机的起动系。起动系主要由蓄电池、起动机及附属装置等组成,如图 1-22 所示。

笔记

【任务实施】

发动机总体构造认识

项目	实施内容	文字表述	组成部分
发动机总体构造认识	两大机构		
	五大系统		

任务 1.2　发动机基本术语与工作原理

【任务描述】

　　针对进厂维修的汽车发动机,查阅相关维修手册,找出对其运行的各种参数的标准,最后与实车进行印证。

【知识准备】

1.2.1　发动机基本术语

1. 工作循环

　　发动机每一次将热能转化为机械能,都必须经过进气、压缩、做功及排气四个连续的过程来实现,每进行一次这样的过程就叫一个工作循环。

2. 四冲程发动机

　　曲轴旋转两周,活塞往复四个行程完成一个工作循环的,称为四冲程发动机。

3. 二冲程发动机

　　曲轴旋转一周,活塞往复两个行程完成一个工作循环。

4. 上止点

　　活塞顶距离曲轴旋转中心最远的位置,称为上止点(见图1-23)。

5. 下止点

　　活塞顶距离曲轴旋转中心最近的位置,称为下止点(见图1-23)。

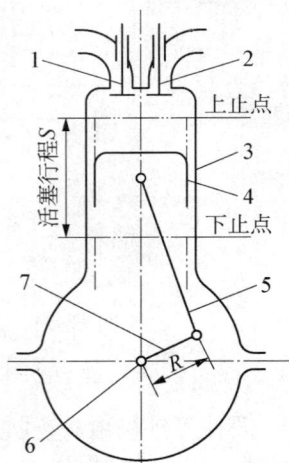

图1-23　发动机气缸示意图

1—进气门;2—排气门;3—气缸;
4—活塞;5—连杆;6—曲轴中心;
7—曲柄

6. 活塞行程 S

上下止点之间的距离即为活塞行程,用 S 表示(见图 1-23)。

7. 曲柄半径 R

曲轴与连杆大头的连接中心至曲轴的回转中心的距离。显然,对于四冲程发动机来说,曲轴每转一周,活塞移动两个行程,对于气缸中心线通过曲轴回转中心的内燃机,其 $S = 2R$。

8. 气缸的工作容积 V_h

活塞从一个止点移到另一个止点所扫过的容积称为气缸工作容积,用 V_h(单位为 L)表示。

$$V_h = \pi\left(\frac{D}{2}\right)^2 S \times 10^{-6}$$

式中:D 为气缸直径(mm);S 为活塞行程(mm)。

9. 发动机排量 V_L

多缸发动机所有气缸工作容积的总和称为发动机排量,用 V_L 表示。

$$V_L = V_h \cdot i$$

式中:i 为发动机的气缸数。

10. 燃烧室容积 V_c

活塞在气缸内作往复直线运动,当活塞位于上止点时,活塞顶上面的气缸空间为燃烧室容积,用 V_c 表示。

11. 气缸总容积 V_a

活塞位于下止点时,活塞顶上部的全部气缸容积称为气缸总容积,用 V_a 表示。气缸总容积等于气缸工作容积与燃烧室容积之和,即:$V_a = V_c + V_h$。

12. 压缩比 ε

气缸总容积与燃烧室容积之比称为压缩比,用 ε 表示。$\varepsilon = V_a/V_c = 1 + V_h/V_c$。ε 表示活塞从下止点移到上止点时,气缸内气体被压缩的程度。压缩比越大,压缩终了时气缸内的气体压力和温度就越高。但是,压缩比过大,汽油机会产生爆燃和表面点火等不正常的燃烧。一般柴油机的压缩比较高($\varepsilon = 16 \sim 22$),汽油机的压缩比则较低($\varepsilon = 6 \sim 9$,有的轿车 $\varepsilon = 9 \sim 11$)。

13. 工况

内燃机在某一时刻的运行状况简称工况,以该时刻内燃机输出的有效功率和曲轴转速表示。曲轴转速即为内燃机转速。

14. 负荷率

内燃机在某一转速下发出的有效功率与相同转速下所能发出的最大有效功率的比值称为负荷率,以百分数表示。负荷率通常简称负荷。

1.2.2 发动机的基本工作原理

往复活塞式内燃机所用的燃料主要是汽油或柴油。由于汽油和柴油具有不同的性质,因而在发动机的工作原理和结构上有差异。

笔 记

1. 四冲程汽油机工作原理

汽油机是将空气与汽油以一定的比例混合成良好的混合气,在进气行程被吸入汽缸,混合气经压缩点火燃烧而产生热能,高温高压的气体作用于活塞顶部,推动活塞作往复直线运动,通过连杆、曲轴飞轮机构对外输出机械能。四冲程汽油机在进气行程、压缩行程、做功行程和排气行程内完成一个工作循环。

以气缸容积 V 为横坐标、气缸内气体压力 p 为纵坐标构成示功图,如图 1-24 所示,表示活塞在不同位置时各个行程中 p 与 V 的变化关系。下面结合示功图来说明汽油机的工作过程。

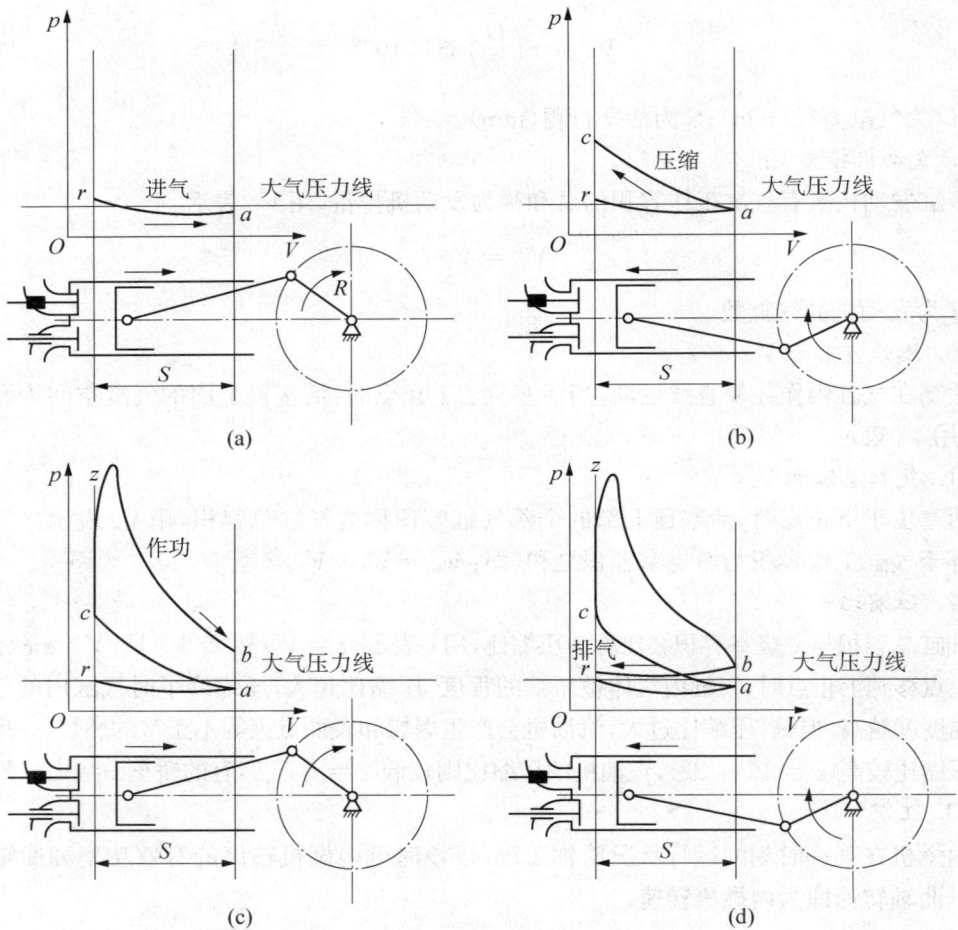

图 1-24　四冲程汽油机示功图
(a) 进气行程　(b) 压缩行程　(c) 作功行程　(d) 排气行程

1) 进气行程

在这个过程中,发动机的进气门开启,排气门关闭。随着活塞从上止点向下止点移动,活塞上方的气缸容积增大,从而使气缸内的压力降到大气压力以下,即在气缸内造成真空吸力,这样空气便经由进气管道和进气门被吸入气缸,同时喷油器喷出雾化的汽油与空气充分混合。在进气终了时,气缸内的气体压力约为 0.075~0.09 MPa。而此时气缸内的可燃混合气的温度已经升高到 370~400 K。在示功图上,进气行程为 $r-a$ 曲线。

2) 压缩行程

为使吸入气缸的可燃混合气能迅速燃烧,以产生较大的压力,从而使发动机发出较大功率,必须在燃烧前将可燃混合气压缩,使其容积缩小、密度加大、温度升高,即需要有压缩过程。在这个过程中,进、排气门全部关闭,曲轴推动活塞由下止点向上止点移动一个行程,即压缩行程。此时混合气压力会增加到 0.6~1.2 MPa,温度可达 600~700 K。

在这一行程中,一般压缩比越大,在压缩终了时混合气的压力和温度便愈高,燃烧速度也愈快,因而发动机发出的功率愈大,经济性愈好。一般轿车的压缩比在 8~10 之间,压缩比过大时,不仅不能进一步改善燃烧情况,反而会出现暴燃和表面点火等不正常燃烧现象。

[知识链接]

爆燃是由于气体压力和温度过高,在燃烧室内离点燃中心较远处的末端可燃混合气自燃而造成的一种不正常燃烧。爆燃时火焰以极高的速率向外传播,甚至在气体来不及膨胀的情况下,温度和压力急剧升高,形成压力波,以声速向前推进。当这种压力波撞击燃烧室壁时就发出尖锐的敲缸声。同时,还会引起发动机过热,功率下降,燃油消耗量增加等一系列不良后果。严重爆燃时甚至会造成气门烧毁、轴瓦破裂、火花塞绝缘体被击穿等机件损坏现象。

除了爆燃,过高压缩比的发动机还可能要面对另一个问题:表面点火。这是由于缸内炽热表面与炽热处(如排气门头,火花塞电极,积碳处)点燃混合气产生的另一种不正常燃烧(也称作炽热点火或早燃)。表面点火发生时,也伴有强烈的敲缸声(较沉闷),产生的高压会使发动机负荷增加,降低寿命。

3) 做功行程

在这个过程中,进、排气门仍旧关闭。当活塞接近上止点时,火花塞发出电火花,点燃被压缩的可燃混合气。可燃混合气被燃烧后,放出大量的热能,此时燃气的压力和温度迅速增加。其所能达到的最大压力可达 3~5 MPa,相应的温度则高达 2 200~2 800 K。高温高压的燃气推动活塞由上止点向下止点运动,通过连杆使曲柄旋转并输出机械能,除了维持发动机本身运转外,其余即用于对外做功。在活塞的运动过程中,气缸内容积增加,气体压力和温度都迅速下降,在此行程终了时,压力降至 0.3~0.5 MPa,温度则为 1 300~1 600 K。

4) 排气行程

当做功行程接近终了时,排气门开启,利用废气的压力进行自由排气,活塞到达下止点后再向上止点移动时,强制将废气排到大气中,这就是排气行程。在此行程中,气缸内压力稍微高于大气压力,约为 0.105~0.115 MPa。当活塞到达上止点附近时,排气行程结束,此时的废气温度约为 900~1 200 K。

由此,已经介绍完了发动机的一个工作循环,四冲程汽油机经过进气、压缩、做功、排气四个行程完成一个工作循环。这期间活塞在上、下止点间往复移动了四个行程,曲轴相应地旋转了两周。接着又从进气行程开始重复下一个工作循环,发动机就是这样周而复始地不断的工作,将燃料燃烧的热能转变为机械能,使汽车获得了前进的动力。

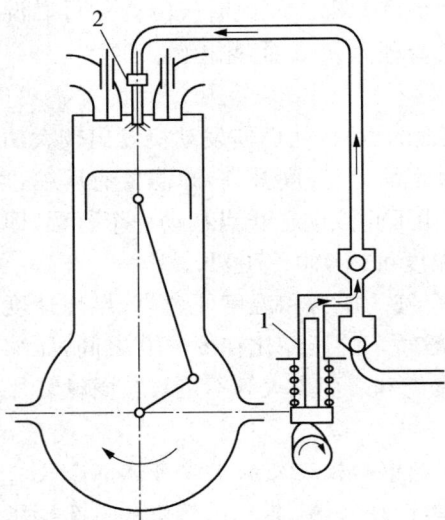

图 1 - 25　四冲程柴油机示意图

1—喷油泵；2—喷油器

2. 四冲程柴油机工作原理

柴油机的工作是由进气、压缩、燃烧膨胀和排气这四个过程来完成的，这四个过程构成了一个工作循环。四冲程柴油机和四冲程汽油机工作原理基本相同，但由于柴油和汽油有较大的差别（柴油黏度大，不易蒸发、自燃温度低）故可燃混合气形成、着火方式、燃烧过程及气体温度压力变化都和汽油机不同，活塞走四个过程才能完成一个工作循环的柴油机称为四冲程柴油机。图 1 - 25 为四冲程柴油机工作示意图。

1）进气行程

进入气缸的工质是纯空气。由于柴油机进气系统阻力较小，进气终点压力 $p_a = (0.85 \sim 0.95) p_0$，比汽油机高。进气终点温度 $T_a = 300 \sim 340$ K，比汽油机低。

2）压缩行程

由于压缩的工质是纯空气，因此柴油机的压缩比比汽油机高（一般 $\varepsilon = 16 \sim 22$）。压缩终点的压力为 $3 \sim 5$ MPa，压缩终点的温度为 $750 \sim 1\,000$ K，大大超过柴油的自燃温度（约 520 K）。

3）做功行程

当压缩行程接近终了时，在高压油泵作用下，将柴油以 10 MPa 左右的高压通过喷油器喷入气缸燃烧室中，在很短的时间内与空气混合后立即自行发火燃烧。气缸内气体的压力急速上升，最高达 $5 \sim 9$ MPa，最高温度达 $1\,800 \sim 2\,000$ K。由于柴油机是靠压缩自行着火燃烧，故称柴油机为压燃式发动机。

4）排气行程

柴油机的排气与汽油机基本相同，只是排气温度比汽油机低。一般 $T_r = 700 \sim 900$ K。对于单缸发动机来说，其转速不均匀，发动机工作不平稳，振动大。这是因为四个行程中只有一个行程是做功的，其他三个行程是消耗动力为做功做准备的行程。为了解决这个问题，飞轮必须具有足够大的转动惯量，这样又会导致整个发动机质量和尺寸增加。采用多缸发动机可以弥补上述不足。

现代汽车多采用四缸、六缸和八缸发动机。在图 1 - 26 的示功图中，排气行程曲线表示在排气过程中，缸内的气体压力几乎是不变的，但比大气压力稍高一些。排气行程终点的压力 p_r 约为 $0.105 \sim 0.115$ MPa，残余废气的温度 T_r 约为 $850 \sim 960$ K。

在四冲程柴油机的四个冲程中，只有第三冲程即工作冲程才产生动力对外做功，而其余三个冲程都是消耗功的准备过程。为此在单缸柴油机上必须安装飞轮，利用飞轮

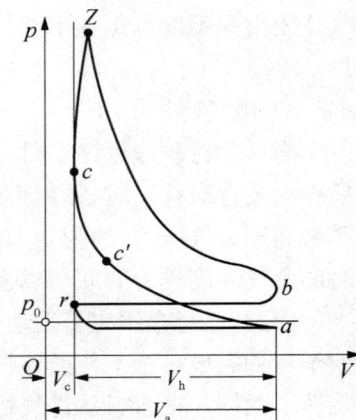

图 1 - 26　四冲程柴油机示功图

的转动惯性使曲轴在四个冲程中连续而均匀地运转。

四冲程汽油机和柴油机的共同点如下：

（1）每个工作循环都包含进气、压缩、做功和排气四个活塞行程，每个行程各占180°的曲轴转角，即曲轴每转两周完成一个工作循环。

（2）四个活塞行程中，只有一个做功行程，其余三个都是耗功行程。显然，在做功行程中，曲轴转角的角速度要比其他三个要快得多，即在一个工作循环内曲轴的角速度是不均匀的。为了改善曲轴旋转的不均匀性，可在曲轴上安装转动惯量较大的飞轮和采用多缸内燃机并按照一定的工作顺序工作。

四冲程汽油机和柴油机的不同点如下：

（1）汽油机可燃混合气在气缸外部形成并持续到进气和压缩行程的终了，时间较长。但柴油机混合气是在气缸内部形成，从压缩行程接近终了时开始，并占一小部分做功行程，时间较短。

（2）汽油机可燃混合气是用火花塞点燃，而柴油机利用气缸内的高温高压自燃，所以汽油机又称点燃式内燃机，柴油机为压燃式内燃机。

柴油机与汽油机比较，柴油机的压缩比高，热效率高，燃油消耗率低，同时柴油价格较低，因此，柴油机的燃料经济性能好，而且柴油机的排气污染少，排放性能较好。但它的主要缺点是转速低，质量大，噪声大，振动大，制造和维修费用高。在其发展过程中，柴油机不断发扬其优点，克服缺点，提高速度，有望得到更广泛的应用。

【任务实施】

发动机工作原理介绍

项目	实施内容	文字表述
发动机工作原理介绍	汽油机	
	柴油机	

任务 1.3　发动机的性能指标及型号编制规则

【任务描述】

针对进厂维修的汽车发动机,查阅相关维修手册,确定其正常运转各项指标的标准值,然后进行相应试验以判断该发动机的性能是否符合要求。

【知识准备】

1.3.1　发动机的性能指标

发动机的性能指标用来表征发动机工作性能特点,并用来评价发动机工作性能的好坏。发动机常见的指标有动力性指标、经济性指标、环境指标、可靠性指标和耐久性指标等。

1. 动力性能指标

动力性能指标指曲轴对外做功能力的指标,包括有效扭矩、有效功率和曲轴转速。

1) 有效扭矩

指发动机通过曲轴或飞轮对外输出的扭矩,通常用 T_e 表示,单位为 N·m。有效扭矩是作用在活塞顶部的气体压力通过连杆、传给曲轴产生的扭矩,并克服了摩擦,驱动附件等损失之后从曲轴对外输出的净扭矩。

2) 有效功率

指发动机通过曲轴或飞轮对外输出的功率,通常用 P_e 表示,单位为 kW。有效功率同样是曲轴对外输出的净功率。它等于有效扭矩和曲轴角速度的乘积。发动机的有效功率可以在专用的试验台上用测功器测定,测出有效扭矩和曲轴转速,然后用下面公式计算出有效功率。

$$P_e = T_e \cdot \frac{2\pi \cdot n}{60} \times 10^{-3} = \frac{T_e \cdot n}{9\,550}(\text{kW})$$

式中:T_e 为有效扭矩(N·m);n 为曲轴转速(r/min)。

3) 转速

指发动机曲轴每分钟的转数,单位为 r/min。发动机产品铭牌上标明的功率及相应转速称为额定功率和额定转速。按照汽车发动机可靠性试验方法的规定,汽车发动机应能在额定工况下连续运行 300～1 000 小时。

2. 经济性能指标

通常用燃油消耗率来评价内燃机的经济性。燃油消耗率是指单位有效功的燃油消耗量,也就是发动机每发出 1 kW 有效功率在 1 小时内所消耗的燃油质量(以 g 为单位),燃油消耗率通常用 g_e 表示,其单位为 g/(kW·h),计算公式如下:

$$g_e = \frac{1\,000 G_T}{P_e}(\text{g/kW·h})$$

式中：G_T 为每小时的燃油消耗量（kg/h）；P_e 为有效功率（kW）。

很明显，燃油消耗率越小，表示发动机曲轴输出净功率所消耗的燃油越少，其经济性越好。通常发动机铭牌上给出的燃油消耗率 g_e 是最小值。

3. 环境指标

环境指标主要指发动机排气品质和噪声水平。由于它关系到人类的健康及其赖以生存的环境，因此各国政府都制定出严格的控制法规，以期削减发动机排气和噪声对环境的污染。当前，排放指标和噪声水平已成为发动机的重要性能指标。

排放指标主要是指从发动机油箱、曲轴箱排出的气体和从气缸排出的废气中所含的有害排放物的量。对汽油机来说主要是废气中的一氧化碳（CO）和碳氢化合物（HC）含量；对柴油机来说主要是废气中的氮氧化物（NO_x）和颗粒（PM）含量。通过发动机台架试验，采用专门的测试设备，按有关标准制订的测试方法测得这些含量。汽车排放对人类生态环境的危害已日益受到重视，自 20 世纪 70 年代以来，美国、日本、欧洲联盟等发达国家和地区都已先后制订出越来越严格的法规，限制汽车的排放。因此，排放指标是和有关法规联系在一起的。其中美国，尤其是美国加利福尼亚州的汽车排放法规最为严格，一直是世界汽车工业界（特别是轿车工业界）追求的目标。在国外，欧洲Ⅳ号排放标准已经于 2005 年 1 月 1 日通过形式认证，并于 2006 年 1 月 1 日通过一致性认证。在我国，北京从 2004 年 1 月 1 日起，将机动车的尾气排放标准由欧洲Ⅰ号改为欧洲Ⅱ号；在 2005 年 12 月 23 日发布政策：自 2005 年 12 月 30 日起，正式执行国家第三、四阶段机动车排放标准（相当于欧洲Ⅲ号、Ⅳ号排放标准）；其中，对轻型汽油车和轻型燃气汽车实施国Ⅲ排放标准；对重型柴油发动机和重型燃气发动机（重型汽车）实施国Ⅳ排放标准。

噪声是指对人的健康造成不良影响及对学习、工作和休息等正常活动发生干扰的声音。

由于汽车是城市中的主要噪声源之一，而发动机又是汽车的主要噪声源，因此控制发动机的噪声就显得十分重要。如我国的噪声标准（GB/T 18697—2002）中规定，轿车的噪声不得大于 79dB（A）。

4. 可靠性指标和耐久性指标

可靠性指标是表征发动机在规定的使用条件下，在规定的时间内，正常持续工作能力的指标。可靠性有多种评价方法，如首次故障行驶里程、平均故障间隔里程等。

耐久性指标是指发动机主要零件磨损到不能继续正常工作的极限时间。通常用发动机的大修里程，即发动机从出厂到第一次大修之间汽车行驶的里程数来衡量。大修里程的长短与发动机的结构特点、强化程度、零件的材料及加工精度以及使用条件等诸多因素密切相关。

1.3.2　发动机的型号编制规则

为了便于内燃机的生产管理和使用，国家标准（GB 725—82）《内燃机产品名称和型号编制规则》中对内燃机的名称和型号作了统一规定。

1. 内燃机的名称和型号

内燃机名称均按所使用的主要燃料命名，如汽油机、柴油机、煤气机等。

内燃机型号由阿拉伯数字和汉语拼音字母组成。

内燃机型号由以下四部分组成：

首部：为产品系列符号和换代标志符号，由制造厂根据需要自选相应字母表示，但需主管部门核准。

中部：由缸数符号、冲程符号、气缸排列形式符号和缸径符号等组成。

后部：结构特征和用途特征符号，以字母表示。

尾部：区分符号。同一系列产品因改进等原因需要区分时，由制造厂选用适当符号表示。

2. 内燃机型号的排列顺序及符号所代表的意义

内燃机型号的排列顺序及符号所代表的意义如图 1 - 27 规定如下：

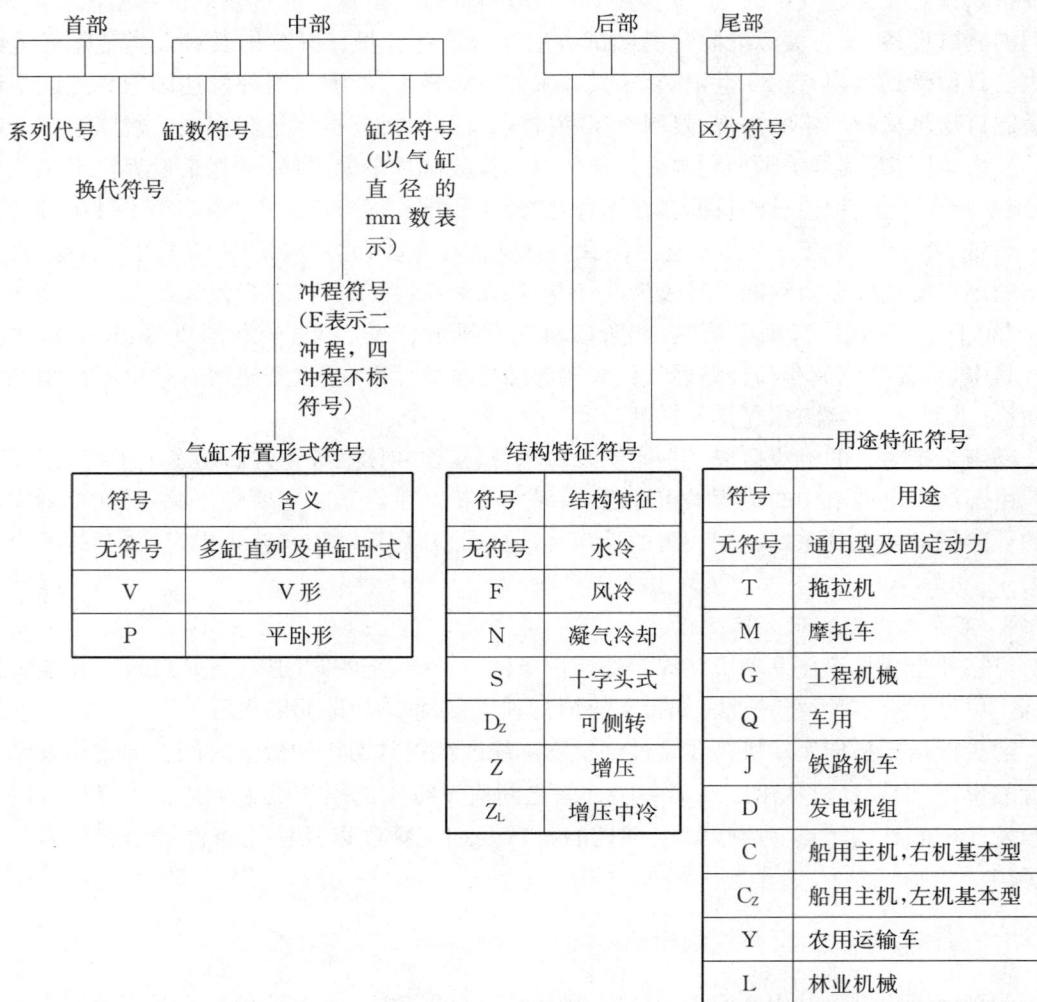

符号	含义
无符号	多缸直列及单缸卧式
V	V 形
P	平卧形

符号	结构特征
无符号	水冷
F	风冷
N	凝气冷却
S	十字头式
D_z	可倒转
Z	增压
Z_L	增压中冷

符号	用途
无符号	通用型及固定动力
T	拖拉机
M	摩托车
G	工程机械
Q	车用
J	铁路机车
D	发电机组
C	船用主机，右机基本型
C_z	船用主机，左机基本型
Y	农用运输车
L	林业机械

图 1 - 27　内燃机型号编制规则图

型号编制举例：

1）汽油机

1E65F——表示单缸，L 型（汽缸布置形式，即直列），二冲程，缸径 65 mm，风冷，通用型汽油机。

CA6102——表示第一汽车制造厂制造,六缸,L型,四冲程,缸径102 mm,水冷,汽车用。

EQ6100-1——表示第二汽车制造厂制造,六缸,L型,四冲程,缸径100 mm,水冷,汽车用,第二代变型产品。

2)柴油机

6135Q——表示6缸,L型(汽缸布置形式,即直列),四冲程,缸径135 mm,水冷,汽车用柴油机。

10V120FQ——表示10缸,V型,四冲程,缸径120 mm,风冷,汽车用柴油机。

R175ND——表示单缸,L型,四冲程,缸径75 mm,凝气冷却,发电用(R表示175的换代标志符号)。

495T——表示四缸,L型,四冲程,缸径95 mm,水冷,拖拉机用。

12VE230ZCz——表示12缸,V型,二冲程,缸径230 mm,水冷,增压,船用主机,左机基本型。

【任务实施】

从型号来判断发动机的详细信息

项目	实施内容	文字表述	详细信息
从型号来判断发动机的详细信息	汽油机	BYD483QA	
		8E430Z	
		1ZR-FE	
	柴油机	YC4108ZQ	
		YN30CR-1	
		GW2.5TCI	

【技能训练】

发动机总成就车拆装实训

实训名称	发动机总成就车拆装实训
实训目的	1. 熟悉发动机总成与车辆的连接方式 2. 了解发动机总成就车拆装的操作规范 3. 掌握发动机总成就车拆装的操作步骤
实训仪器	1. 拆装实训整车1台/组 2. 专用工具1套/组 3. 举升机1台/组 4. 吊车1台/组

笔 记

（续表）

实训过程	发动机总成就车拆装操作步骤如下 1. 关闭点火开关,拆下蓄电池/车身搭铁线 2. 拆下发动机罩和油底壳护板 3. 拆下散热器上的防水堵,放空发动机冷却液。拆下冷却液螺堵,拆下冷却管和真空管 4. 拔出相关线束的插头和相关传感器线束插头 5. 拆下节气门拉线 6. 放松张紧轮拿下皮带 7. 拆下空调压缩机和发电机 8. 拆下排气管,将发动机和变速器吊住,拆下半轴。(拆下传动轴)将变速器固定螺栓松开 9. 拆下发动机悬置固定螺母/螺栓 10. 将发动机和变速器缓缓吊出,在吊的过程中,应轻轻摆放发动机和变速器,并注意不要碰伤其他机件。分开发动机和变速器 11. 然后将拆下的发动机固定在支架上进行检修
注意事项	1. 拆卸真空软管和电线插头时,应在接头外用标签注明连接位置,以防安装时出现差错而产生人为故障 2. 卸下真空软管时,应牵拉软管端口处,不能牵拉软管的中间部分 3. 拉开电线插头时,应牵拉插座,不能牵拉引线部分,以免损伤插头,造成通电不良 4. 拆卸传感器或继电器之类的电器时要防止碰伤,如果掉落在硬地上,不可再使用,应予以更换 5. 应正确使用机修工具,不得用套筒扳手拆卸和安装温度开关及温度传感器,不能猛敲猛打,以防损坏零件 6. 用真空压力表时,不得将软管勉强装入过大的接头上,因为这样可能会由于软管接头不合适而损坏软管,引起泄漏现象 7. 使用起重设备时应有合适的吊具或专用的吊爪,吊起前应检查吊链、绳索等有无损坏、裂缝,以及工件是否捆扎牢固 8. 不准在吊起或举起的工件下面工作,必须在专用的台架上进行总成或组合件的分解工作 9. 当汽车用千斤顶顶起而未用支架垫稳时,不准在车上或车底下工作

【案例分析】

故障现象	一辆上海大众帕萨特 1.8 T 汽车在行驶过程中车辆发生抖动,同时发动机故障灯常亮
故障排除步骤	该故障车在维修店检测时发现发动机抖动明显,经检查 3 缸存在缺缸故障,4 缸出现间歇性缺缸故障,拆检火花塞发现 3 缸火花塞上有明显的机油,依次进行更换火花塞、更换油气分离器、拆检发动机总成等未能排除故障,最终更换新的发动机总成后,故障被排除
维修处理意见	更换新的发动机总成

【学后测评】

1. 名词解释

（1）四冲程发动机。

（2）发动机排量。

（3）压缩比。

（4）有效功率。

2. 问答题

（1）简述四冲程汽油机的工作原理。

（2）汽油机和柴油机在可燃混合气形成方式和点火方式上有何不同？

（3）发动机的主要性能指标有哪些？

项目 2　曲柄连杆机构的构造与检修

【情景导入】

　　一辆汽车入店维修,客户反映车辆在几天前大修过,最近行车中发现发动机有异响,而且随着发动机转速提高而加剧。维修技师王师傅试车后发现异响产生于发动机内部,拆检发动机查看,发现气缸内有拉伤痕迹。为什么会有拉伤痕迹呢? 再仔细检查,发现徒弟小赵在大修安装活塞时,没有按照活塞装配记号正确装配。王师傅发现问题后,赶紧向客户道歉,并承诺免费修理。同时,批评小赵,做事马虎,只讲速度,不重质量,以后不许再犯,要把维修质量放在第一位。

【学习目标】

　　(1) 掌握曲柄连杆机构的功用和主要组成。
　　(2) 掌握曲柄连杆机构的结构和工作原理。
　　(3) 能够按照工艺流程对曲柄连杆机构进行拆卸和装配。
　　(4) 能够对曲柄连杆机构各组成零件进行检验和修理。
　　(5) 能够对曲柄连杆机构的一般故障进行诊断与排除。
　　(6) 养成认真负责、安全文明和团队协作的职业素养。

　　曲柄连杆机构是内燃机实现工作循环,完成能量转换的传动机构,使气缸内高压气体的热能转变为机械能,活塞的往复运动转变为曲轴的旋转运动,并对外输出功,驱动汽车传动系。曲柄连杆机构的工作条件相当恶劣,要承受高温、高压、高速和化学腐蚀作用。曲柄连杆机构分为机体组、活塞连杆组和曲轴飞轮组三个组成部分。

任务 2.1　机体组的构造与检修

【任务描述】

　　一辆轿车开过两三天就需要向补偿水桶内添加 1 L 左右的冷却液,且运行时冷却液温度高。经检查,散热器及冷却水管路密封良好,问题出在哪里呢? 后来经分析拆检,发现气缸垫损坏,密封不严所致。

【知识准备】

2.1.1　机体组的构造

机体组主要由气缸体、气缸套、气缸盖、气缸垫以及油底壳等组成,如图 2-1 所示。

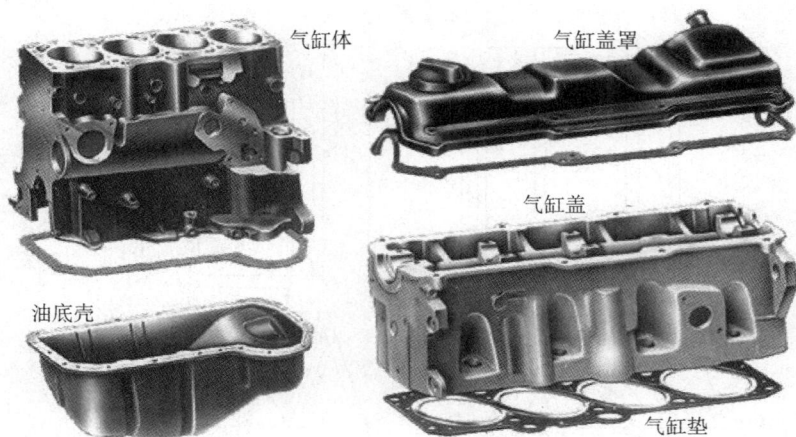

气缸体

气缸盖罩

气缸盖

油底壳

气缸垫

图 2-1　机体组

1. 气缸体

气缸体是发动机的基体和骨架,发动机的所有零件几乎都安装在气缸体上,并且承受高温高压气体作用力,故一般采用具有良好的耐磨、耐热、耐腐蚀性和足够刚度强度、性能稳定的优质灰铸铁、合金铸铁或铸铝合金制造而成。

气缸体(见图 2-2)的上半部有引导活塞作往复运动的圆筒,称为气缸,下半部是供安装曲轴用的上曲轴箱。气缸体的上、下加工平面,用于安装气缸盖和油底壳,同时也是气缸体修理的加工基准;前后两个加工平面,用于安装正时齿轮盖和飞轮壳;其余一些较小的加工平面一般用于安装机油泵、机油滤清器等其他较小的总成。

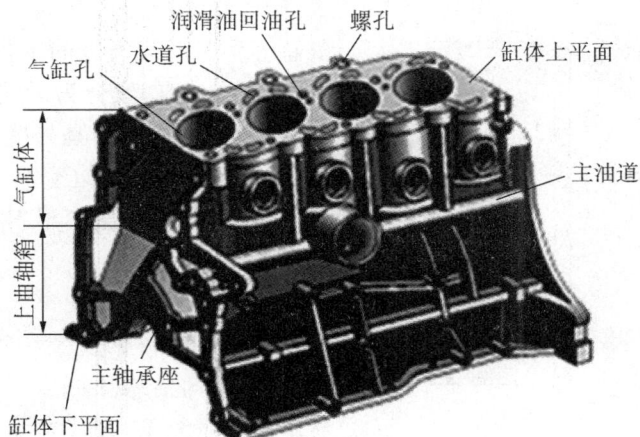

润滑油回油孔　螺孔

气缸孔　水道孔　缸体上平面

气缸体

上曲轴箱

主油道

主轴承座

缸体下平面

图 2-2　水冷式气缸体

根据气缸体和油底壳安装平面的位置不同,通常把气缸体分为一般式、龙门式和隧道式三种。一般式气缸体特点是油底壳安装平面和曲轴旋转中心在同一高度;龙门式气缸体特点是油底壳安装平面低于曲轴的旋转中心;隧道式气缸体特点是气缸体上曲轴的主轴承孔为整体式。轿车用发动机气缸体,一般采用如下两种结构形式:一般式气缸体和龙门式气缸体,如图 2-3 所示。

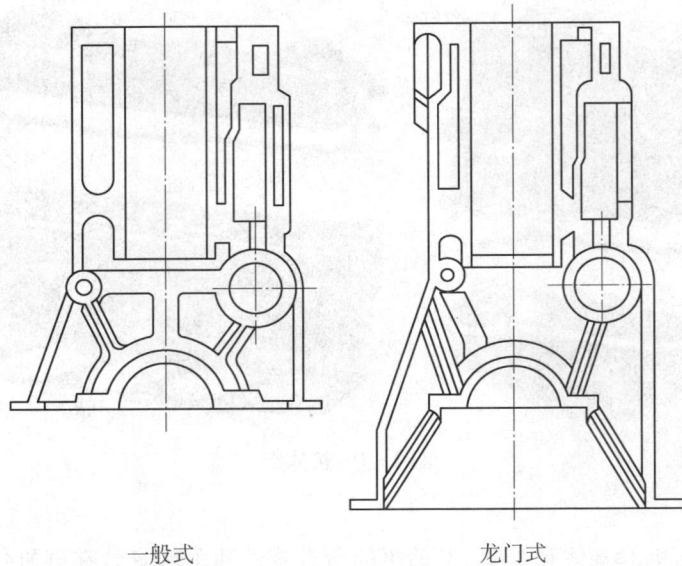

一般式　　　　　龙门式

图 2-3　气缸体结构形式

根据气缸排列方式不同,通常把气缸体分为直列式、V 型、对置式。直列式气缸体结构简单、加工容易,但发动机长度和高度较大;V 型气缸体缩短了机体的长度和高度,增加了刚度,减轻了发动机重量,但宽度增加,形状复杂,加工困难;对置式气缸体高度小,重心低,工作平稳。

根据气缸的结构不同,气缸体分为整体式和镶套式。

2. 气缸套

气缸套用来形成气缸的工作表面,以提高气缸表面的耐磨性。气缸套分为干式缸套和湿式缸套两种(见图 2-4),干式缸套是外壁不直接与冷却水接触,壁厚 1~3 mm,湿式缸套是外壁直接与冷却水接触,壁厚 5~9 mm。缸套材料一般采用合金铸铁或合金钢。

3. 气缸盖

气缸盖(见图 2-5)安装在气缸体上面,用来封闭气缸上部,并与活塞顶部和气缸壁一起形成燃烧室。气缸盖形状复杂,现代发动机大都用铝合金铸造。铝合金缸盖导热性好,有利于提高压缩比,但缺

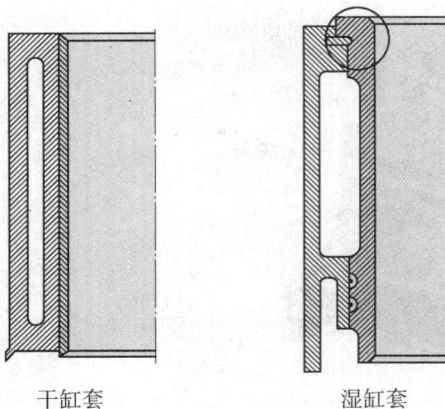

干缸套　　　　　湿缸套

图 2-4　气缸套

点是刚度低,使用中容易变形。气缸盖上装有进、排气门座及气门导管孔和进、排气通道等,水冷式气缸盖内部制有冷却水套,其端面上的冷却水孔与气缸体的冷却水孔相通,以便利用循环水来冷却燃烧室等高温部分,汽油机的气缸盖上加工有安装火花塞的孔,柴油机的气缸盖上加工有安装喷油器的孔,顶置凸轮轴式发动机的气缸盖上加工有凸轮轴轴承孔。气缸盖罩位于气缸盖上部,起密封及防尘作用,其上设有加润滑油口和曲轴箱通风管接口。

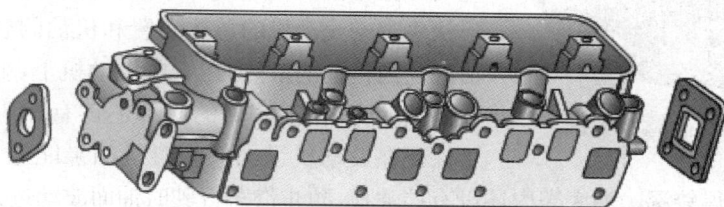

图 2-5 气缸盖

汽油机燃烧室是当活塞位于上止点时,由活塞顶部及汽缸盖上相应的凹部空间组成。类型(见图 2-6)有楔形、盆形和半球形。对燃烧室有两点基本要求:一是结构要尽可能紧凑,冷却面积要小,以减少热量损失及缩短火焰行程;二是使混合气在压缩终了时具有一定的涡流运动,以提高混合气燃烧速度,保证混合气燃烧及时和充分。

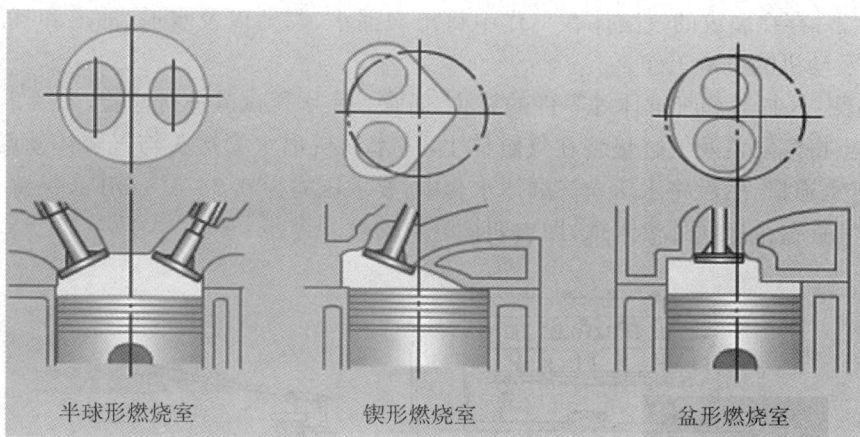

半球形燃烧室 　　　楔形燃烧室 　　　盆形燃烧室

图 2-6 燃烧室类型

4. 气缸垫

气缸盖衬垫(见图 2-7)安置在气缸盖与气缸体之间,保证燃烧室的密封,并防止漏气、漏水和窜油。目前应用较多的是金属—石棉气缸盖衬垫。对气缸盖衬垫的主要要求有:

(1)在高温、高压燃气作用下有足够的强度,不易损坏。

(2)耐热和耐腐蚀,即在高温、高压燃气下

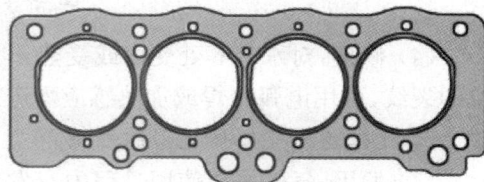

图 2-7 气缸垫

或有压力的机油和冷却水的作用下不烧损、不变质。

（3）具有一定弹性，能补偿接合面的不平度，以保证密封。

（4）拆装方便，能重复使用，寿命长。

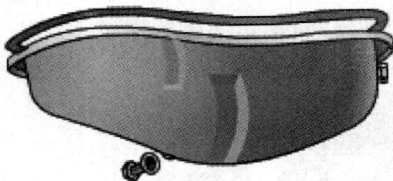

图2-8　油底壳

5. 油底壳

油底壳的主要功用是储存机油并封闭曲轴箱。油底壳受力很小，一般采用薄钢板冲压而成（见图2-8）。其形状决定于发动机的总体布置和机油的容量。为了加强油底壳内机油的散热，在有些发动机上，采用了铝合金铸造的油底壳，在油底壳的底部还铸有相应的散热片。为了保证在发动机纵向倾斜时机油泵能经常吸到机油，油底壳后部一般做得较深。油底壳内还设有挡油板，防止汽车行驶时油面波动过大。油底壳底部装有放油塞。有的放油塞是磁性的，能吸集机油中的金属屑，以减少发动机运动零件的磨损。

2.1.2　机体组的检修

1. 气缸盖、气缸体裂纹的检修

（1）原因：在长期和过大的机械应力和热应力的作用下，铸铁材料的缸体和缸盖的某些部位可能会产生裂纹。

（2）危害：存在裂纹的气缸体在工作中将出现漏水、漏油以及水道、油道和气缸相通等故障，影响发动机的正常工作。

（3）检测：气缸盖和气缸体等零件的裂纹，通常采用水压试验进行检验，如图2-9所示。试验方法是：将气缸盖及气缸垫装在气缸体上，将水压机出水管接头与气缸体前端连接好，并封闭所有水道口，然后将水压入气缸体水套中，要求压力为 0.3～0.4 MPa，保持 5 min，如果气缸体、气缸盖由里向外渗水珠，即表明该处有裂纹。

图2-9　气缸体裂纹检测

（4）修理：对水套等处受力或受热不大的部位的裂纹，可用胶粘法修理；对受力大的部位的裂纹，可用电弧冷焊或加热感应焊进行修理，或更换新件。

2. 气缸盖与气缸体变形的检测

（1）原因：气缸体在使用过程中有发生变形的现象，其中有制造方面的原因，也有使用和修理不当方面的原因。气缸盖变形是指与气缸体的接合平面翘曲变形，这种变形通常是由于拆装气缸盖时操作不当，以及未按气缸盖螺栓规定的顺序和拧紧力矩操作所致。

（2）危害：气缸盖变形后，会使气缸密封不严。漏水、漏气，甚至燃气冲坏气缸垫，从而严重影响发动机的正常工作。气缸体平面翘曲在引发发动机漏油、漏水、漏气的同时，还导致曲轴主轴承座孔轴线偏移，气缸轴线与曲轴主轴承座孔轴线垂直度被破坏，使直线交点出现偏移，造成发动机异常磨损，并严重影响气缸的密封性，增大润滑油消耗量。

（3）检测：气缸盖和气缸体变形的主要表现为翘曲，其变形程度可通过检测气缸盖下平面和气缸体上平面的平面度获得。

平面度可用平板做接触检验，或者用刀口形直尺和厚薄规检查（见图2-10）。用刀口形直尺和塞尺测量气缸体上平面的时候，应该在6个位置进行测量，即横两个方向，纵两个方向，对角线两个方向，如图2-11所示。对于每一个方向，塞尺都要塞到刀口形直尺与平面的缝隙中，先小后大，到刚好能塞进去并有一定的阻力为止，然后读出读数，取6个方向的最大值就是该平面的平面度。

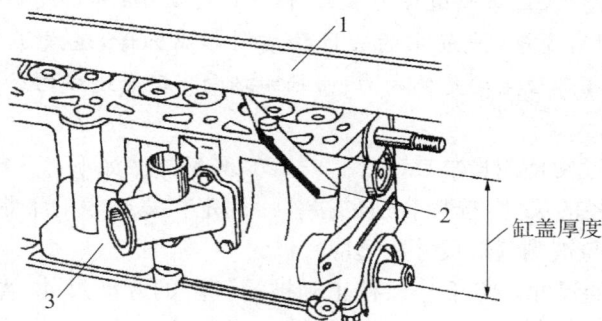

图2-10　气缸盖平面度检查

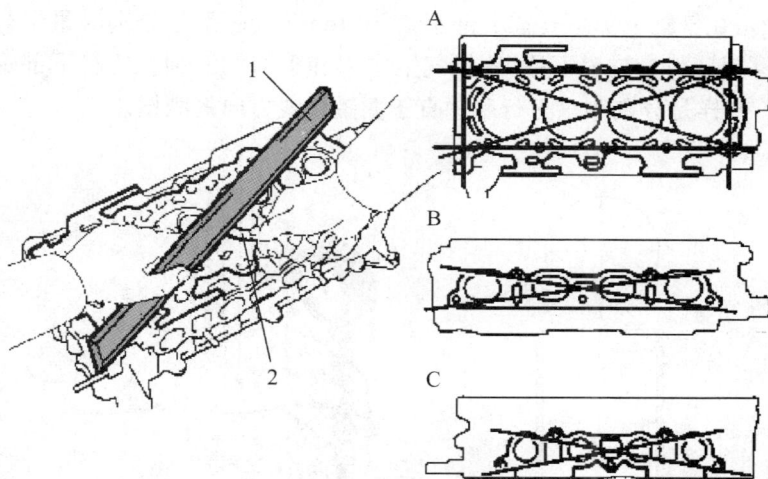

图2-11　气缸体的平面度的检查

1—刀口形直尺；2—塞尺；A—气缸体；B—进气歧管侧；C—排气歧管侧

3. 气缸磨损的检修

1）原因

气缸体的磨损主要发生在气缸、气缸套承孔、曲轴主轴承座孔和后端面等部位。气缸磨损的主要原因有：润滑不良、机械磨损、腐蚀磨损、磨料磨损等。

2) 危害

当气缸的磨损超过一定的允许限度后,将破坏活塞和活塞环的正常配合,使活塞环不能严密地紧压在缸壁上,造成漏气、窜油,使发动机功率下降,燃料和润滑油的消耗明显增加,排气净化恶化,发动机不能正常工作。

气缸磨损的程度是决定发动机是否需要进行大修的主要依据。

[知识链接]

气缸磨损的规律:气缸正常磨损的特征是不均匀磨损。气缸壁沿高度方向磨损成上大下小的倒锥形,最大磨损部位是活塞处于上止点时第一道活塞环对应的气缸壁位置,而该位置以上几乎无磨损形成明显的"缸肩"。气缸沿圆周方向的磨损形成不规则的椭圆形,其最大磨损部位一般是前后或左右方向。造成上述不均匀磨损的原因是:活塞在上止点附近时各道环的背压最大,其中又以第一道环为最大,以下逐道减小;加之气缸上部温度高,润滑条件差,进气中的灰尘附着量多,废气中的酸性物质引起腐蚀等,造成了气缸上部磨损较大。而圆周方向的最大磨损部位主要是侧向力、曲轴的轴向窜动等造成的。

3) 检测

测量气缸的磨损通常使用量缸表(见图 2-12),测量方法如下:

(1) 根据气缸直径的尺寸,选择合适的接杆。固定在量缸表的下端。接杆固定好后与活动测杆的总长度应与被测气缸尺寸相适应。

(2) 矫正量缸表的尺寸。将千分尺校正到被测气缸的标准尺寸,再将量缸表校正到千分尺的尺寸,并使伸缩杆有 2 mm 左右的压缩行程,旋转表盘的指针对准零位。

(3) 将量缸表的测杆伸入到气缸上部,测量第一道活塞环在上止点位置附近时所对应的气缸壁,一般是在气缸上部距气缸上部平面 10 mm 处,通常是分别测量平行和垂直于曲轴轴线方向的磨损。将量缸表下移,测量气缸中部和下部的磨损。气缸下部一般取距缸套下部 10 mm 处,同样是分别测量平行和垂直于曲轴轴线方向的磨损。

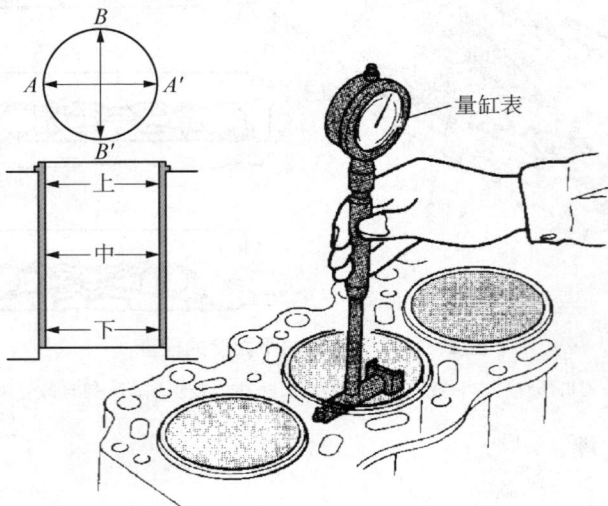

图 2-12 气缸内径的测量

（4）计算：

最大磨损量：是指气缸的最大磨损直径与未磨损直径之差。

气缸的圆度误差：是气缸同一截面上不同方向最大直径与最小直径差值的一半，用来衡量气缸径向的磨损程度。

气缸的圆柱度误差：是被测气缸任意截面、任意方向上所测得的最大直径与最小直径差值的一半，用来衡量气缸轴向的磨损程度。

配合间隙指气缸中部直径与活塞裙部下端直径之差。

［知识链接］

量缸表的结构和安装方法：量缸表由百分表和测量附件组成，百分表的表面上有 100 个小格，每小格为 0.01 mm。表面上的大指针偏转一圈（即表面上小指针偏转一格）相当于 1 mm，表盘可以转动，上面刻有"0"。将百分表的芯轴插入表杆内孔，使芯轴与表杆内孔推杆接触，表芯轴插入的深度一般使大表针转动 1～2 mm。根据气缸的标准直径，选择合适的置换杆装入量缸表的下端。

4）修理

当发动机中磨损量最大的气缸，其圆度和圆柱度超过规定标准时（如汽油机圆度超过 0.05 mm，或圆柱度超过 0.175 mm；柴油机圆度超过 0.063 mm，或圆柱度超过 0.25 mm，或桑塔纳、捷达汽车，其标准尺寸和最大磨损尺寸超过 0.08 mm），则应进行修理。气缸的修理通常采用机械加工的方法，即修理尺寸法和镶套修复法。

修理尺寸法是指在零件结构、强度和强化层允许的条件下，将配合副中主要件的磨损部位经过机械加工至规定尺寸，恢复其正确的几何形状和精度，然后更换相应的配合件，得到尺寸改变而配合性质不变的修理方法。修复后的尺寸称为修理尺寸，对于孔件是扩大了的，对于轴件是缩小了的。

镶套修复法是对于经多次修理，直径超过最大修理尺寸，或气缸壁上有特殊损伤时，可对气缸作圆整加工，用过盈配合的方式镶上新的气缸套，使气缸恢复到原来的尺寸的修理方法。

【任务实施】

1. 气缸盖变形的检测

1）实施过程

项目	实施内容	文字表述	图　示
气缸盖平面度的检测	使用工具		
	测量位置		

笔 记

项目	实施内容	文字表述	图　示
	检测方法		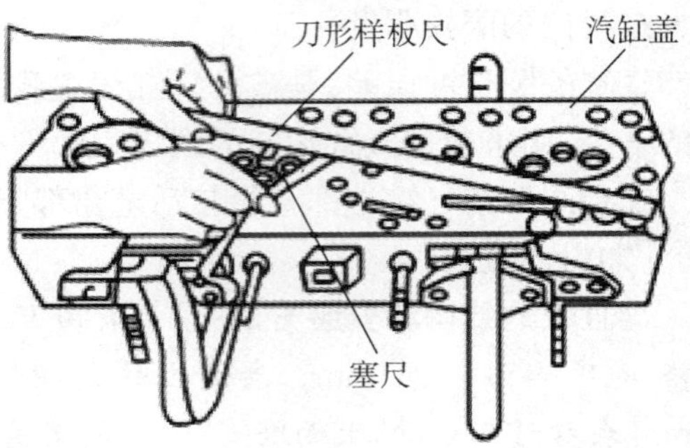 刀形样板尺　汽缸盖　塞尺

2）数据记录

变形量　＼　方向	A 向/mm	B 向/mm	C 向/mm	D 向/mm	E 向/mm	F 向/mm
气缸盖						

2. 气缸体磨损的检测

1）实施过程

项目	实施内容	文字表述	图　示
气缸体磨损的检测	使用工具		
	测量位置		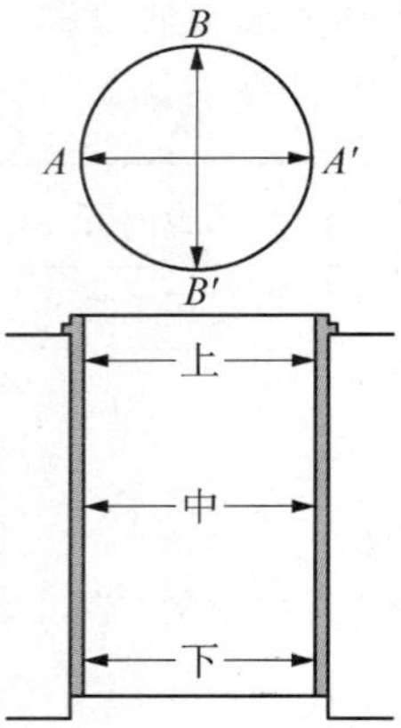

（续表）

项目	实施内容	文字表述	图　示
	检测方法	将量缸表的测杆伸入到气缸中的相应部位。微微摆动测杆，使测杆与气缸中心线垂直，量缸表指示的最小读数即为正确的气缸直径	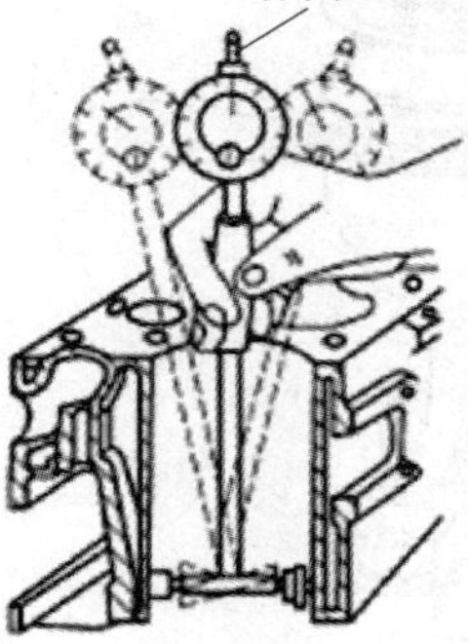 最小值

2）数据记录

变形量 ＼ 方向	A 向/mm	B 向/mm	C 向/mm	D 向/mm	E 向/mm	F 向/mm
气缸体						

任务 2.2　活塞连杆组的构造与检修

【任务描述】

同事小张有一辆福特福克斯轿车，最近发现汽车在行驶中尾气冒蓝烟。查看机油液位，液面下降；排查油底壳、缸体等部位，确认无渗漏，证实这辆福特福克斯轿车的故障是严重烧机油。那为什么会烧机油呢？通过学习本任务的知识，你帮助他找找原因吧。经过拆检后，发现活塞环对口了。

【知识准备】

2.2.1　活塞连杆组的构造

活塞连杆组主要由活塞、活塞环、活塞销和连杆等零部件组成，如图 2-13 所示。

1. 活塞

活塞的主要功用是承受燃烧气体压力，并将此力通过活塞销传给连杆以推动曲轴旋转。此外活塞顶部与气缸盖、气缸壁共同组成燃烧室。活塞工作条件为高温、高压、高速、承受周

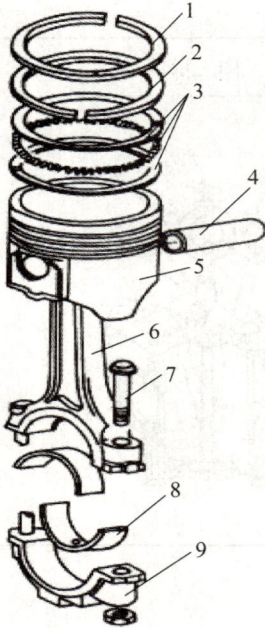

图 2－13　活塞连杆组

1，2—气环；3—油环；4—活塞销；5—活塞；6—连杆；7—连杆螺栓；8—连杆轴瓦；9—连杆盖

期惯性力、润滑条件差，对活塞的要求如下：足够的刚度与强度；重量轻；良好的导热性；热膨胀系数小。所以发动机上广泛采用铝合金活塞，只在极少数汽车发动机上采用铸铁或耐热钢活塞。

活塞可分为活塞顶部、活塞头部、活塞裙部三部分，如图 2－14 所示。

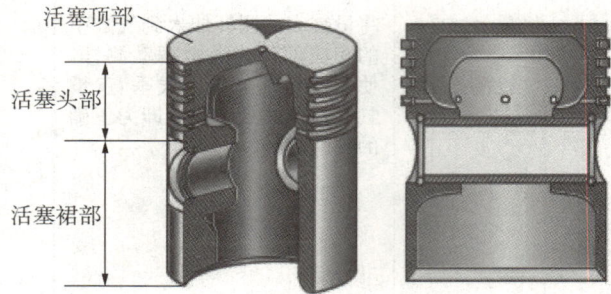

图 2－14　活塞

1）活塞顶部

活塞顶部是燃烧室的组成部分，用来承受气体压力。汽油机活塞顶部一般多采用平顶，有些发动机为了改善燃烧室形状，以利于混合气燃烧，活塞采用凹顶或凸顶，如图 2－15 所示。

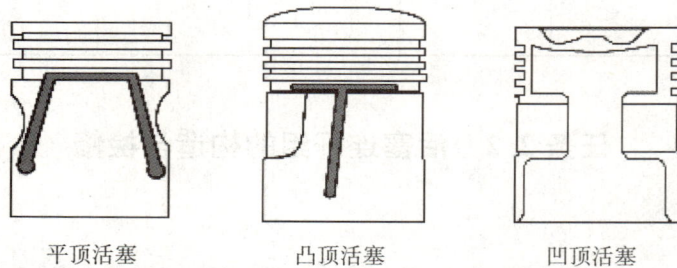

平顶活塞　　凸顶活塞　　凹顶活塞

图 2－15　活塞顶部

2）活塞头部

活塞头部是活塞油环槽以上的部分。其主要作用是：承受气体压力，并将力通过活塞销座、活塞销传给连杆；与活塞环一起实现对气缸的密封；将活塞顶所吸收的热量通过活塞环传给气缸壁。

在活塞头部加工有用来安装气环和油环的气环槽和油环槽。在油环槽底部还加工有回油孔或横向切槽，油环从气缸壁上刮下来的多余机油，经回油孔或横向切槽流回油底壳。活塞头部应该足够厚，从活塞顶到环槽区的断面变化要尽可能圆滑，过渡圆角 R 应足够大，以减小热流阻力，便于热量从活塞顶经活塞环传给气缸壁，使活塞顶部的温度不致过高。在第一道气环槽上方设置有一道较窄的隔热槽（见图 2－16），其作用是隔断由活塞顶传向第一道活塞环的热流，使部分热量由第二、三道活塞环传出，从而可以减轻第一道活塞环的热负荷，改善其工作条件，防止活塞环黏结。

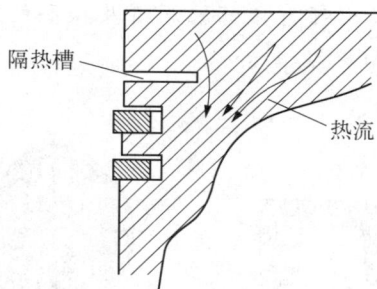

图 2-16　活塞隔热槽

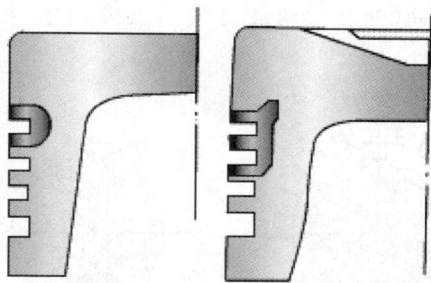

图 2-17　环槽护圈

活塞环槽的磨损是影响活塞使用寿命的重要因素。在强化程度较高的发动机中,第一道环槽温度较高,磨损严重。为了增强环槽的耐磨性,通常在第一环槽或第一、二环槽处镶嵌耐热护圈,如图 2-17 所示。在高强化直喷式燃烧室柴油机中,在第一环槽和燃烧室喉口处均镶嵌耐热护圈,以保护喉口不致因为过热而开裂。

3) 活塞裙部

自油环槽下端面起至活塞底面的部分称为活塞裙部,其作用是承受压力并为活塞运动导向。裙部的形状应该保证活塞在气缸内得到良好的导向,气缸与活塞之间在任何工况下都应保持均匀的、适宜的间隙。间隙过大,活塞敲缸;间隙过小,活塞可能被气缸卡住。此外,裙部应有足够的实际承压面积,以承受侧向力。活塞裙部承受膨胀侧向力的一面称主推力面,承受压缩侧向力的一面称次推力面。

在现代汽车发动机上广泛采用半拖鞋式裙部或拖鞋式裙部的活塞。在保证裙部有足够承压面积的条件下,将不承受侧向力一侧的裙部部分地去掉,即为半拖鞋式裙部;若全部去掉则为拖鞋式裙部。优点是:①质量轻,比全裙式活塞轻 10% 左右,适应高速发动机减小往复惯性力的需要。②裙部弹性好,可以减小活塞与气缸的配合间隙。③能够避免与曲轴平衡重发生运动干涉。

[知识链接]

活塞裙部的变形及预防措施:发动机工作时,活塞在气体力和侧向力的作用下发生机械变形,而活塞受热膨胀时还发生热变形,如图 2-18 所示。这两种变形的结果都是使活塞裙部在活塞销孔轴线方向的尺寸增大。因此,活塞工作时,燃烧气体的压力均匀作用在活塞顶上,而活塞销给予的支反力则作用在活塞裙部的销座处,由此而产生的变形是裙部直径沿活塞销座轴线方向增大。侧压力 F_N 的作用也使活塞裙部直径在同一方向上增大。此外,活塞销座附近的金属堆积受热后膨胀量大,致使裙部在受热变形时,在沿活塞销座轴线方向的直径增量大于其他方向。所以,活塞工作时产生的机械变形和热变形,使得其裙部断面变成长轴在活塞销方向上的椭圆。鉴于上述情况,为使活塞工作时裙部接近正圆形与气缸相适应,在制造时应将活塞裙部的横断面加工成椭圆形,并使其长轴与活塞销孔轴线垂直。现代汽车发动机的活塞均为椭圆裙。另外,沿活塞轴线方向活塞的温度是上高下低,活塞的热膨胀量自然是上大下小。为使活塞工作时裙部接近圆柱形,须把活塞制成上小下大的圆锥形或桶形,即在裙部的不同部位其椭圆度不同,椭圆度由下而上逐渐增大,这种裙部不仅适应活塞的温度分布,而且裙部与承受侧压力的一边的缸壁之间容易形成双向"油楔",活塞无论向上或向下运动,都能保证裙部有良好的润滑及较高的承载能力。

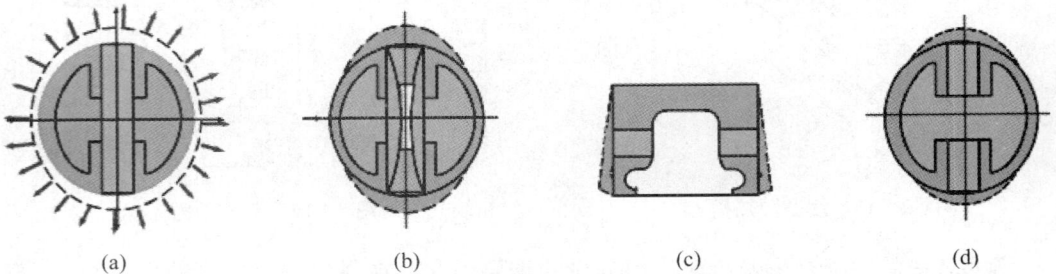

图 2-18　活塞变形

(a) 销座热膨胀　(b) 挤压变形　(c) 弯曲变形　(d) 裙部变形

为了减少销座附近处的热变形量,有的活塞将销座附近的裙部外表面制成下陷 0.5～1.0 mm。或者,在活塞销座处镶铸恒范钢片,这种活塞称为恒范活塞。由于恒范活塞在销座处只靠恒范钢片与活塞裙相连且恒范钢的热膨胀系数只有铝合金的 1/10 左右,因此当温度升高时,在恒范钢片的牵制下,裙部在活塞销孔轴线方向的热膨胀量很小。若将普通碳素钢片铸在销座处的铝合金层内侧形成双金属壁,则由于两种金属的热膨胀系数不同,当温度升高时双金属壁发生弯曲,而钢片两端的距离基本不变,从而限制了裙部的热膨胀量。因为这种控制热膨胀的作用随温度升高而增大,所以称这种活塞为自动热补偿活塞。

为了减少裙部的热膨胀量,活塞在裙部开有绝热—膨胀槽("T"形或"Π"形槽),如图2-19所示,其中横槽叫绝热槽,作用是切断从活塞头部向裙部传输热流的部分通道,以减少从头部到裙部的传热,从而使裙部的热膨胀量减少,横槽还可兼做油道孔。纵槽叫膨胀槽,使裙部具有弹性,从而使冷态下的装配间隙尽可能小,而在热态下又因切槽的补偿作用,活塞不致在气缸中卡死。

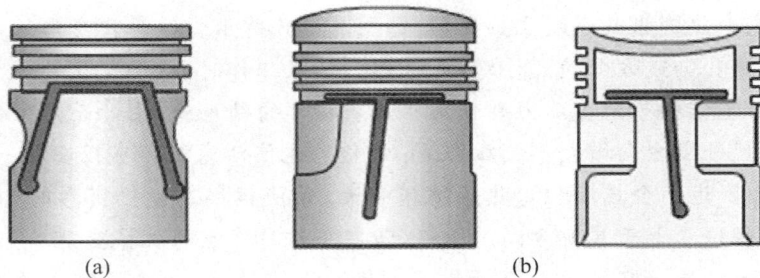

图 2-19　活塞裙部开槽

(a) "Π"形槽　(b) "T"形槽

活塞销孔轴线通常与活塞轴线垂直相交。这时,当压缩行程结束、做功行程开始,活塞越过上止点时,侧向力方向改变,活塞由次推力面贴紧气缸壁突然转变为主推力面贴紧气缸壁,活塞与气缸发生"拍击",产生噪声,且有损活塞的耐久性。在许多高速发动机中,活塞销孔轴线朝主推力面一侧偏离活塞轴线1~2 mm,称为活塞销偏置,如图2-20所示。因销座偏置,在接近上止点时,作用在活塞销座轴线以右的气体压力大于左边,使活塞倾斜,裙部下端提前换向。而活塞在越过上止点,侧压力反向时,活塞才以左下端接触处为支点,顶部向左转(不是平移),完成换向,从而减轻活塞换向时对气缸壁的敲击噪声。

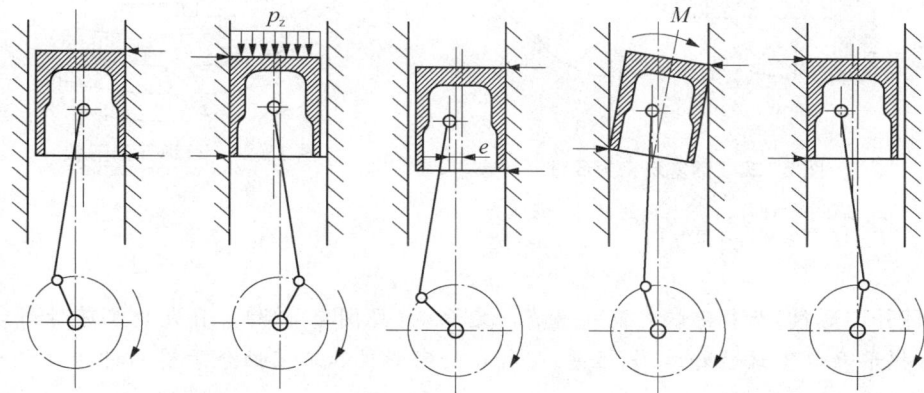

图2-20　活塞销偏置时的工作情况

2. 活塞环

活塞环按其主要作用可分为气环和油环两类,如图2-21所示。

1) 气环

气环为一带有切口的弹性片状圆环,切口有一定的间隙,气环的作用是保证活塞与气缸壁间的密封,防止气缸中的气体窜入曲轴箱;同时还将活塞头部的热量传给气缸,再由冷却水或空气带走;另外,还起到刮油、布油的辅助作用。一般发动机每个活塞上装有2~3道气环。

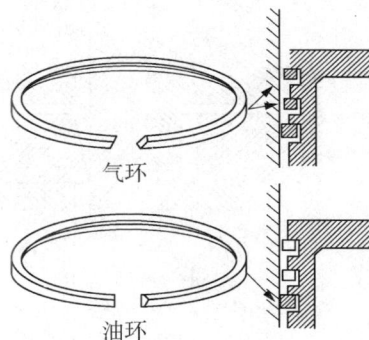

图2-21　活塞环

[知识链接]

气环的密封原理(见图2-22):活塞环在自由状态下不是正圆形,其外廓尺寸比气缸直径大。当活塞环装入气缸后,在其自身的弹力作用下环的外圆面与气缸壁贴紧形成第一密封面,气缸内的高压气体不可能通过第一密封面泄漏。高压气体可能通过活塞顶岸与气缸壁之间的间隙进入活塞的侧隙和径向间隙中。进入侧隙中的高压气体使环的下侧面与环槽的下侧面贴紧形成第二密封面,高压气体也不可能通过第二密封面泄漏。进入径向间隙中的高压气体只能使环的外圆面与气缸壁更加贴紧。这时漏气的唯一通道就是活塞环的开口端隙。如果几道活塞环的开口相互错开,那么就形成了迷宫式漏气通道。由于侧隙、径向间隙和端隙都很小,气体在通道内的流动阻力很大,致使气体压力 p 迅速下降,最后漏入曲轴箱内的气体就很少了,一般仅为进气量的0.2%~1.0%。

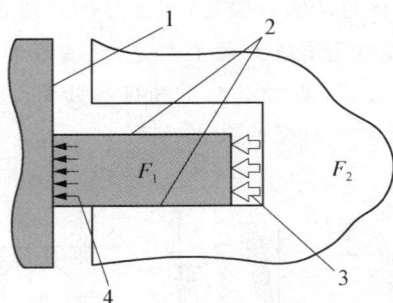

图 2－22　活塞环密封原理

1—第一密封面；2—第二密封面；3—背压力
F_2；4—活塞环自身弹力 F_1

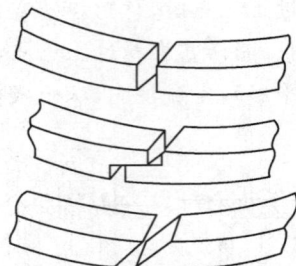

图 2－23　气环开口形状

气环开口形状：开口形状对漏气量有一定影响（见图 2－23）。直开口工艺性好，但密封性差；阶梯形开口密封性好，工艺性差；斜开口的密封性和工艺性介于前两种开口之间，斜角一般为 30°或 45°。

气环的断面形状：气环的断面形状（见图 2－24）多种多样，根据发动机的结构特点和强化程度，选择不同断面形状的气环组合，可以得到最好的密封效果和使用性能。

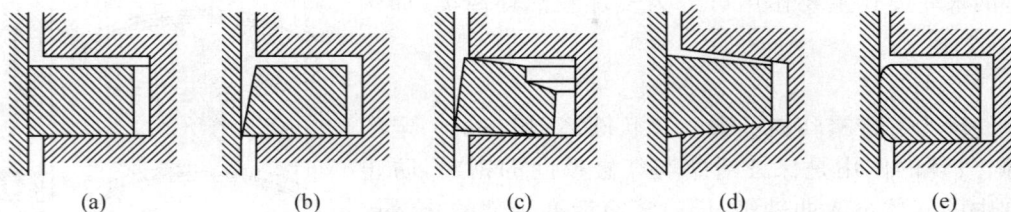

图 2－24　气环的断面形状

（a）矩形环　（b）锥形环　（c）扭曲环　（d）梯形环　（e）桶面环

a. 矩形环：（气环横剖面为矩形）结构简单，加工容易，成本较低，报废率少，贴合性、结合性、磨合性较差，耐磨性也较差，密封效果不好，泵机油现象严重。

b. 锥形环：环的磨合性和贴合性大大提高，此环多用在第二、三道上，起强化密封的作用。而由于接触面是斜面，为防止漏气，不用于第一道上。

c. 扭曲环：正扭曲内切环（用作第二、三道环）和反扭曲锥面环（多用于第一道环上）。

d. 梯形环：用于热负荷比较高的柴油机上，多用于第一道。

特点：抗胶结作用比较强，有自洁作用，与其他环比较，提高了环的密封性。

e. 桶面环：普遍用在强化柴油机中的第一道。结构有利于润滑；对气缸的表面适应性和对活塞偏摆适应性均好，有利于密封。缺点是凸圆弧表面加工困难。

2）油环

油环的作用是用来将气缸壁上多余的润滑油刮回油底壳，并在气缸壁上均匀地布油，同时，也兼起密封作用。通常发动机每个活塞上装有 1～2 道油环。油环有整体式和组合式两种结构形式。整体式油环的结构如图 2－25(a)所示，一般是用合金铸铁制造的。其外圆面的中间切有一道凹槽,在凹槽底部加工出很多排油小孔或狭缝。组合式油环的结构如图 2-25(b)所示。轴向衬环 2 夹装在刮油钢片之间,径向衬环 3 使三片刮油钢片压紧在气缸壁上。

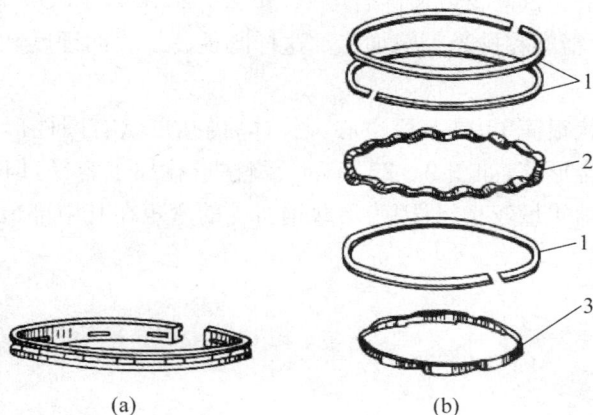

图 2-25 油环

(a) 整体式 (b) 组合式

1—刮油钢片;2—轴向衬环;3—径向衬环

3) 活塞环"三隙"

活塞环在气缸内留有端隙,与活塞环槽间有侧隙和背隙,称为活塞环"三隙",如图 2-26 所示。端隙 $\Delta 1$,又称开口间隙,是活塞环装入气缸后开口处的间隙,一般为 $0.25 \sim 0.50$ mm。侧隙 $\Delta 2$ 又称边隙,是环高方向上与环槽之间的间隙。第一道环因温度高,一般为 $0.04 \sim 0.10$ mm;其他气环一般为 $0.03 \sim 0.07$ mm。油环一般侧隙较小,一般为 $0.025 \sim 0.07$ mm。背隙 $\Delta 3$ 是活塞环装入气缸后,活塞环背面与环槽底部的间隙。一般为 $0.5 \sim 1$ mm。

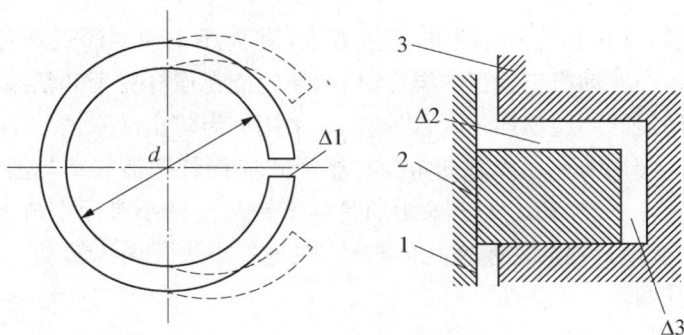

图 2-26 活塞环三隙

$\Delta 1$—端隙;$\Delta 2$—侧隙;$\Delta 3$—背隙

1—气缸体;2—活塞环;3—活塞

3. 活塞销

活塞销用来连接活塞和连杆,并将活塞承受的力传给连杆或相反。活塞销在高温条件下承受很大的周期性冲击负荷,且由于活塞销在销孔内摆动角度不大,难以形成润滑油膜,因此润滑条件较差。为此活塞销必须有足够的刚度、强度和耐磨性,质量尽可能小,销与销孔应该有适当的配合间隙和良好的表面质量。在一般情况下,活塞销的刚度尤为重要,如果活塞销发生弯曲变形,可能使活塞销座损坏。

活塞销的材料一般为低碳钢或低碳合金钢,如 20,20 Mn,15 Cr,20 Cr 或 20 MnV 等。外表面渗碳淬硬,再经精磨和抛光等精加工。这样既提高了表面硬度和耐磨性,又保证有较高的强度和冲击韧性。

活塞销的结构形状很简单,是一段空心圆柱体,内孔形状有圆柱形,两段截锥形和两段截锥与一段圆柱的组合形等,如图 2 - 27 所示。圆柱形孔加工容易,但活塞销的质量较大;两段截锥形孔的活塞销质量较小,且因为活塞销所受的弯矩在其中部最大,所以接近于等强度梁,但锥孔加工较难。

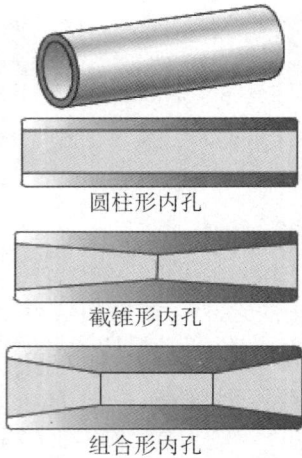

图 2 - 27　活塞销内孔形状

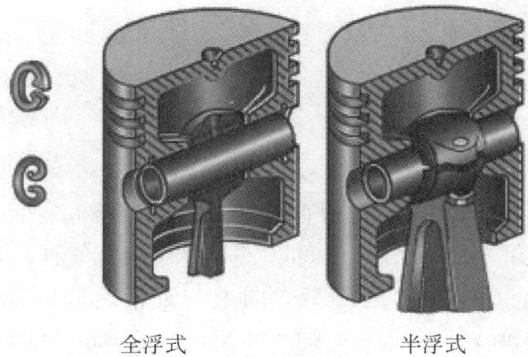

圆柱形内孔

截锥形内孔

组合形内孔

全浮式　　半浮式

图 2 - 28　活塞销的连接方式

活塞销与活塞销座孔和连杆小头的连接方式,有全浮式和半浮式两种,如图 2 - 28 所示。全浮式连接,指在发动机正常工作温度时,活塞销能在连杆衬套和活塞销座孔中自由转动,可以保证活塞销沿圆周磨损均匀,所以被广泛采用。为防止活塞销的轴向窜动而刮伤气缸壁,在活塞销座两端用卡环加以轴向定位。半浮式连接就是活塞销与活塞销座孔或连杆小头两处,一处固定,一处浮动。大多采用的是活塞销与连杆小头固定成一整体,可以在活塞销座孔转动。活塞销只在活塞销座孔内转动,在连杆小头孔内不转动。连杆小头孔不用装衬套,活塞销座孔两端也不用装卡环。

4. 连杆

连杆的作用是连接活塞与曲轴,并将活塞承受的力传给曲轴,使活塞的往复运动转变为曲轴的旋转运动。

连杆由小头、杆身和大头(包括连杆盖)三部分组成。连杆小头用以与活塞销相连。杆身断面为工字形,刚度大、质量轻、适于模锻。连杆大头除应具有足够的刚度外,还应外形尺寸小,质量轻,拆卸发动机时能从气缸上端取出。连杆大头(见图 2 - 29)与曲轴连杆轴颈连接。为便于安装,除个别小型发动机采用整体式外,大多制成剖分式,被分开部分称连杆盖,用特制螺栓紧固在连杆大头上。为使结合面在任何转速下都能紧密结合,连杆螺栓的拧紧力矩必须足够大。为防止装错,连杆盖与杆体大头配对加工内孔,同一侧刻有配对记号。

连杆大头的剖分方式有平切口和斜切口。平切口是指剖分面垂直于杆身轴线,多用于汽油机。斜切口是指剖分面与杆身轴线夹角30°～60°,多用于柴油机或强化汽油机,能使大头通过气缸,易拆装,螺栓受力较小。

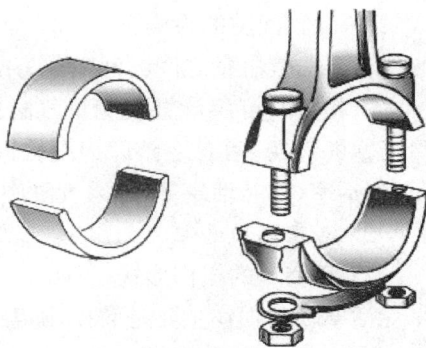

图2-29　连杆大头

连杆螺栓承受交变载荷作用,一般采用韧性较高的优质合金钢或优质碳素钢锻制、调质、机加工制成。拆装时,连杆螺栓必须以原厂规定拧紧力矩,分2—3次均匀地拧紧。为防止工作时自动松动,必须用其他锁紧装置紧固。常采用的锁止装置有:开口销、双螺母、自锁螺母、防松胶等。连杆螺栓损坏后,不能用其他螺栓来代替。

2.2.2　活塞连杆组的检修

1. 活塞的选配

1) 活塞的损伤形式

活塞的损伤主要是磨损。包括活塞环槽的磨损、活塞裙部的磨损、活塞销座孔的磨损。其次活塞刮伤、顶部烧蚀和脱顶属于非正常的损伤形式。

2) 活塞的选配

当气缸的磨损超过规定值及活塞发生异常损坏时,必须对气缸进行修复,并且要根据气缸的修理尺寸选配活塞。选配活塞时要注意以下几点:

(1) 选用同一修理尺寸和同一分组尺寸的活塞。活塞裙部的尺寸是镗磨气缸的依据,即气缸的修理尺寸是哪一级,也要选用哪一级修理尺寸的活塞。由于活塞的分组,只有在选用同一分组活塞后,才能按选定活塞的裙部尺寸进行镗磨气缸。

(2) 同一发动机必须选用同一厂牌的活塞。活塞应成套选配,以保证其材料和性能的一致性。

(3) 在选配的成套活塞中,尺寸差和质量差应符合要求。成套活塞中,其尺寸差一般为0.02～0.025 mm,质量差一般为4～8 g,销座孔的涂色标记应相同。

3) 活塞裙部尺寸的检测

镗缸时,要根据选配活塞的裙部直径确定镗削量,活塞裙部直径的测量方法如图2-30所示。在活塞下部离裙部底边约15 mm、与活塞销垂直方向处用千分尺测量活塞裙部直径。

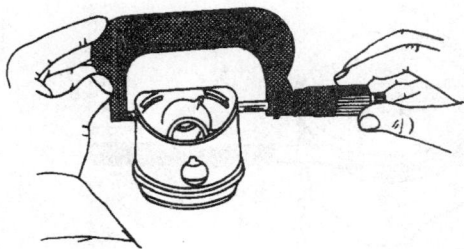

图2-30　活塞裙部尺寸检测

4）配缸间隙的检测

活塞与气缸壁之间的间隙称为配缸间隙。此间隙应符合标准。检测时可用量缸表测量气缸的直径,用外径千分尺测量活塞的直径,两者之差即为配缸间隙。也可如图 2-31 所示,将活塞(不装活塞环)放入气缸中,用塞尺测量其间隙值。

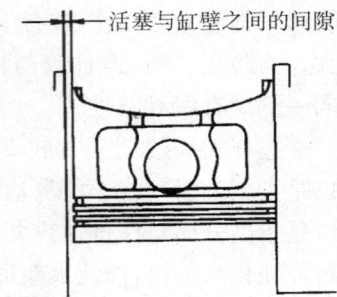

图 2-31　配缸间隙检测

2. 活塞环的选配

1）活塞环的损伤形式

活塞环的损伤主要是磨损,随着磨损的加剧,活塞环的弹力逐渐减弱,端隙、侧隙、背隙增大。此外,活塞环还可能折断。

2）活塞环的选配

除有标准尺寸的活塞环以外,还有与各级修理尺寸气缸、活塞相对应的加大尺寸的活塞环。发动机修理时,应按照气缸的标准尺寸或修理尺寸,选用与气缸、活塞同级别的活塞环。在大修时,优先使用活塞、活塞销及活塞环成套供应配件。

对活塞环的要求除了与气缸、活塞的修理尺寸一致外,还应具有规定的弹力,环的漏光度、端隙、侧隙、背隙符合原厂规定。

3）活塞环的检验

活塞环的检验项目包括"三隙"检验、弹力检验和漏光度检验。

(1) 活塞环端隙的检验。活塞环的端隙过大,影响气缸的密封性;端隙过小,将引起活塞环的运动状态不正常。

检验方法如图 2-32 所示,将活塞环置入气缸内,用倒置的活塞顶部将活塞环推平,然后用塞尺测量开口处的间隙,进行端隙的检测。若端隙大于规定值,则应重新选配活塞环;若端隙小于规定值时,应用细平锉刀对环的端口进行锉修。锉修时,只能锉削一端环口且应平整,锉修后,应去除毛刺,以免在工作时刮伤气缸壁。

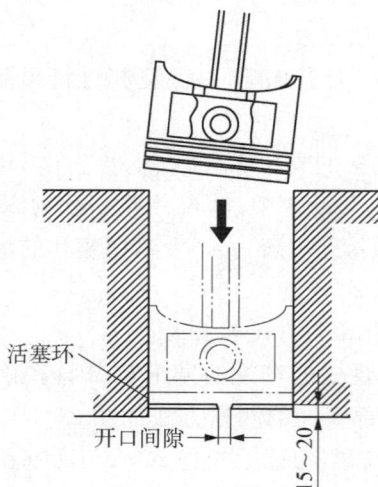

图 2-32　活塞环端隙的检验

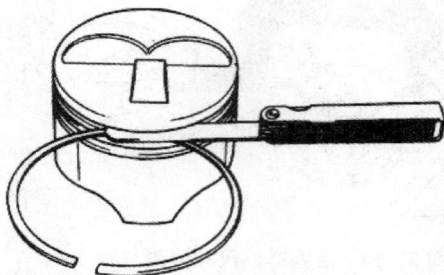

图 2-33　活塞环侧隙的检验

（2）活塞环侧隙的检验。活塞环的侧隙过大，将使活塞环的泵油作用加剧，活塞环岸易疲劳破碎；过小则可能使活塞环卡死在环槽内，造成拉缸。

检测活塞环侧隙（见图2-33）时，将活塞环放在槽内，围绕环槽滚动一周，应能自由滚动，既不松动，又无阻滞现象，然后用塞尺检测其侧隙，其值应符合要求。如侧隙过小，可将活塞环放在有平板的砂布上研磨，不允许加工活塞；如侧隙过大，则应另选活塞环。

（3）活塞环背隙的检验。活塞环的背隙过大将影响活塞环的密封作用；背隙过小则活塞在工作时膨胀过大易挤断活塞环。

在实际测量中，活塞环背隙通常以环槽深度与活塞环径向厚度的差值来衡量活塞环的背隙。检验活塞环背隙的经验方法是：将活塞环置入环槽内，如活塞环低于环槽岸，能转动自如，且无松旷感觉，则间隙合适。活塞环背隙过大或过小，都应重新选配活塞环。

（4）活塞环弹力的检验。活塞环的弹力是指活塞环端隙达到规定值时作用在活塞环上的径向力。活塞环的弹力是保证气缸密封的必要条件。弹力过弱，气缸密封性变差，燃润料消耗增加，燃烧室积炭严重，发动机动力性、经济性降低。弹力过大使环的磨损加剧。

活塞环的弹力可用活塞环弹力检验仪检验，如图2-34所示。

检验方法是把活塞环放在弹力检验仪上，使活塞环的开口处于水平位置，沿秤杆移动活动量块，使活塞环的端隙达到规定的间隙值。此时，可由量块在秤杆上的位置读出作用于活塞环上的力，即为活塞环的弹力，其数值应符合标准规定。

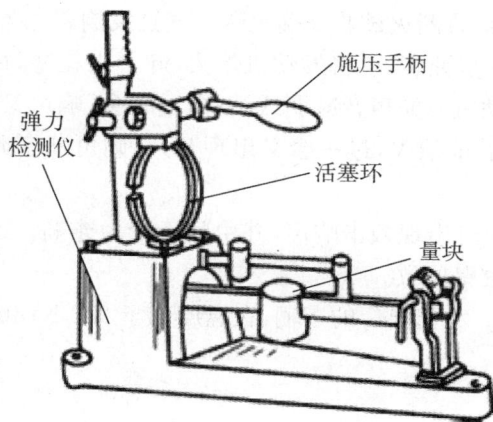

图2-34　活塞环弹力的检验

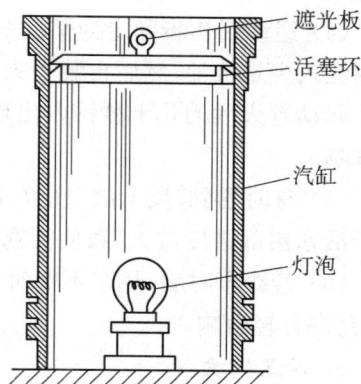

图2-35　活塞环漏光度的检验

（5）活塞环漏光度的检验。活塞环漏光度检验用于检测活塞环的外圆表面与缸壁的接触和密封程度，漏光度过大，表明活塞环与气缸的接触面积减小，易造成漏气和润滑油上窜。

检验方法如图2-35所示，将活塞环置于气缸内，用倒置的活塞将其推平，在气缸下部放置一发亮的灯泡，在活塞环上放一直径略小于气缸内径，能盖住活塞环内圆的盖板，然后从气缸上部观察漏光处及其对应的圆心角。

活塞环开口处左右30°范围内，不允许漏光。每处漏光弧长所对应的圆心角不超过25°，同一环上漏光弧长所对应的圆心角总和不超过45°。漏光处的间隙不大于0.03 mm。

3. 活塞销的选配

发动机大修时,一般应更换活塞销。

活塞销的选配原则是:同一台发动机应选用同一厂牌、同一修理尺寸的成组活塞销;活塞销表面应无任何锈蚀和斑点,表面粗糙度 R_a 不大于 $0.20\ \mu m$,圆柱度误差不大于 $0.002\ 5\ mm$,质量差在 $10\ g$ 范围内。

4. 活塞敲缸响

1) 现象

(1) 发动机怠速时,在气缸的上部发出清晰的敲击声,好像用一小锤轻敲水泥地面产生的"嗒嗒嗒"的声音。

(2) 发动机低温时响声明显,温度升高后响声减弱或消失,怠速或中低速时响声明显,中高速时一般减弱或消失。

(3) 该缸断火后,响声减弱或消失。

2) 原因

(1) 活塞与气缸壁间隙过大。

(2) 气缸壁润滑条件不佳。

3) 分析

(1) 这种响声的特点是冷车明显,热车时减弱或消失,断火试验时响声减弱或消失。

(2) 发动机在中低速运转时,可用手抖动油门检查,一般在收油门的瞬间响声较明显。

(3) 可用听诊器具,放在气缸上部听察,并结合断火试验来确定哪个气缸发响。

(4) 经诊断初步确定为某缸发响后,为进一步证实,可将发动机熄火,卸下火花塞,往气缸内注入少量机油,然后再装上火花塞起动发动机。如声音减弱或消失,过一会,响声又起,或在起动着火后的几十秒钟内出现几声响,随后即消失,过一会又出现几声,则可断定此缸敲缸响。

(5) 有时遇到"反上缸"现象,即在断火试验时出现敲击响声,并由间断变为连响。这是由于活塞裙部锥度过大,致使活塞头部撞击气缸壁所致。

(6) 若冷车时响,热车不响时,可继续运行。大修出厂的车辆,在温度低于 $213\ K(40℃)$ 时,允许有轻微响声。

5. 活塞销响

1) 现象

(1) 发动机在怠速或中速运转时,在发动机的侧上部可听到"嗒嗒嗒"的明显、清晰而尖脆的敲击声;用手拉油门,由怠速往中低速急速抖动油门时响声非常明显,且清脆而连贯。

(2) 发动机温度升高,响声不减弱。

(3) 断火试验时响声减弱或消失,而恢复工作时的瞬间,有明显的 $1\sim2$ 个响声。

2) 原因

(1) 活塞销与连杆小头衬套配合松旷。

(2) 活塞销与活塞的销座孔配合松旷。

(3) 机油压力过低,曲轴箱内机油飞溅量不足,或连杆上的润滑油道堵塞,而造成活塞销烧蚀严重。

3）分析

（1）抖动油门试验，即将油门置于怠速位置，然后向中低速抖油门，响声能灵活地随着变化，并且每抖一下油门，都能听到突出的、尖脆的、连贯的"嗒嗒嗒"响声，则可能是活塞销响。

（2）断火试验时，响声上缸比较明显。可将发动机稳定在响声较强的转速下，逐缸断火试验，当断某缸后，响声明显减弱或消失，并在复火的瞬间，能灵敏而突出地恢复响声，可断定此缸活塞销响。

（3）如声响非常严重，并且发动机转速越高，响声越大。可在响声较大的转速下断火试验，如响声不但不消失，反而变得杂乱，一般是由于间隙已大到了一定的程度。

（4）在发动机转速不断变化的情况下，将听诊器具触及在发响气缸的缸体侧上部或气缸盖上，可听到较清脆的响声，也可在加机油口处听到活塞销的清脆响声。

6. 连杆的检修

1）连杆的损伤形式

连杆的损伤有杆身的弯曲、扭转变形；小头孔和大头侧面的磨损。其中变形最为常见。

2）连杆变形的检验

连杆变形的检验在连杆检验仪上进行，如图 2-36 所示，检验仪上的菱形支撑轴能保证连杆大端承孔轴向与检验平板垂直。测量工具是一个带 V 形槽的"三点规"，三点规上的三点构成的平面与 V 形槽的对称平面垂直，两下测点的距离为 100 mm，上测点与两下测点连线的距离也是 100 mm。

检验方法：①将连杆大头的轴承盖装好（不装轴承），按规定力矩把螺栓拧紧，检查连杆大头孔的圆度和圆柱度应符合要求；装上已修配好的活塞销。②把连杆大头装在检验仪的支撑轴上，拧紧调整螺钉使定心块向外扩张，把连杆固定在检验仪上。③将 V 形检验块两端的 V 形定位面靠在活塞销上，观察 V 形三点规的三个接触点与检验平板的接触情况，即可检查出连杆的变形方向和变形量。

（1）三点规的三个测点都与平板接触，说明连杆没有变形。

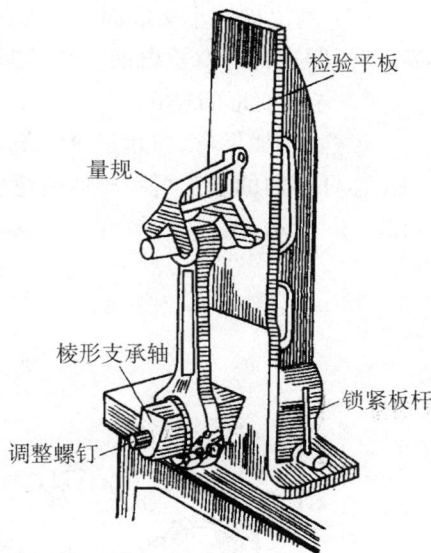

图 2-36 连杆校正仪

（2）若上测点与平板接触，两下测点不接触且与平板距离一致；或两下测点与平板接触而上测点不接触，表明连杆弯曲。用厚薄规测出测点与平板的间隙，即为连杆在 100 mm 长度上的弯曲度，如图 2-37（a）所示。

（3）若只有一个下测点与平板接触，另一个下测点与平板不接触，且间隙为上测点与平板间隙的两倍，这时下测点与平板的间隙即为连杆在 100 mm 长度上的扭曲度，如图 2-37（b）所示。

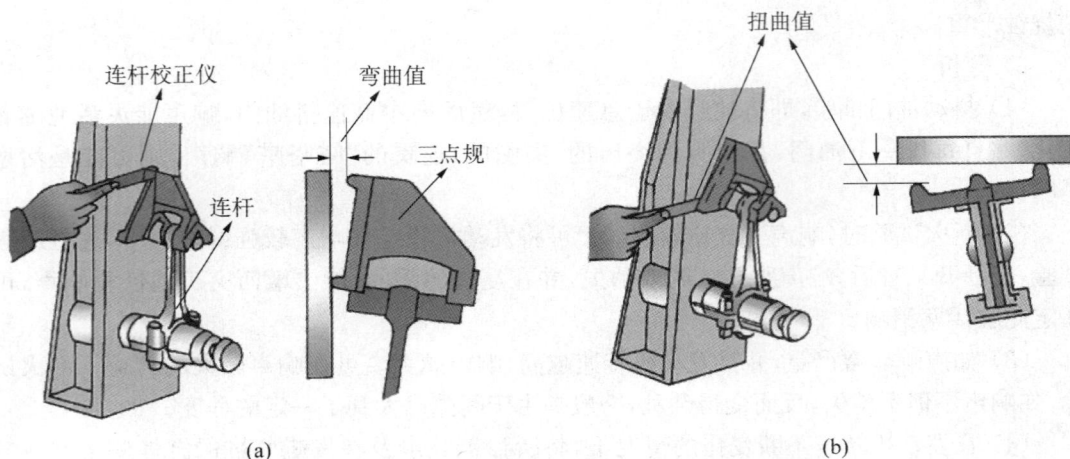

图 2 - 37   连杆变形检验

(a) 连杆弯曲的检验   (b) 连杆扭曲的检验

（4）如果一个下测点与平板接触，但另一个下测点与平板的间隙不等于上测点间隙的两倍，这时连杆弯扭并存。下测点与平板的间隙为连杆的扭曲度，上测点间隙与下测点间隙一半的差值为连杆的弯曲度。

（5）测出连杆小头端面与平板的距离，然后将连杆翻转 180°后再测此距离，若数值不相等，即说明连杆有双重弯曲，两次测量数值之差为连杆双重弯曲度。

3）连杆变形的校正

经检验，如果弯、扭超过规定值，应记住弯、扭方向和数值，进行校正。

连杆弯曲的校正可在压床或弯曲校正器上进行，用弯曲校正器校正连杆弯曲的方法如图 2 - 38 所示。

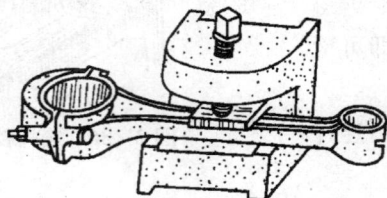

图 2 - 38   连杆弯曲的校正

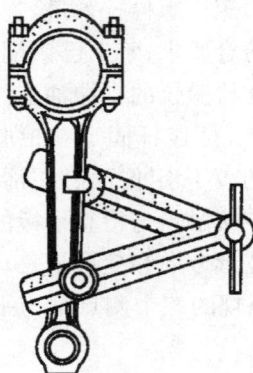

图 2 - 39   连杆扭曲的校正

连杆扭曲的校正可将连杆夹在虎钳上，用扭曲校正器、长柄扳钳或管子钳进行校正，用扭曲校正器校正连杆扭曲的方法如图 2 - 39 所示。

校正时注意：先校扭，再校弯；避免反复校正。校正后要进行时效处理，消除弹性后效作用。

7. 连杆衬套的修复

1）连杆衬套的选配

对于全浮式安装的活塞销，连杆小头内压装有连杆衬套。发动机在大修时，在更换活塞、活塞销的同时，必须更换连杆衬套，以恢复其正常配合。连杆衬套与连杆小头应有一定量的过盈（如桑塔纳发动机为 0.06～0.10 mm），以保证衬套在工作时不走外圆。可通过分别测量连杆小头内径和新衬套外径的方法求得过盈量。

2）连杆衬套的修配

活塞销与连杆衬套的配合，在常温下应有 0.005～0.010 mm 的间隙，接触面积应在 75% 以上。配合间隙过小，可将连杆夹到内圆磨床上进行磨削，并留有研磨余量。再将活塞销插入连杆衬套内配对研磨，研磨时可加少量机油，将活塞销夹在台虎钳上，沿活塞销轴线方向扳动连杆，应有无间隙感觉，如图 2-40(a)所示。加入机油扳动时无"气泡"产生，把连杆置于与水平面成 750° 角时应能停住，轻拍连杆徐徐下降，此时配合间隙为合适。

经过加工的衬套，应能用大拇指把活塞销推入连杆衬套内，并有无间隙感觉，如图 2-40(b)所示。

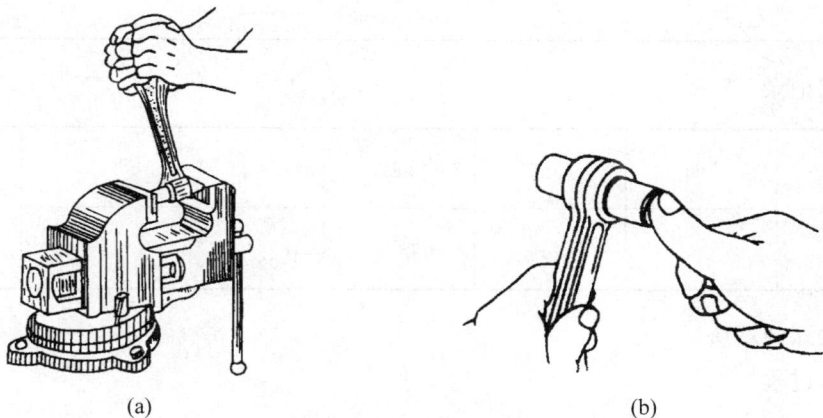

(a)　　　　　　　　　　　　　(b)

图 2-40　连杆衬套配合检验

8. 连杆轴承（瓦）异响

（1）现象：①突然加速时，有连续明显的敲击声，响声清脆，短促而坚实，并随发动机转速的升高而增大，随负荷的增加而增强；②发动机温度发生变化时，响声不变化；③轴承严重松旷时，在怠速及中速运转中，可听到"咯棱、咯棱"的响声；④断火试验，响声明显减弱或消失。

（2）原因：①润滑不良或轴承配合不当而造成烧损；②轴承质量不佳或装配间隙过松、过紧迫使轴承片变形而造成合金脱落；③连杆轴颈失圆，与轴承接触不良而造成早期磨损。

（3）分析：①逐缸断火试验，从怠速往中低速，由中低速往中速抖动油门以及加大油门反复试验时，响声随发动机转速的增高而增大，微抖油门时可听到较复杂的"咯棱、咯棱"的响声。此外，在加油门的瞬间响声更突出，断火试验响声减弱或消失，在复火的瞬间能灵敏而突出地恢复响声。此情况可断定为连杆轴承响；②从加机油口处察听，有较强的"哨哨哨"的响声；③车辆行驶中，如加大油门或由低速档换入高速档加油时，听到有微小的"嗒嗒"响声，而慢慢加大油门或减轻负荷时，响声即消失；④如在车辆行驶中突然听到"唧唧唧"的响

笔记

声,好像在缺乏润滑油的情况下,用大钻头在材质坚硬的钢材上钻孔时发出的声音,这一般是由于缺乏润滑油而烧瓦所发出的响声。出现这种响声时,曲轴有被抱住的可能。因此,应立即停车熄火并用手摇柄摇转曲轴。

【任务实施】

1. 活塞的检测

1)实施过程

项目	实施内容	文字表述	图　示
活塞磨损的检测	使用工具		
	检测方法		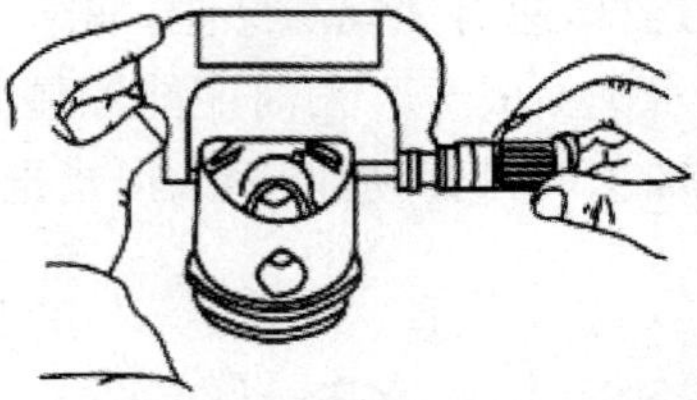

2)数据记录

缸数	1缸	2缸	3缸	4缸	
活塞直径					

2. 活塞环的检验

1)实施过程

项目		实施内容	文字表述	图　示
活塞环的检验	"三隙"检验	使用工具		
		检测方法	端隙	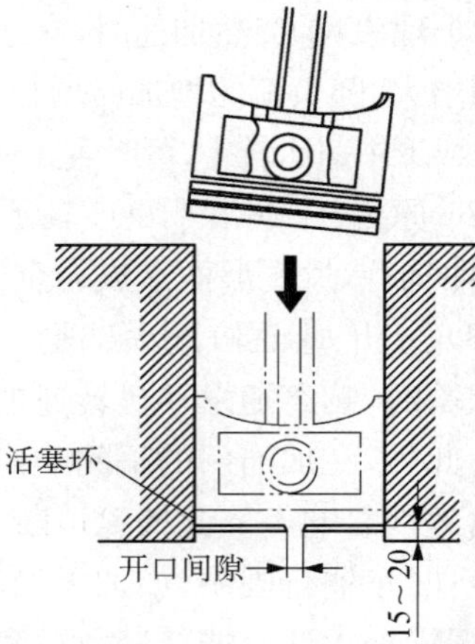 活塞环　开口间隙　15~20

（续表）

项目		实施内容	文字表述	图　示
		侧隙		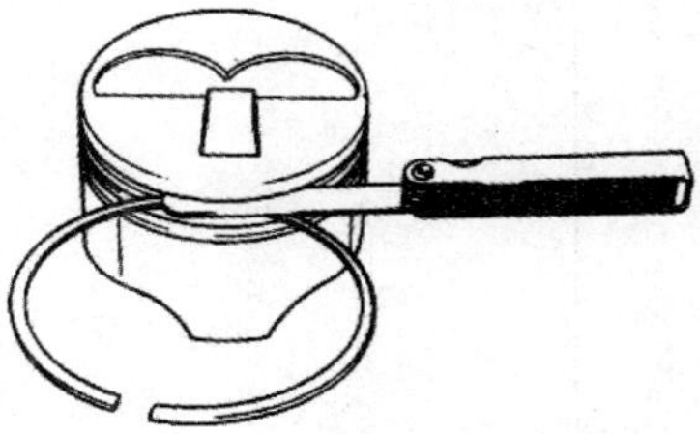
		背隙		
	弹力检验	使用工具		
		检测方法		
	漏光度检验	使用工具		
		检测方法		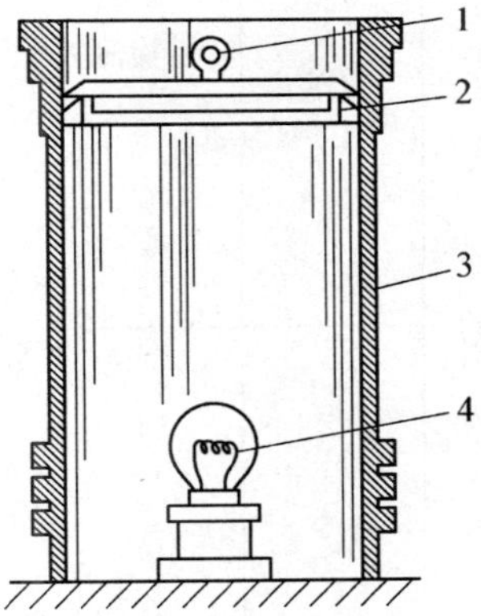 活塞环漏光度的检查 1—遮光板；2—活塞环； 3—气缸；4—灯泡

2）数据记录

活塞环	端隙	侧隙	背隙	弹力	漏光度
第一道气环					
第二道气环					

3. 连杆的检修

项目		实施内容	文字表述	图　示
连杆的检修	连杆弯曲检验	使用工具		连杆校正仪　连杆
		检测方法		弯曲值　三点规
	连杆扭曲检验	使用工具		连杆校正仪　连杆
		检测方法		扭曲值

（续表）

项　目		实施内容	文字表述	图　示
连杆弯曲校正		使用工具		
		校正方法		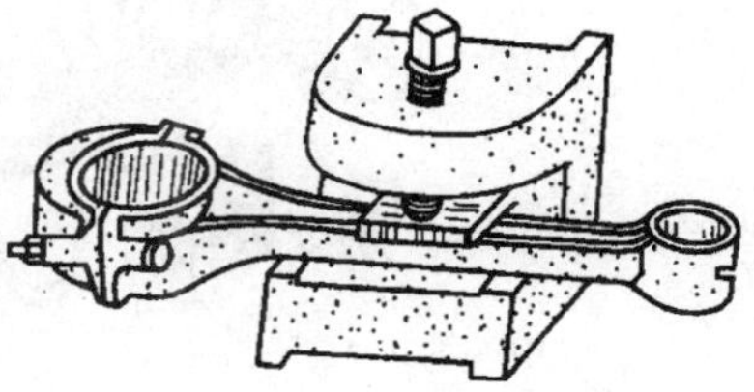
连杆扭曲校正		使用工具		
		校正方法		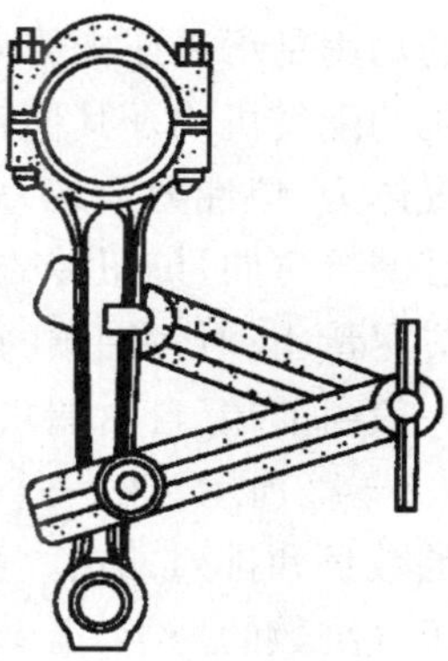

任务 2.3　曲轴飞轮组的构造与检修

【任务描述】

一辆桑塔纳轿车大修后，发现动力不足且有轻微异响，磨合后症状加剧，且离合器打滑，更换离合器片后短时间内又出现相同故障。为什么呢？经检查，发现是曲轴主轴承的磨损超出极限所致。

【知识准备】

2.3.1　曲轴飞轮组的构造

曲轴飞轮组主要由曲轴、飞轮、扭转减振器、皮带轮、正时齿轮（或链条）等组成，如图 2-41所示。

笔记

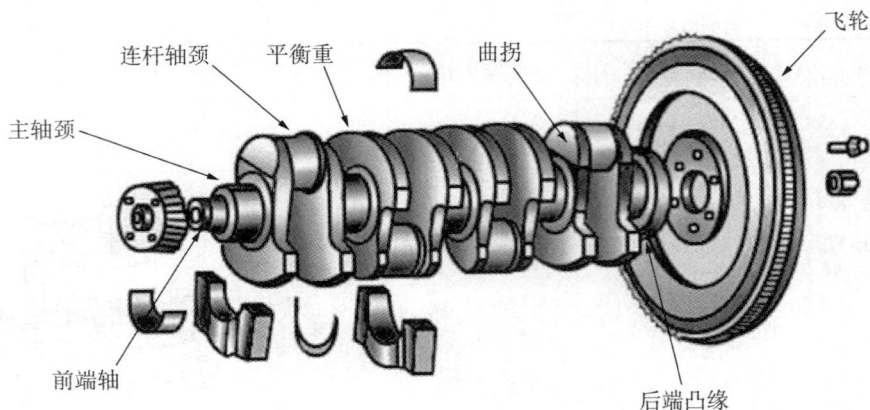

图 2 - 41　曲轴飞轮组

1. 曲轴

曲轴的功用是承受连杆传来的力,并将其转变为扭矩,然后通过飞轮输出,另外,还用来驱动发动机的配气机构及其他辅助装置(如发电机、风扇、水泵、转向油泵等)。曲轴在周期性变化的气体力、惯性力及其力矩的共同作用下工作,承受弯曲和扭转交变载荷。因此,曲轴应有足够的抗弯曲、抗扭转的疲劳强度和刚度;轴颈应有足够大的承压表面和耐磨性;曲轴的质量应尽量小;对各轴颈的润滑应该充分。

曲轴一般由前端(自由端)、主轴颈、曲柄、平衡重、连杆轴颈(曲柄销)和后端(动力输出)组成,如图 2 - 42 所示。由一个连杆轴颈和它左右主轴颈组成一个曲拐。曲轴的曲拐数取决于气缸的数目和排列方式。直列式发动机曲轴的曲拐数等于气缸数;V 型发动机曲轴的曲拐数等于气缸数的一半。

图 2 - 42　曲轴

按照曲轴的主轴颈数;可以把曲轴分为全支承曲轴和非全支承曲轴两种。在相邻的两个曲拐之间,都设置一个主轴颈的曲轴,称为全支承曲轴;否则称为非全支承曲轴。对于直列发动机来说,假设气缸数为 i,则全支承的主轴颈数为 $i+1$。主轴颈数少于此数者都称为非全支承的轴。全支承曲轴的优点是可以提高曲轴的刚度,并且可减轻主轴承的载荷。其缺点是曲轴长度较长使发动机机体长度增加。

曲轴前端(见图 2 - 43)装有驱动配气凸轮轴的定时齿轮 4,驱动风扇和水泵的带轮 7 以及止推片 3 等。为了防止机油沿曲轴颈外漏,在曲轴前端上有一个甩油盘 5,随着曲轴旋转。

当被齿轮挤出和甩出来的机油落到盘上时,由于离心力的作用,被甩到齿轮室盖的壁面上,再沿壁面流下来,回到油底壳中。即使还有少量机油落到甩油盘前面的曲轴轴段上,也被压配在齿轮室盖上的油封 6 挡住,甩油盘的外斜面应向后。如果装错,效果将适得其反。

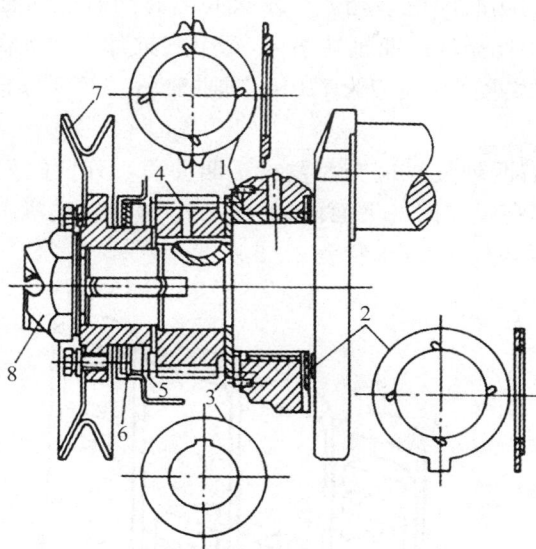

图 2 - 43　曲轴前端的结构

1,2—滑动推力轴承;3—止推片;4—定时齿轮;
5—甩油盘;6—油封;7—带轮;8—起动爪

此外,在中、小型发动机的曲轴前端还装有起动爪,如图 2 - 43 中的 8,以便必要时用人力转动曲轴,使发动机起动。

曲轴后端有安装飞轮用的凸缘。为防止机油从曲轴后端漏出,通常在曲轴后端车出回油螺纹或安装其他封油装置。回油螺纹可以是梯形的或矩形的,其螺旋的方向应为右旋,回油螺纹的封油原理如图 2 - 44 所示。当曲轴旋转时,流到回油螺纹槽中的机油也被带动旋转。因为机油本身带有黏性,所以受到机体后盖孔壁的摩擦阻力 F_r。F_r 可分解为平行于螺纹的分力 F_{r1} 和垂直于螺纹的分力 F_{r2},机油在 F_{r1} 的作用下,顺着螺纹槽被推送向前,流回到油底壳。

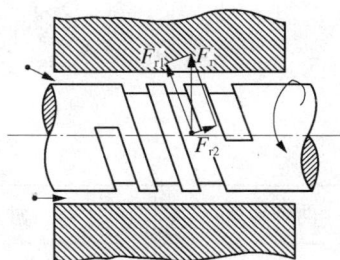

图 2 - 44　回油螺纹的封油原理

发动机工作时,曲轴经常受到离合器施加于飞轮的轴向力作用而有轴向窜动的趋势。曲轴窜动将破坏曲柄连杆机构各零件正确的相对位置,故必须用止推轴承(一般是滑动轴承)加以限制。而在曲轴受热膨胀时,又应允许它能自由伸长,所以曲轴上只能有一处设置轴向定位装置。止推装置有翻边轴瓦、止推片、止推环和轴向止推滚珠轴承等多种形式。止推片与止推环广泛用于内燃机曲轴止推。

2. 曲拐布置与多缸发动机的工作顺序

各曲拐的相对位置或曲拐布置取决于气缸数、气缸排列形式和发动机工作顺序。当气缸数和气缸排列形式确定之后,曲拐布置就只取决于发动机工作顺序。在选择发动机工作

顺序时,应注意以下几点:

（1）应该使接连做功的两个气缸相距尽可能的远,以减轻主轴承载荷和避免在进气行程中发生抢气现象。

（2）各气缸发火的间隔时间应该相同。发火间隔时间若以曲轴转角计则称发火间隔角。在发动机完成一个工作循环的曲轴转角内,每个气缸都应发火做功一次。对于气缸数为 i 的四冲程发动机,其发火间隔角应为 $720°/i$,即曲轴每转 $720°/i$ 时,就有一缸发火做功,以保证发动机运转平稳。

（3）V 型发动机左右两列气缸应交替发火。四冲程直列四缸发动机的发火间隔角为 $720°/4=180°$。4 个曲拐布置在同一平面内（见图 2 - 45）。发动机工作顺序为 1—3—4—2 或 1—2—4—3,其工作循环如表 2 - 1 和表 2 - 2 所示。

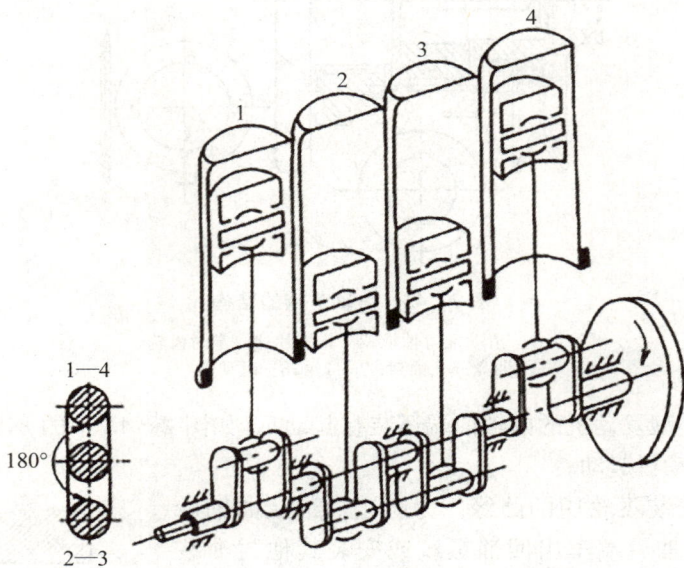

图 2 - 45　直列四缸发动机的曲拐布置

表 2 - 1　工作顺序为（1—3—4—2）

曲轴转角/(°)	第一缸	第二缸	第三缸	第四缸
0～180	做功	排气	压缩	进气
180～360	排气	进气	做功	压缩
360～540	进气	压缩	排气	做功
540～720	压缩	做功	进气	排气

表 2 - 2　工作顺序为（1—2—4—3）

曲轴转角/(°)	第一缸	第二缸	第三缸	第四缸
0～180	做功	压缩	排气	进气
180～360	排气	做功	进气	压缩

（续表）

曲轴转角(°)	第一缸	第二缸	第三缸	第四缸
360～540	进气	排气	压缩	做功
540～720	压缩	进气	做功	排气

　　四冲程直列六缸发动机点火间隔角为 720°/6＝120°。6 个曲拐分别布置在三个平面内，各平面夹角为 120°（见图 2-46）。曲拐的具体布置有两种方案，第一种点火次序是：1—5—3—6—2—4，这种方案应用比较普遍，国产汽车的六缸发动机的点火次序都用这种，其工作循环在表 2-3 中列出；另一种点火次序是：1—4—2—6—3—5。

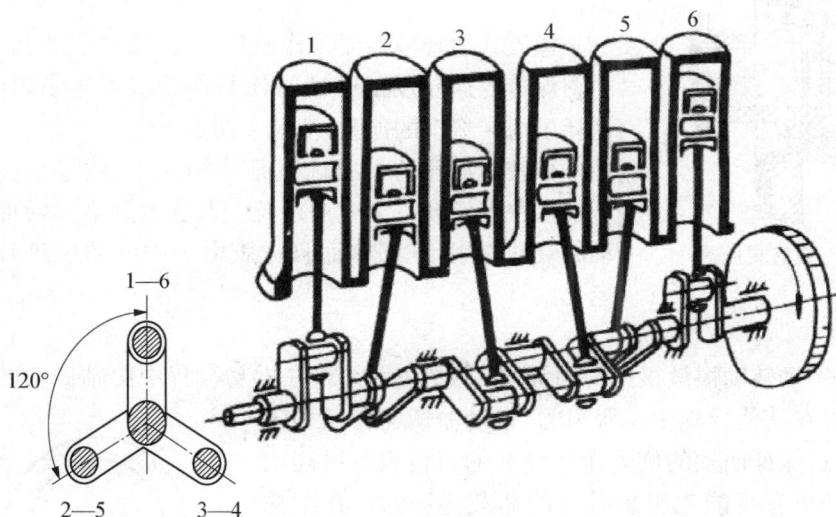

图 2-46　直列六缸发动机的曲拐布置

表 2-3　工作顺序为（1—5—3—6—2—4）

曲轴转角/(°)		第一缸	第二缸	第三缸	第四缸	第五缸	第六缸
0～180	60		排气	进气	做功		
	120	做功				压缩	进气
	180			压缩	排气		
180～360	240		进气			做功	
	300	排气					压缩
	360			做功	进气		
360～540	420		压缩			排气	
	480	进气					做功
	540			排气	压缩		
540～720	600		做功			进气	
	660	压缩					排气
	720		排气	进气	做功	压缩	

3. 扭转减振器

发动机工作时,经连杆传给曲柄销的作用力大小和方向都是周期性变化的,引起曲拐回转的瞬时角速度也呈周期性变化,而由于固装在曲轴上的飞轮转动惯量大,其瞬时角速度基本上可看作是均匀的。这样,曲拐便会忽而比飞轮转得快,忽而比飞轮转得慢,就形成曲拐的扭转振动。这引起使发动机的功率损失、曲轴扭转变形、甚至断裂。为了消减曲轴的扭转振动,有的发动机在曲轴前端装有扭转减振器。

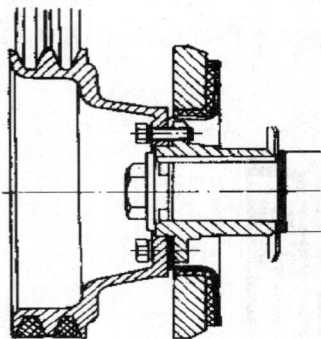

图 2 - 47　扭转减振器

扭转减振器的作用是吸收曲轴扭转振动的能量,消减扭转振动。曲轴上常见的扭转减振器有橡胶式扭转减振器,如图 2 - 47 所示,此外还有干摩擦式扭转减振器和硅油式扭转减振器。

橡胶式扭转减振器工作原理是:当曲轴发生扭转振动时,力图保持等速转动的惯性盘便与橡胶层发生了内摩擦,从而消耗了扭转振动的能量,消减了扭振。

橡胶减振器的主要优点是结构简单、质量小、工作可靠,所以在汽车发动机上应用广泛。其主要缺点是对曲轴扭转振动的衰减作用不够强,而且橡胶由于内摩擦生热升温而容易老化。

4. 飞轮

飞轮是一个转动惯量很大的圆盘,其主要功用是将在做功行程中曲轴做功的一部分储存起来,用以在其他行程中克服阻力,带动曲柄连杆机构越过上、下止点,保证曲轴的旋转角速度和输出转矩尽可能均匀,并使发动机有可能克服短时间的超载荷;此外,在结构上飞轮又往往用作汽车传动系中摩擦离合器的驱动件。

飞轮外缘上压有一圈齿圈,可与起动机的驱动齿轮啮合,供起动发动机用。飞轮上通常刻有第一缸发火正时记号(见图 2 - 48),以便校准发火时间。

多缸发动机的飞轮应与曲轴一起进行动平衡,否则在旋转时因质量不平衡而产生的离心力,将引起发动机振动并加速主轴承的磨损。为了在拆装时不破坏它们的平衡状态,飞轮与曲轴之间应有严格的相对位置,用定位销或不对称布置螺栓予以保证。

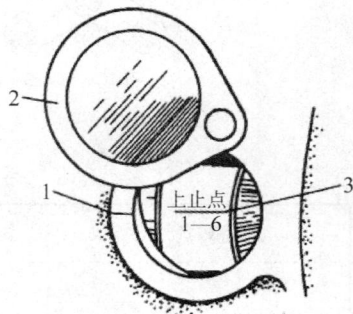

图 2 - 48　发动机点火定时记号

1—离合器外壳的记号;2—观察孔盖板;
3—飞轮上的记号

5. 轴承

汽车发动机滑动轴承有连杆衬套、连杆轴承、主轴承和曲轴止推轴承等。

连杆轴承和主轴承均承受交变载荷和高速摩擦,因此轴承材料必须具有足够的抗疲劳强度,而且要摩擦小、耐磨损和耐腐蚀。

连杆轴承和主轴承均由上、下两片轴瓦对合而成。每一片轴瓦如图 2 - 49 所示,都是由钢背和减磨合金层或钢背、减磨合金层和软镀层构成。前者称为二层结构轴瓦,后者称三层结构轴瓦。钢背是轴瓦的基体,由 1~3 mm 厚的低合金钢制造,以保证有较高的机械强度。

<<<<　------------------------------------

在钢背上浇铸减摩合金层,减磨合金材料主要有白合金、铜基合金和铝基合金。白合金也叫巴氏合金,应用较多的锡基白合金减磨性好,但疲劳强度低,耐热性差,温度超过 100℃硬度和强度均明显下降,因此常用于负荷不大的汽油机。铜铅合金的突出优点是承载能力大,抗疲劳强度高,耐热性好。但磨合性能和耐腐蚀性差。为了改善其磨合性和耐腐蚀性,通常在铜铅合金表面电镀一层软金属而成三层结构轴瓦,多用于高强化的柴油机。铝基合金包括铝锑镁合金、低锡铝合金和高锡铝合金。含锡 20%以上的高锡铝合金轴瓦因为有较好的承载能力、抗疲劳强度和减磨性能而被广泛地用于汽油机和柴油机。软镀层是指在减磨合金层上电镀一层锡或锡铅合金,其主要作用是改善轴瓦的磨合性能并作为减磨合金层的保护层。

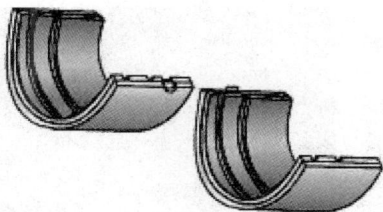

图 2‐49　轴瓦

　　轴瓦在自由状态时,两个结合面外端的距离比轴承孔的直径大,其差值称为轴瓦的张开量。在装配时,轴瓦的圆周过盈变成径向过盈,对轴承孔产生径向压力,使轴瓦紧密贴合在轴承孔内,以保证其良好的承载和导热能力,提高轴瓦工作的可靠性和延长其使用寿命。

2.3.2　曲轴飞轮组的检修

1. 曲轴的检修

1) 曲轴裂纹的检修

曲轴裂纹多发生在曲柄与轴颈之间的过渡圆角处以及油孔处,多因制造或长期运转中的交变负荷产生的疲劳裂纹。曲轴裂纹的检验方法有目测法、磁力探伤法和浸油敲击法。磁力探伤法是当磁力线通过被检验曲轴时,零件被磁化。如表面有裂纹,裂纹处的磁力线因不导磁而中断,使磁力线偏散而形成磁极。此时,在零件表面撒上磁性铁粉,铁粉便被磁化而吸附在裂纹处,从而显现出裂纹的部位和大小。浸油敲击法是将曲轴置于煤油中浸一会,取出后擦净并撒上白粉,然后分段用小锤轻轻敲击,如有明显的油迹出现,即该处有裂纹。对于轴颈表面细微的纵向裂纹,可结合曲轴磨削予以消除。横向裂纹危害极大,严重时造成曲轴断裂,一经发现,曲轴应报废。

2) 曲轴磨损的检修

曲轴磨损主要发生在主轴颈和连杆轴颈部位,且不均匀,但有一定规律性。主轴颈最大磨损靠近连杆轴颈一侧;连杆轴颈最大磨损靠近主轴颈一侧。此外,轴颈沿轴向呈锥形磨损,沿径向呈椭圆形磨损。

曲轴轴颈的磨损通常都用外径千分尺来测量,如图 2‐50 所示。每个轴颈测量两个截面,每个截面测量垂直与水平方向 2 个直径,即每个轴颈要测量 4 个直径,计算轴颈圆度误差、圆柱度误差,从而确定轴颈是否需修磨及修理尺寸级别。

3) 曲轴弯曲的检修

检测弯曲变形应以曲轴两端主轴颈的公共轴线为基准,检查中间主轴颈的径向圆跳动误差。检测(见图 2‐51)时,将曲轴两端主轴颈分别放置在检验平板的 V 型块上,将百分表触头垂直抵在中间主轴颈上,慢慢转动曲轴一圈,百分表指针所示的中间主轴颈的径向圆跳动量,若大于 0.06 mm,则应进行压力校正或更换曲轴。若低于此值,可结合光磨曲轴进行修正。

图2-50　曲轴磨损的检验　　　图2-51　曲轴弯曲变形的检验

曲轴弯曲变形的校正,通常采用冷压校正法和表面敲击法。

冷压校正,如图2-52(a)所示,将曲轴两端主轴颈垫以V型块,放在压床台面上,转动曲轴向上弯曲,使曲轴下面两个百分表指针抵触到轴颈上,调整表盘使指针指零。用压床压头沿曲轴弯曲最大的凸面上加压,由于钢质曲轴的弹性作用,压弯量应为曲轴弯曲量的10~15倍,并保持2~3分钟,为消除冷压时产生内应力,可进行时效处理,即在冷压后,将曲轴加热至300~500℃,保温0.5~1小时。曲轴弯曲变形较大时,应分几次校正至合格,以防一次压弯量过大而造成曲轴折断。

表面敲击法校正曲轴,适用于在弯曲量不大于0.30~0.50 mm时采用。如图2-52(b)所示,通过敲击曲柄臂表面的非加工面,使曲轴变形而达到校正弯曲的目的。其校正原理是:当敲击曲柄臂外侧时,如图2-52(b)所示,曲柄臂外侧延伸,内侧收缩,曲柄臂下方并拢,主轴颈远端向下,近端向上移动;反之,若敲击曲柄臂内侧,则发生主轴颈远端向上,近端向下的变形。因此,可利用这一变形特点使曲轴产生与原弯曲方向相反的变形,从而使弯曲得以校正。

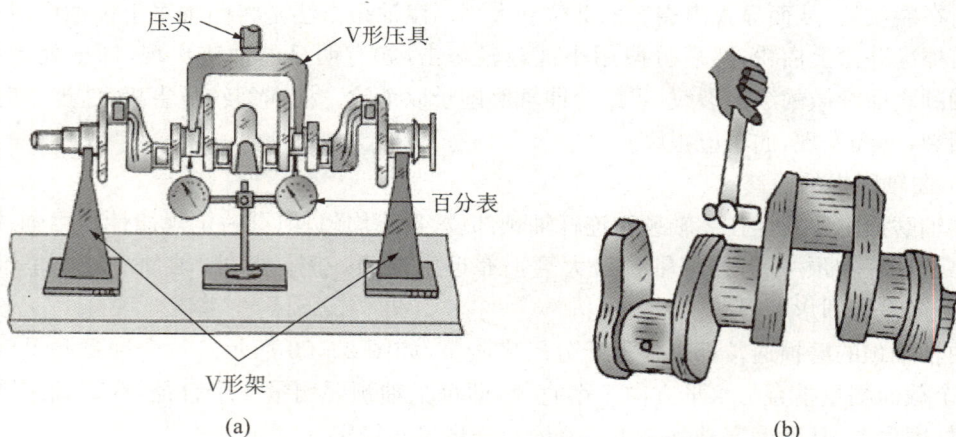

(a)　　　　　　　　　　　　　　　　(b)

图2-52　曲轴弯曲变形的校正

(a)冷压校正法　(b)表面敲击法

4)曲轴扭曲的检修

曲轴扭曲变形的检验仍将曲轴的两端用V形块支承在平台上,将连杆轴颈转到水平位置上,用百分表分别确定同一方位上两个轴颈的高度差。这个高度差即为扭曲变形量。

曲轴扭曲的校正,若发生轻微的扭曲变形,可直接在曲轴磨床上结合对连杆轴颈磨削时予以修正;扭曲严重时,应予以更换。

5)曲轴轴承的选配

轴承在工作中主要有磨损、合金层疲劳剥落和粘着咬死等损伤形式。发动机总成修理时,应更换全部轴承。选配方法:①选择轴承内径;②检验轴承钢背质量;③检验轴承自由弹开量;④检验轴承的高出量;除上述要求外,轴承的合金表面不应有裂纹和沙眼。

6)曲轴径向间隙的检测

曲轴轴承的适当润滑和冷却是取决于曲轴径向间隙的大小。检测曲轴径向间隙方法如下:①清洁曲轴主轴颈、轴承和轴承盖;检查曲轴主轴颈和轴承是否有点蚀和划痕;②将塑料间隙规放置在曲轴轴颈上,盖上轴承盖并按规定扭力拧紧螺栓,注意不要转动曲轴;③取下轴承盖和塑料间隙规,用被压扁的塑料间隙规和间隙规标尺相对照,查得间隙规宽度对应的间隙值即为曲轴的径向间隙。

7)曲轴轴向间隙的检测

为了适应发动机机件正常工作的需要,曲轴必须留有合适的轴向间隙。检测曲轴轴向间隙方法如下:①将曲轴装入缸体轴承座,安装主轴承盖。将百分表触头顶在曲轴前端或其他与曲轴轴线垂直的平面上;②用撬棒前后撬动曲轴,观察表针摆动数值,指针的最大摆差即为曲轴轴向间隙;③或将曲轴撬向后端,用塞尺插入止推垫片与曲轴的承推面之间,测出曲轴的轴向间隙。

2. 扭转减振器的检修

目前采用较多的是橡胶摩擦式扭转减振器。检查时,若发现减振器内环与外环之间的橡胶层脱层,内外环出现相对转动,两者的装配记号错位,说明扭转减振器已丧失了工作能力,应予更换。

3. 飞轮的检修

飞轮齿圈如只有个别齿损坏、齿圈单面磨损,可在轮齿另一端头重新倒角,将齿圈翻面使用。若齿圈松动,轮齿连续损坏3齿以上或齿圈双面严重磨损,应予以更换。具体安装时,应将齿圈加热到350~400℃,再进行热压配合。冷却后即具有一定紧度。

在更换飞轮或齿圈后,应重新进行曲轴飞轮组件的动平衡试验。

4. 主轴承异响

(1)现象:①发动机突然加速时,有明显而沉重的连续响声,此响声比连杆轴承响钝重,好像用大锤轻敲大石块的声音,严重时发动机体也产生振动;②响声随发动机的转速提高而增大,随负荷的增大而增强,但与发动机的温度变化无关,如响声钝重发闷,一般为后道轴承发响,如响声较清脆,一般为前道轴承发响;③单缸断火试验无变化(不上缸),相邻两缸断火时响声明显减弱;④机油压力明显下降。

(2)原因:①主轴颈与轴承配合松旷;②主轴承润滑不良而烧坏;③曲轴弯曲或轴向间隙大。

(3)分析:①发动机以中低速运转,用手抖动油门和反复加大油门试验,如响声沉重发闷,并随发动机的转速升高而增大,在抖动油门时加油的瞬间响声较明显,同时感到有发动机体振动的现象,一般可断定为主轴承响;②如发动机在怠速或低中速运转时响声较明显,高速时变得杂乱,则有可能是曲轴弯曲。如在高速时机体有较大的振动,机油压力显著下降,则说明轴承松旷严重或合金烧坏、脱落;③打开加机油口盖,仔细倾听,同时反复变更发动机转速,如有明显的响声,则为主轴承响;④在油门不断变化的同时,将听诊器具触及在气缸体两侧的曲轴位置处听察,若声音较明显,可判定为主轴承响;⑤单缸断火试验,一般不上缸,但相邻两缸同时断火,响声即减弱或消失;⑥踏下离合器踏板,如响声减弱或消失,则为曲轴轴向间隙过大而发响。

【任务实施】

曲轴的检验
1) 实施过程

项目		实施内容	文字表述
曲轴的检验	弯曲变形检验	使用工具	
		检测方法	
	扭曲变形检验	使用工具	
		检测方法	
	磨损量检验	使用工具	
		检测方法	
	径向间隙检测	使用工具	
		检测方法	
	轴向间隙检测	使用工具	
		检测方法	

2) 数据记录

曲轴磨损量		主轴颈 1	主轴颈 2	主轴颈 3	主轴颈 4	主轴颈 5	
截面 1	垂直						
	水平						

（续表）

曲轴磨损量		主轴颈 1	主轴颈 2	主轴颈 3	主轴颈 4	主轴颈 5	
截面 2	垂直						
	水平						
径向间隙数值					平均值		
轴向间隙数值					平均值		

【技能训练】

曲柄连杆机构的拆装实训

实训名称	曲柄连杆机构的拆装实训
实训目的	1. 熟悉曲柄连杆机构的组成及其作用与装配关系 2. 熟悉发动机的工作顺序 3. 掌握曲轴轴向定位和检测方法 4. 掌握正确的拆装顺序、要求和方法
实训仪器	1. 拆装实训发动机 1 台/组 2. 专用工具 1 套/组 3. 专用翻转架 1 台/组 4. 清洗用料、油盘、搁架等 1 套/组
实训过程	一、曲柄连杆机构的拆卸（以桑塔纳轿车为例） 1. 拆下气缸盖 （1）旋出气门罩盖的螺栓取下气门罩盖和挡油罩 （2）松下张紧轮螺母，取下张紧轮 （3）拆下进、排气歧管 （4）按要求顺序旋松气缸盖螺栓，并取下气缸盖和气缸盖衬垫 （5）拆下火花塞 2. 拆下并分解曲轴连杆机构 （1）拆下油底壳、机油滤网、浮子和机油泵 （2）拆下曲轴带轮 （3）拧下曲轴正时齿带轮固定螺栓，取下曲轴正时齿带轮 （4）拧下中间轴齿带轮的固定螺栓，取下中间齿带轮；拆卸密封凸缘，取出中间轴 （5）拆卸前油封和前油封凸缘 （6）拆卸离合器压盘总成，为保证其动平衡，应在飞轮与离合器壳上画装配记号 （7）拆下活塞连杆组件：拆下活塞连杆组件前，应检查连杆大端的轴向间隙，该车极限间隙为 0.37 mm，大于此值应更换连杆。拆下连杆轴承盖，将活塞连杆组从汽缸中抽出。拆下活塞连杆组后，注意连杆与连杆大头盖和活塞上的记号应与气缸的序号一致，如无记号，则应重新打印 （8）检查曲轴轴向间隙，极限轴向间隙为 0.25 mm，超过此值，应更换推力垫圈 （9）按规定顺序松开主轴承盖螺栓，拆下主轴承盖，取下曲轴 （10）分解活塞连杆组件

（续表）

二、曲柄连杆机构的装配

安装顺序一般和拆卸顺序相反

1. 活塞连杆组的装合

（1）将同一缸号的活塞和连杆放在一起，如连杆无缸号标记，应在连杆杆身上标示所属缸号

（2）将活塞顶部的朝前"箭头"标记和连杆身上的朝前"浇铸"标记对准

（3）将涂有机油的活塞销，用大拇指压入活塞销孔和连杆铜套中，如压不进去，可用热装合法装配

（4）活塞销装上后，要保证其与铜套的配合间隙为 0.003 mm～0.008 mm，经验检验法是用手晃动活塞销与销孔铜套无间隙感，活塞销垂直向下时又不会从销孔或铜套中滑出（注意铜套与连杆油孔对准）

（5）安装活塞销卡环

（6）用活塞环专用工具安装活塞环，先装油环，再装第二道环，最后装第一道环，环的上下面不能装错，标记"TOP"朝活塞顶

（7）检查活塞环的侧隙、端隙

2. 曲轴的安装

（1）将有油槽的上轴瓦装入缸体，使轴承上油槽与缸体上轴承座上的油道口对准。注意上、下轴承不能装反，第三道轴承为推力轴承，然后将各道轴承涂上少许润滑油

（2）将曲轴平稳地放入缸体承孔

（3）插入半圆推力环（曲轴第三道环主轴颈上），注意上、下环不能装错，有开口的用于气缸体且开口必须朝轴承

（4）按轴承盖上打印的 1，2，3，4，5 标记，由前向后顺序安装

（5）曲轴轴承盖螺栓应由中间向两边交叉、对称、分三次拧紧，最后紧固力矩为 65 N·m。轴承盖紧固后，曲轴转动应平滑自如，其 3 号轴承轴向间隙应为 0.07～0.17 mm，径向间隙应为 0.030～0.080 mm

（6）安装带轮端曲轴油封和飞轮端曲轴油封

（7）装入中间轴，检查其轴向间隙应小于 0.25 mm，径向间隙 0.025～0.066 mm 为合格

（8）安装飞轮，使用涂有 D6 防松胶的螺栓紧固，紧固力矩为 75 N·m

3. 活塞连杆组装入气缸

（1）将活塞环开口错开 120°

（2）用活塞环卡箍收紧各道活塞环，将活塞连杆组平稳、小心地捅入气缸，装配时注意活塞顶部的箭头应朝向发动机前端

（3）安装轴承及轴承盖。轴承安装时应注意其定位及安装位置；连杆盖安装时应注意安装标记和缸号不能装错，然后交替拧紧连杆螺栓，紧固力矩为 30 N·m，紧固后再转动 180°

（4）检查连杆大端的轴向间隙，应在 0.08～0.24 mm 之间

4. 气缸盖的安装

（1）安装气门、凸轮轴和油封等

（2）安放气缸盖衬垫时，应检查其技术状况，注意安装方向，标有"OPEN TOP"的字样应朝向气缸盖

（3）将定位螺栓旋入第 8 号和第 10 号孔

（4）放好气缸盖，用手拧入其余 8 个螺栓，再旋出两个定位螺栓，最后再旋入 8 号和 10 号螺栓

（5）按顺序由中间向两边对称分四次拧紧，至规定力矩

（6）安装缸盖时，曲轴不可置于上止点（否则可能会损伤气门或活塞顶部），应在曲轴任何一个连杆轴颈处于上止点后，再倒转 1/4 转

（7）安装气门罩盖，按规定力矩紧固

(续表)

注意事项	1. 各零部件应彻底清洗,压缩空气吹干,油道孔保持畅通 2. 对于一些配合工作面(如气缸壁、活塞、活塞环、轴颈和轴承、挺杆等),装合前要涂以润滑油 3. 对于有位置、方向和平衡要求的机件,必须注意装配记号和平衡记号,确保安装关系正确和动平衡要求,如正时链条、链轮、活塞、飞轮和离合器总成等 4. 螺栓、螺母必须按规定的力矩分次按序拧紧。螺栓、螺母、垫片等应齐全,以满足其完整性和完好性 5. 应正确使用机修工具,不得用套筒扳手拆卸和安装温度开关及温度传感器,不能猛敲猛打,以防损坏零件 6. 不准在吊起或举起的工件下面工作,必须在专用的台架上进行总成或组合件的分解工作

【案例分析】

案例 1

故障现象	一辆上海大众桑塔纳汽车在行驶过程中发动机舱突然出现异响,同时伴随车身抖动,且加速时抖动更加明显
故障排除步骤	维修店维修人员接车后,对该车的故障现象进行了再次确定。具体表现为发动机突然加速时发出沉重而有力的"凿凿凿"金属敲击声伴随机体振动,响声随发动机转速的提高而增大,随负荷的增加而增强,响声的部位在气缸下部的曲轴箱内。通过分析,该故障与发动机曲轴的主轴承松动、曲轴变形和机油压力过低润滑不足有关。首先检查机油量及机油压力,在正常范围内;在拆解发动机后检查主轴承盖螺栓的拧紧力矩也正常,曲轴径向间隙正常,轴向间隙正常,但是在检查 2 缸和 3 缸的主轴承时发现,这两个瓦片烧蚀严重。判断可能是由于该缸主轴瓦不能正常发挥作用而导致松动,引起工作时的异响。在更换新的瓦片后,该故障现象消失,故障排除
维修处理意见	更换新的主轴承

案例 2

故障现象	某公司的奥迪 A6 轿车,在一次执行接待客户的任务后,出现了机油消耗量增加、怠速运转不平稳、发动机发出"哽哽哽"的噪声,并伴随频繁熄火故障
故障排除步骤	维修技师在对该车进行检测过程中发现,发动机故障码显示为机械故障,发动机"哽哽哽"的响声呈规律性,转速越高声响越大。同时在一次试车过程中,在发动机运转到大负荷时发出"咔咔"的声音,继而熄火。判断是发动机的正时齿轮磨损或曲轴卡滞引起了该故障。对该发动机进行拆解后发现,连接曲轴和机油泵齿轮的正时链条断裂,并且断裂的链条卡在曲轴正时齿轮处,使曲轴无法动弹。更换新的曲轴、机油泵及传动链条,清洗发动机机油通道后装复发动机,原故障现象消除
维修处理意见	更换新的发动机曲轴、机油泵、传动链、清洗发动机

【学后测评】

1. 名词解释

(1) 龙门式气缸体。

（2）凹顶式活塞。

（3）活塞环端隙。

（4）全支撑式曲轴。

2. 问答题

（1）简答曲轴飞轮组的作用。

（2）简答气环与油环的作用。

（3）气缸盖的作用是什么？安装时有什么要求？

（4）安装气环时应注意些什么？

（5）如何检验连杆变形量？

（6）曲轴的损伤形式有哪些？如何检验？

项目 3　配气机构的构造与检修

【情景导入】

客户一辆汽车发动机怠速运转时,气缸盖上部有"啪啪"清脆金属敲击声,高速运转时声音杂乱。维修人员经过测试之后确定故障现象与车主所述一致,根据以往经验判断,此故障为配气机构异响。

【学习目标】

能描述发动机配气机构的常见类型及结构特点,并分析其异响原因,能对配气机构各零件进行检测,确定修复方案,正确地安装和调整。

配气机构的功用是按照发动机每一气缸所进行的工作循环和发火次序的要求,定时开启和关闭进、排气门,使新鲜可燃混合气(汽油机)或空气(柴油机)得以及时进入气缸,废气得以及时从气缸排出。

配气机构由气门组和气门传动组组成。气门组的作用是用于封闭进排气道;气门传动组的作用是按发动机的工况要求,控制气门的开闭时刻及持续时间。

任务 3.1　配气机构概述

【任务描述】

维修人员经过对该车配气机构的检测,该车故障现象符合气门间隙调整不当而引起的异响,通过对该车配气机构气门间隙的调整,使其恢复至标准值,该车异响消失,故障排除。

【知识准备】

3.1.1　充气效率

新鲜空气或可燃混合气被吸进气缸越多,则发动机可能发出的功率越大。新鲜空气或可燃混合气充满气缸的程度,用充气系数 η_v 来表示。所谓充气系数就是在进气过程中,实际进入气缸内的新鲜空气或可燃混合气的质量与在进气状态下充满气缸工作容积的新鲜空气或可燃混合气的质量之比,即

$$\eta_v = \frac{M}{M_0}$$

式中，M 为进气过程中，实际充入气缸的新气的质量；M_0 为进气状态下充满气缸工作容积的新气质量。

充气系数越高，表明进入气缸内的新鲜空气或可燃混合气越多，可燃混合气燃烧时所放出的热量越大，所以发动机发出的功率越大。对于一定工作容积的发动机而言，充气系数与进气终了时气缸内的压力和温度有关。压力越高，温度越低，则一定容积的气体质量越大，因此充气系数越高；反之，压力越低，温度越高，则一定容积的气体质量越小，充气系数也越低。

由于进气系统对气流的阻力造成进气终了时缸体内气体压力降低，又由于上一循环中残留在气缸内的高温废气，以及燃烧室、活塞顶、气门等高温零件对进入气缸内的新气加热，使进气终了时气体的温度升高，实际充入气缸的新鲜空气的质量总是小于在进气状态下充满气缸工作容积的新鲜气体的质量。也就是说，充气系数总是小于 1，一般为 0.80～0.90。影响发动机充气系数的因素很多，故提高充气系数可以从多方面入手。就配气机构而言，主要是要求其结构有利于减小进气和排气的阻力，而且进、排气门的开启时刻和持续开启时间比较适当，使吸气和排气都尽可能充分。

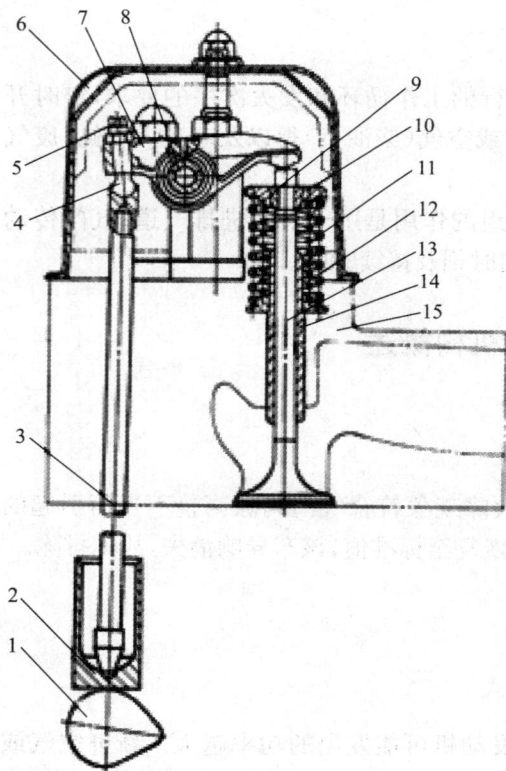

图 3-1　凸轮轴下置式配气机构

1—凸轮轴；2—挺柱；3—推杆；4—调整螺钉；5—锁紧螺母；6—气门室罩；7—摇臂；8—摇臂轴；9—锁片；10—气门弹簧座；11—气门弹簧；12—气门副弹簧；13—气门；14—气门导杆；15—气缸盖

3.1.2　组成及工作原理

配气机构由气门组和气门传动组组成。气门组的作用是用于封闭进排气道；气门传动组的作用是按发动机的工况要求，控制气门的开闭时刻及持续时间。图 3-1 为凸轮轴下置式配气机构，其气门组由气门 13、气门导管 14、气门弹簧 11、气门弹簧座 10、锁片 9 等组成；气门驱动组由凸轮轴 1、挺柱 2、推杆 3、调整螺钉 4、锁紧螺母 5、摇臂 7、摇臂轴 8 等组成。

其工作原理和工作过程为：凸轮轴转动时，凸轮基圆部分与挺柱接触时，挺柱保持不动，气门处于关闭状态。当凸轮凸起部位转到与挺柱接触时，将挺柱顶起，挺柱通过推杆、摇臂和气门弹簧的作用将气门打开。当最凸部位与挺柱接触时，气门开启量最大，随后气门逐渐关闭。

3.1.3　分类

配气机构可以从不同角度分类。按凸轮轴的安装位置不同，可分为凸轮轴下置式、凸轮轴中置式和凸轮轴上置式；按曲轴和凸轮轴的传动方式不同，可分为齿轮传动式、链传动式和带传动式；按每气缸气门数目可分为二气门式、三气门式、四气门式和五气门式；按气门驱动形式不同则分为摇臂驱动、摆臂驱动和直接驱动。

1. 凸轮轴的布置形式

1）凸轮轴下置式

这种布置形式如图3-1所示,凸轮轴平行布置在曲轴的一侧,位置较曲轴偏上。

凸轮轴下置的优点:由于曲轴与凸轮轴位置较近,可采用一对正时齿轮传动,使传动系统简单。缺点:由于凸轮轴与摇臂位置较远,除设置挺柱外,还必须设有推杆,使传动链较长,整个机构的刚度差,运动惯性大,在高速时传动精确度较低。所以多用于转速较低的载货汽车和大、中型客车上。

2）凸轮轴中置式

这种布置形式是将凸轮轴的位置抬高到缸体的上部(见图3-2)。与下置式配气机构相比,推杆较短,有的甚至省去了推杆,结构较下置式的更紧凑、简单。

凸轮轴中置的优点:缩短了凸轮轴与摇臂之间的传动链,减小了气门传动组零件做往复运动时产生的惯性力,但凸轮轴与曲轴之间的距离比下置式凸轮轴要远,因而曲轴的动力需在一对正时齿轮间加装一个中间齿轮才能传递到凸轮轴。某些转速较高的发动机采用这种布置方式。

图3-2 凸轮轴中置式配气机构

1—凸轮轴;2—推杆;3—摇臂轴;4—摇臂;5—气门

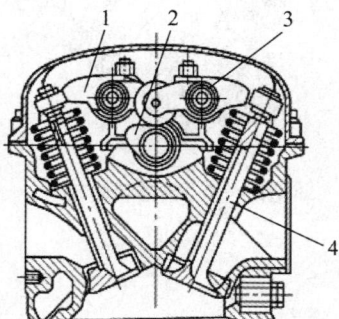

3）凸轮轴上置式

这种布置形式将凸轮轴置于气缸盖上,凸轮直接驱动摇臂开启和关闭气门,省去了推杆(见图3-3)。有的甚至让凸轮直接通过挺柱驱动气门,将摇臂也省去(见图3-4)。

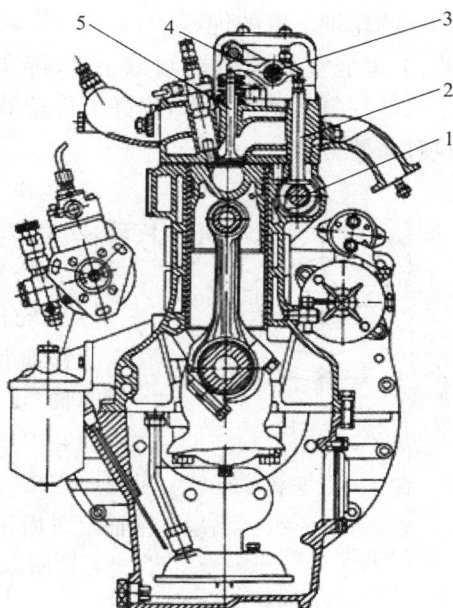

图3-3 摇臂驱动、单凸轮轴上置式配气机构

1—摇臂;2—凸轮轴;3—摇臂轴;4—气门

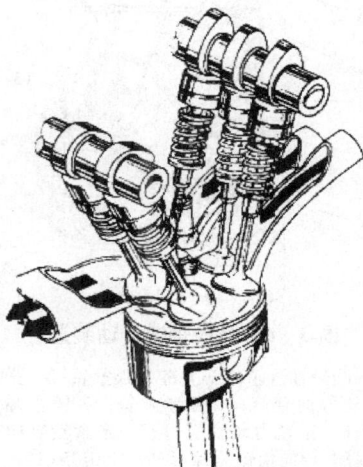

图3-4 上置式双凸轮轴直接驱动气门的配气机构

凸轮轴上置的优点:缩短了凸轮轴与气门之间的距离,简化了凸轮轴到气门之间的传动机构,燃烧室结构紧凑,可减小进、排气系统的阻力。更重要的是,这种安装方式可以减少整个系统往复运动的质量,提高了传动效率,因而得到广泛应用,现代轿车上通常采用的都是这种布置方式。

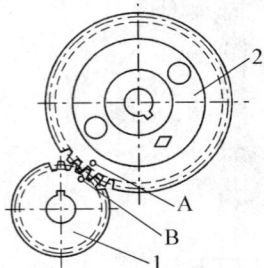

图 3-5 齿轮传动

1—曲轴正时齿轮;2—凸轮轴正时齿轮;A、B—正时记号

缺点:由于凸轮轴离曲轴较远,所以需要采用链传动或齿形带传动,使得传动机构复杂。

2. 凸轮轴的驱动方式

1) 齿轮传动

凸轮轴下置、中置的配气机构大多采用圆柱形定时齿轮传动。一般曲轴与凸轮轴之间的传动只需一对定时齿轮(见图3-5),必要时可加装中间齿轮。为了啮合平稳、减小噪声,定时齿轮多采用斜齿轮。在中、小功率发动机上,曲轴定时齿轮常用中碳钢来制造,凸轮轴定时齿轮则用铸铁或夹布胶木制造。曲轴与凸轮轴的传动比为2:1,所以凸轮轴正时齿轮的齿数是曲轴正时齿轮齿数的两倍。

2) 链传动和同步带传动

对于凸轮轴上置式的配气机构,过去常采用链传动(见图3-6)。链条一般为滚子链,工作时应保持一定的张力而不致脱链,为此在链传动机构中装有导链板 14,上、下链条张紧轮 2,11 等。为了使链条调整方便,有的发动机使用一根链条传动。由于链传动噪声大,需要定期润滑和定期张紧,很不方便,所以逐渐被齿形带传动所取代(见图3-7)。

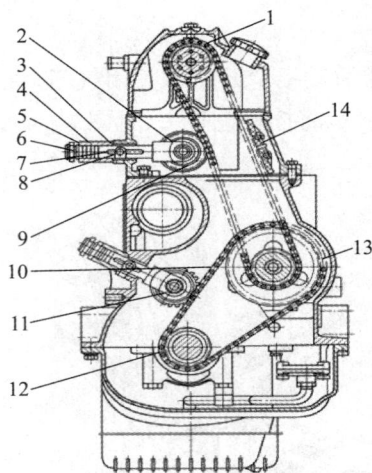

图 3-6 凸轮轴链传动装置

1—凸轮轴链轮;2—上链条张紧轮;3—张紧轮导向套筒;4—压紧弹簧;5—锁紧螺母;6—张紧力调整螺钉;7—张紧轮导向销;8—导向销锁紧螺母;9—上链条;10—下链条;11—下链条张紧轮;12—曲轴链条;13—中间链条;14—导链板

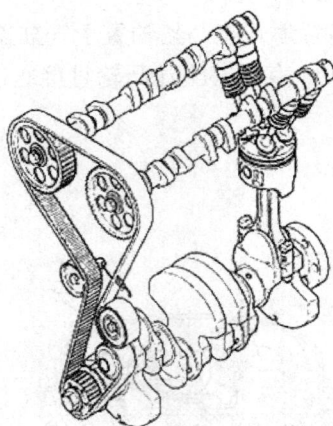

图 3-7 齿形带传动

齿形带传动既有链传动的精确性,又具有带传动平稳、噪声小、减小结构质量和降低成

本的优点,所以得以广泛应用。

3. 每缸气门数及其气门排列方式

1) 两气门发动机

一般发动机都采用每缸两个气门,即一个进气门和一个排气门。为了减小进气阻力,使进气更充分,在进气门和排气门数量相同时,进气门头部直径都要比排气门大,如图 3-8 所示。

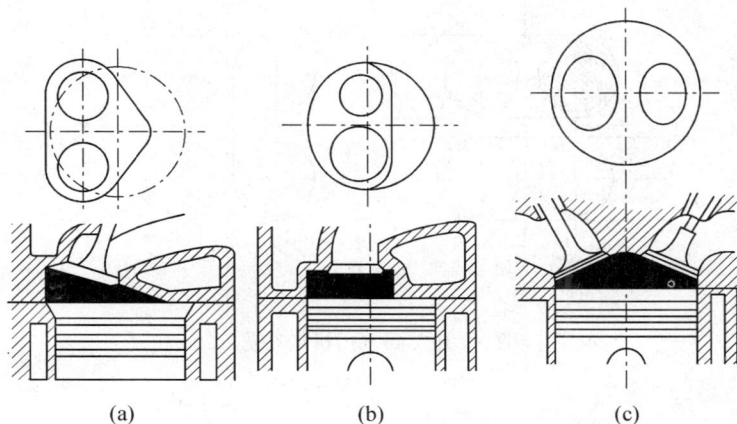

(a)　　　　　　　(b)　　　　　　　(c)

图 3-8　两气门机构布置

为使结构简化,大多数采用气门沿机体纵向轴线排成一列的方式。这样,相邻两缸的同名气门就有可能合用一个气道,以使气道简化并得到较大的气道通过截面;另一种是将进、排气门交替布置,每缸单独用一个气道,这样有助于气缸盖冷却均匀。柴油机的进、排气道一般分置于机体的两侧,以免排气对进气加热。老式汽油机的进、排气道通常置于机体的同一侧,以便预热进气道中的混合气。

2) 三气门发动机

三气门发动机每缸两个进气门,一个排气门,两进气门头部直径比排气门小,如图 3-9 所示。凡是进气门比排气门数多的发动机,进气门头部直径都比排气门小。

3) 四气门发动机

每缸采用四个气门时,燃烧室头部的面积得到充分利用,进排气道的截面积增加,更有利于换气。

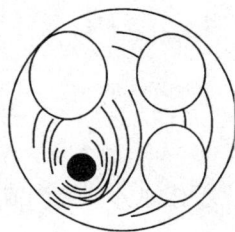

图 3-9　三气门配气机构

现很多轿车上采用四气门,但采用四气门时会使气门的驱动变得复杂,目前常采用的方案有两种:①同名气门排成两列[见图 3-10(a)],由一个凸轮通过 T 形驱动杆同时驱动,并且所有气门都可以由一根凸轮轴驱动。②同名气门在同一列[见图 3-10(b)],一般用两根凸轮轴驱动。

4) 五气门发动机

五气门的发动机每缸三个进气门,两个排气门(见图 3-11)。这种结构能够明显的增加进气量,比四气门还要优越。但是结构也非常复杂,尤其是增加了燃烧室表面积,对燃烧不利。

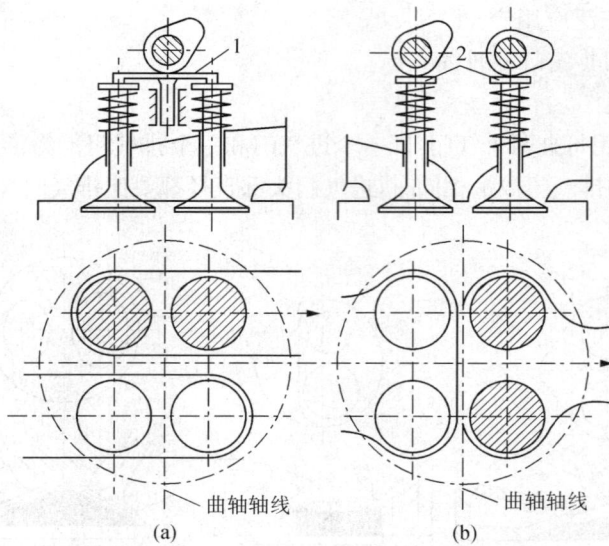

图 3 - 10　四气门机构布置

1—T 型杆;2—气门尾端的从动盘

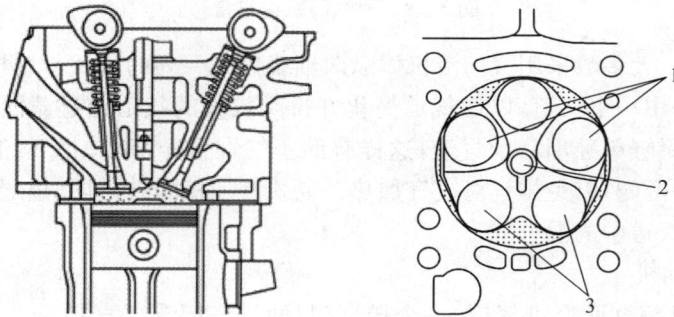

图 3 - 11　五气门配气机构

1—进气门;2—喷油器;3—排气门

3.1.4　气门间隙

发动机工作时,气门将因温度的升高而膨胀。如果气门及其传动件之间在冷态时无间隙或间隙过小,则在热态下,气门及其传动件,如挺柱、推杆等因受热膨胀而伸长,这势必引起气门关闭不严,造成发动机在压缩行程和做功行程中的漏气,从而使功率下降,严重时甚至不易起动。为了消除这种现象,通常在发动机冷态装配时,在气门与传动件之间留有一定的间隙,以补偿气门受热后的膨胀量,这一间隙称为气门间隙。如图 3 - 12 所示。

气门间隙的大小通常由发动机制造厂根据试验确定。一般在冷态时,进气门的间隙为 0.25～0.3 mm,排气门的间隙为 0.3～0.35 mm。如果间隙过小,发动机在热态下可能发生漏气,导致功率下降甚至气门烧坏。如果气门间隙过大,则使传动零件之间以及气门和气门座之间产生撞击响声,而且加速磨损,同时也会使得气门开启的持续时间减少,气缸的充气

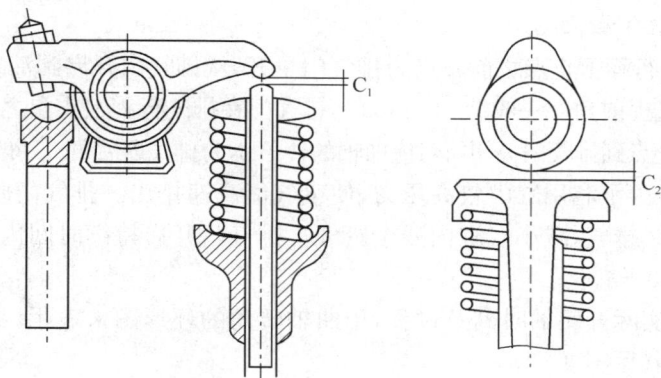

图 3 - 12 气门间隙

C_1—凸轮轴下置式气门间隙；C_2—凸轮轴上置式气门间隙

及排气情况变坏。发动机在使用过程中，气门间隙大小会发生变化，因此在配气机构中设有气门间隙调整装置，以便对气门间隙进行调整。现代汽车采用的液压挺柱可随时补偿气门的膨胀量，故不需留气门间隙。

3.1.5 配气相位

为了提高发动机充气系数，增大发动机功率，必须在换气过程中使排气彻底，进气充分。四冲程发动机工作时每个行程对应曲轴转角 180°，由于现代发动机转速很高，活塞每个行程历时都很短。如上海桑塔纳轿车的四冲程发动机，在最大功率时发动机转速达到 5 600 r/min，一个行程的时间只有 0.005 4 s。在这样短的时间很难使进气充分，排气彻底，从而发动机的功率下降。因此气门的开启和关闭需要适当提前和延后来改善发动机的换气过程。

用曲轴转角表示进、排气门开启和关闭时刻及持续时间，称为配气相位。

1. 进气门的配气相位

如图 3 - 13 所示，进气门在进气行程上止点之前开启为进气门早开，从进气门开启到活塞上止点所对应曲轴的转角 α，为进气提前角。一般 $\alpha = 10° \sim 30°$。进气门在进气行程下止点之后关闭为进气门晚关，从进气行程下止点到进气门关闭所对应曲轴的转角 β，为进气迟后角。一般 β 为 40° $\sim$ 80°。

进气门早开是为了保证进气行程开始时进气门已有一定开度，减小进气阻力，使进气顺畅。进气门晚关是为了充分利用气流的惯性，增加进气量。进气门开启持续时间内的曲轴转角，即进气持续角为 $\alpha + 180 + \beta$。

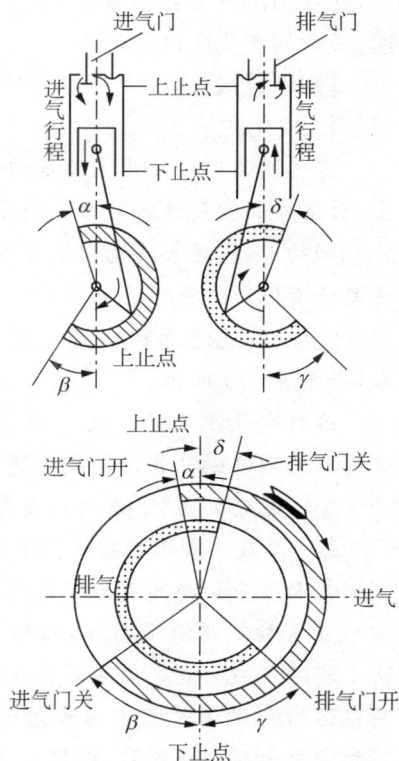

图 3 - 13 配气相位图

笔记

2. 排气门的配气相位

排气门在排气行程下止点之前开启为排气门早开，从排气门开启到活塞下止点所对应曲轴的转角 γ，为排气提前角。一般 $\gamma=40°\sim80°$。排气门在排气行程上止点之后关闭为排气门晚关，从排气行程上止点到排气门关闭所对应曲轴的转角 δ，为排气迟后角。一般 δ 为 $10°\sim30°$。

排气门早开是为了利用缸内较高压力，使废气能高速排出。排气门晚关是为了充分利用气流的惯性，继续排气，减小气缸内残余废气。排气门开启持续时间内的曲轴转角，即排气持续角为 $\gamma+180+\delta$。

对进、排气门实际开闭的时刻及过程，用曲轴转角的环形图来表示，更为直观。这种图形称为配气相位图（见图 3-13）。

3. 气门重叠

由于进气门早开，排气门晚关，势必造成在同一时间内两个气门同时开启。把两个气门同时开启的现象称为气门重叠，所对应的曲轴转角叫气门重叠角。气门重叠角的大小为 $\alpha+\delta=20°\sim60°$。

在这段时间内，进、排气流各自有自己的流动方向和流动惯性，而重叠时间又很短，不至于混乱，即吸入的可燃混合气不会随同废气排出，废气也不会经进气门倒流入进气道。如果气门重叠角过大，则会出现气体倒流现象。

对于不同的发动机，其配气相位也是不同的。合理的配气相位是根据发动机结构形式、转速等因素，通过反复试验而确定的在某一常用转速下较合适的配气相位，而在其他转速下，配气相位就不会是最合适的。现在有些采用可变配气机构，其配气相位可以随发动机转速、负荷的变化而自动调整。

[知识链接]

1. 空气滤清器

空气滤清器的功用主要是滤除空气中的杂质或灰尘，让洁净的空气进入气缸。减小气缸壁与活塞环、活塞之间的磨损，延长发动机的使用寿命。另外，空气滤清器还有消减进气噪声的作用。空气滤清器一般由进气导流管、空气滤清器盖、空气滤清器外壳和滤芯等组成，如图 3-14 所示。

这种空气滤清器广泛应用于汽车发动机上，由经过树脂处理的微孔滤纸制成的滤芯 1 安装在滤清器外壳 2 中。滤芯的上、下表面是密封面，当拧紧碟形螺母 4 把滤清器盖 3 紧固在滤清器上时，滤芯上密封面 9 和下密封面 8 分别与滤清器盖及滤清器外壳底部的配合面贴紧密和。滤纸 7 打褶，以增加滤芯的过滤面积和减小滤芯阻力。滤芯外面是多孔金属网 6，用来保护滤芯在运输和保管过程中不使滤纸破损。在滤芯的上、下端浇上耐热塑料溶胶，以保持滤纸、金属网和密封面

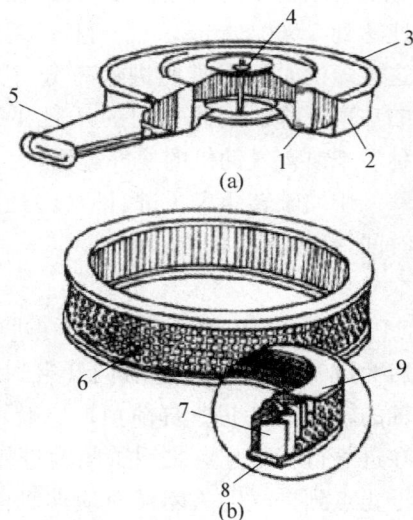

图 3-14　空气滤清器

（a）滤清器总成　（b）纸滤芯

1—滤芯；2—滤清器外壳；3—滤清器盖；4—蝶形螺母；5—进气导流管；6—金属网；7—滤纸；8，9—滤芯密封圈

相互间的位置固定,并保持其间的密封。在发动机工作时,空气从滤芯的四周穿过滤纸进入滤芯中心,随后流入进气管。杂质被滤芯阻留在滤芯外面。其具有重量轻、成本低和滤清效果好等优点,并且可以反复使用。

2. 进、排气管

进气管的功用是尽可能多地和尽可能均匀地向各气缸供给可燃混合气或纯空气。排气管的功用是以尽可能小的排气阻力和噪声,将气缸内的废气排到大气中。

1) 进气支管

进气支管必须将空气-燃油混合气或洁净空气尽可能均匀地分配到各个气缸,为此进气支管内气体流道的长度应尽可能相等。为了减小气体流动阻力,提高进气能力,进气支管的内壁应该光滑。轿车发动机多用铝合金制造,铝合金进气支管重量轻、导热性好。近来采用复合塑料进气支管的发动机日渐增多。这种进气支管重量极轻,内壁光滑,无需加工。图3-15所示为多点燃油喷射式发动机的进气支管。

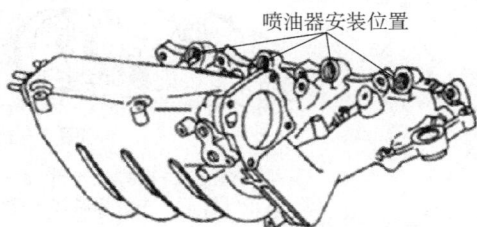

图3-15 多点燃油喷射式发动机进气支管

2) 谐振进气系统

由于进气过程具有间歇性和周期性,致使进气支管内产生一定幅度的压力波。此压力波以当地音速在进气系统内传播和往复反射。如果利用一定长度和直径的进气支管或进气导流管与一定容积的谐振室组成谐振进气系统,并使其自振频率与气门的进气周期谐调,那么在特定的转速下,就会在进气门关闭之前,在进气支管内产生大幅度的压力波,使进气支管的压力增高,从而增加进气量。这种效应叫做进气波动效应。

3) 可变进气支管

为了充分利用进气波动效应和尽量缩小发动机在高、低速运转时进气速度的差别,从而达到改善发动机经济性及动力性,特别是改善中、低速和中、小负荷时的经济性和动力性的目的,要求发动机在高转速、大负荷时装备粗而短的进气支管;而在中、低转速和中、小负荷时配用细而长的进气支管。可变进气支管就是为适应这种要求而设计的。

一种能根据发动机转速和负荷的变化而自动改变有效长度的进气支管如图3-16所示。当发动机低速运转时,发动机电子控制装置5指令转换阀控制机构4关闭转换阀3,这时空气经空气滤清器1和节气门2沿着弯曲而又细长的进气支管流进气缸。细长的进气支管提高了进气速度,增强了气流的惯性,使进气量增多。当发动机高速运转时,转换阀开启,空气经空气滤清器和节气门直接进入粗短的进气支管。粗短的进气支管进气阻力小,也使进气量增多。可变长度进气支管不仅可以提高发动机的动力性,还由于它提高了发动机在中、低速运转时的进气速度而增强了气缸内的气流速度,从而改善了燃烧过程。

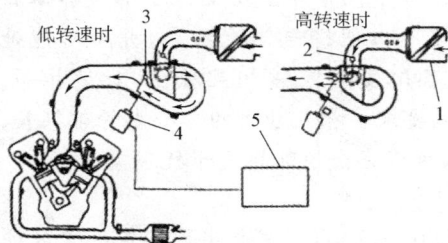

图3-16 可变长度进气支管

1—空气滤清器;2—节气门;3—转换阀;4—转换阀控制机构;5—发动机电子控制装置

4）单排气系统及双排气系统

直列型发动机在排气行程期间，气缸中的废气经排气门进入排气支管，再由排气支管进入排气管、催化转换器和消声器，最后由排气尾管排到大气中。这种排气系统称作单排气系统，如图 3-17 所示。

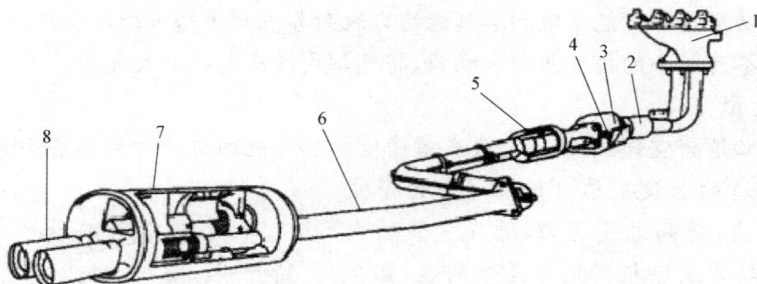

图 3-17 单排气系统的组成

1—排气支管；2—前排气支管；3—三元催化器；4—排气温度传感器；5—副消音器；
6—后排气管；7—主消音器；8—排气尾管

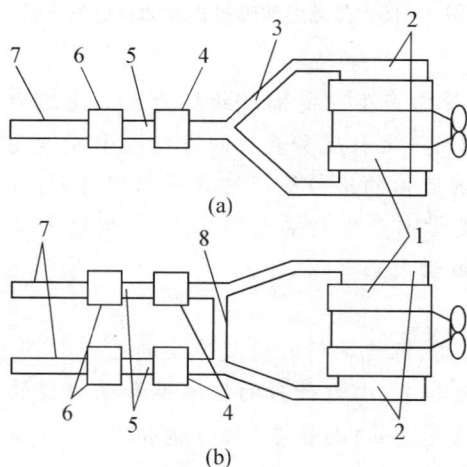

图 3-18 V 型发动机排气系统

（a）单排气系统 （b）双排气系统

1—发动机；2—前排气支管；3—叉形管；4—三元催化器；5—排气管；6—消声器；7—排气尾管；8—联通管

V 型发动机有两个排气支管。在大多数装配 V 型发动机的汽车上，仍采用单排气系统，即通过一个叉形管将两个排气支管连接到一个排气管上。来自两个排气支管的废气经同一个排气管、同一个消声器和同一个排气尾管排出（见图 3-18）。这种布置形式称作双排气系统。

双排气系统降低了排气系统内的压力，使发动机排气更为顺畅，气缸中残余的废气较少，因而可以充入更多的空气-燃油混合气或洁净的空气，发动机的功率和转矩都相应的有所提高。

5）排气支管

一般排气支管由铸铁或球墨铸铁制造，最近以来采用不锈钢排气支管的汽车越来越多，原因是不锈钢排气支管重量轻，耐久性好，同时内壁光滑，排气阻力小。

排气支管的形状非常重要。为了不使各缸排气相互干扰即不出现排气倒流现象，并尽可能地利用惯性排气，应该将排气支管做得尽可能长，而且各缸支管应该相互独立，长度相等。图 3-19 所示的不锈钢排气支管结构较好地满足了上述要求。相互独立的各个支管都很长，而且 1、4 缸排气支管汇合在一起，2，3 缸汇合在一起，可以完全消除排气干扰现象。

6）消声器

发动机的排气压力约为 0.3～0.5 MPa，温度约为 500～700℃，这表明排气有一定的能量。同时，由于排气的间歇性，在排气管内引起排气压力的脉动。如果将发动机排气直接排放到大气中，势必产生强烈的噪声。排气消声器的功用就是通过逐渐降低排气压力和衰减排气压力的脉动来消减排气噪声。消声器的结构如图 3-20 所示。

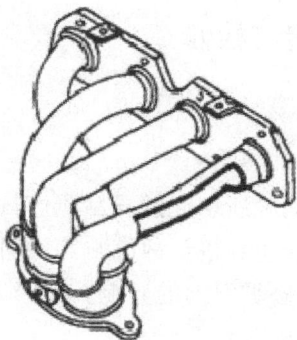

图 3-19 不锈钢排气支管

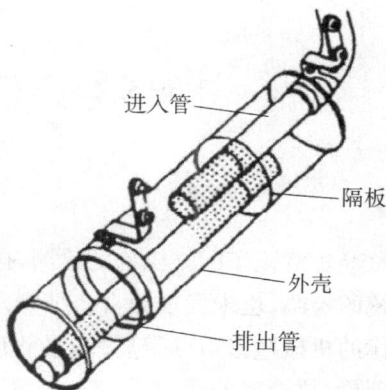

图 3-20 消声器的结构示意图

消声器用镀铝板或不锈钢板制造。通常消声器由共振室、膨胀室和一组多孔的管子构成。有的还在消声器内充填耐热的吸声材料,吸声材料多为玻璃纤维或石棉。排气经多孔的管子流入膨胀室和共振室,在此过程中排气不断改变流动方向,逐渐降低和衰减其压力和压力脉动,消耗其能量,最终使排气噪声得到消减。

有时只靠消声器仍达不到汽车排气噪声标准,这时便需在排气系统中装置类似于小型消声器的谐振器。谐振器与消声器串联,可以进一步降低噪声水平。

消声器安装在催化转换器与排气尾管中间且靠近汽车中心的位置。但有时由于空间的限制,常把消声器安装在汽车尾部。这时由于消声器温度较低,会有较多的水蒸气在消声器内凝结为水,使消声器生锈。

【任务实施】

EQ 6100-1 型发动机配气机构的拆装:
实施过程如下表。

项目	实施内容	文字表述	图 示
EQ 6100-1 型发动机配气机构的拆装	使用工具		
	拆装位置		
	拆装步骤		

任务 3.2　气门组的构造与检修

【任务描述】

维修人员经过对该车配气机构的检测,排除了气门间隙所引起的异常响声,通过对凸轮轴和挺柱系统的检测,也未发现异常。维修人员在进一步重新确认故障响声的时候发现,该响声为有规律的机械撞击声,通过检查最终确定为气门松旷引起的异响。维修人员对气门和气门座修理后,故障现象消失。

【知识准备】

3.2.1　气门组的构造

气门组包括气门、气门座、气门导管、气门锁片及气门弹簧等零件,如图 3 - 21 所示。

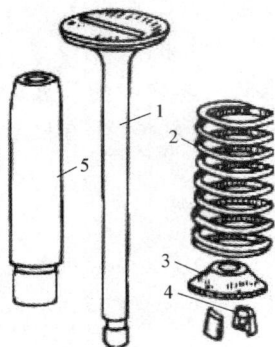

图 3 - 21　气门组

1—气门;2—气门弹簧;3—气门
弹簧座;4—锁片;5—气门导管

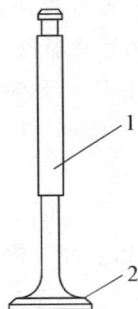

图 3 - 22　气门

1—气门杆身;2—气门头

1. 气门

如图 3 - 22 所示,气门由气门头和杆身两部分组成。气门用来封闭气道,分为进气门和排气门两种。杆身则在气门开闭过程中起导向作用。

1) 气门的工作条件

气门的工作条件是很恶劣的,气门头部承受的工作温度很高(进气门可高达 300~400℃,排气门更高,可达 700~900℃),散热困难,润滑条件差,受燃气中的腐蚀介质的腐蚀,关闭时承受很大的落座冲击,还要承受气体压力和传动组零件惯性力的作用。

由于气门的工作环境很差,所以要求气门的材料必须有足够的强度、刚度、能耐高温和耐磨损。一般进气门采用中碳合金钢(如铬钢、镍铬钢和铬钼钢等),排气门多采用耐热合金钢(硅铬钢、硅铬钼钢等)。为了节约耐热合金钢,降低材料成本,有些发动机排气门头部采用耐热合金钢,杆身采用中碳合金钢,然后将两者焊接在一起。还有一些排气门在头部锥面喷涂一层钨钴等特种合金材料,以提高耐高温、耐腐蚀性。

2) 气门结构

气门包括头部和杆身,两者圆弧连接。气门头部主要由气门顶部和密封锥面组成,而气门杆身尾端的结构主要取决于气门弹簧座的固定方式。

(1) 气门顶部的形状。气门顶部的形状主要分为平顶、喇叭形和球面顶三种结构形式如图3-23所示。

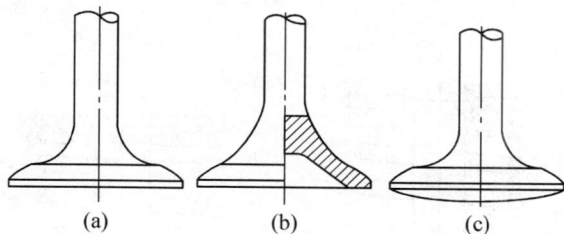

图3-23 气门头部结构形式

(a) 平顶 (b) 喇叭形顶 (c) 球面顶

平顶是大多数发动机采用的一种方式。它吸热面积小,结构简单,制造方便、质量小,进、排气门均可采用。

喇叭形顶和杆身的过渡部分具有流线型,气体流动阻力小,且质量轻、惯性小。但顶部受热面积大,适合做进气门,不宜做排气门。

球面顶的强度高,排气阻力小,废气清除效果好,适合做排气门。但球面顶形状受热面积大、质量和惯性力大,加工也复杂。

(2) 气门密封锥面。气门密封锥面是与杆身同心的圆锥面,气门密封锥面与顶平面之间的夹角,称为气门锥角,如图3-24所示,一般的气门锥角为45°。有的进气门锥角也常采用30°。气门头的边缘应保持一定的厚度,一般为1~3 mm,以防止工作中由于气门与气门座之间的冲击而损坏或被高温气体烧蚀。采用锥面密封可提高密封性和导热性,使气门落座时,有自定位作用。

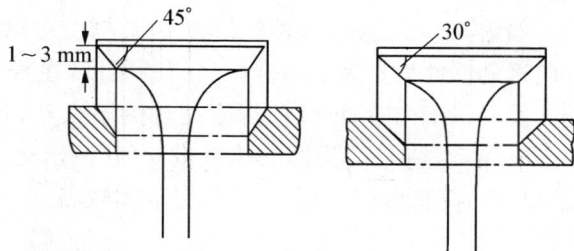

图3-24 气门密封锥面

气门头部的热量是直接通过气门座以及通过气门杆,经气门导管而传到气缸盖的。为了提高气门头部的散热性能,气门座孔区域应加强冷却,气门头向气门杆过渡部分的几何形状应尽量做到圆滑,以增加强度并减少热流阻力。此外,还应使气门杆与气门导管之间的间隙尽可能的小。

笔记

（3）气门杆。气门杆与气门导管配合，为气门开启与关闭过程中的上下运动导向。气门杆为圆柱形，发动机工作时，气门杆在气门导管中不断地上下往复运动，并且润滑条件极为恶劣。因此，要求气门杆与气门导管有一定的配合精度和耐磨性，气门杆表面都要经过热处理和磨光。气门杆与头部之间的过渡应尽量圆滑，这样可以减少应力集中，还可以减少气流阻力。

气门杆的尾部用以固定气门弹簧座，其尾端形状取决于气门弹簧的固定方式。常用的固定方式有锁片式和锁销式。如图 3-25 所示。

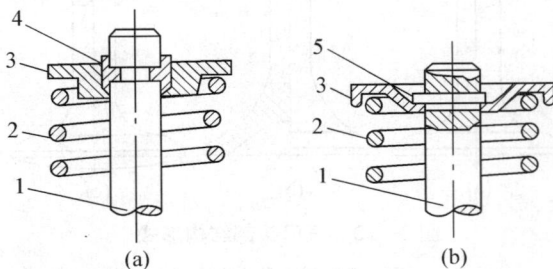

图 3-25　弹簧座的固定方式

（a）锁片式　（b）锁销式

1—气门杆；2—气门弹簧；3—弹簧座；4—锁片；5—锁销

锁片式的锥形锁片被剖分成两半，合在一起后形成一个完整的圆锥结构。圆锥内孔有一环形凸起。弹簧座的中心孔为圆锥形，用来与锁片的外圆锥面配合。安装时，用力将弹簧座连同气门弹簧压下，将两片锁片套于气门尾端合并在一起，锁片内孔的环形凸起正好位于气门杆尾端的环形槽内。放松弹簧座，在气门弹簧的弹力作用下，弹簧座的圆锥孔与锁片的圆锥面紧紧地贴合在一起，不会脱落。

锁销式的固定方式比较简单，将弹簧座连同弹簧一起压下后，把锁销插入气门尾部的径向孔内，放松弹簧座后，锁销正好位于弹簧座外侧面的凹穴处，防止了弹簧座的脱落。

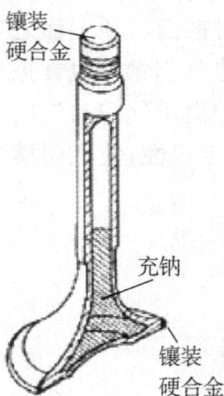

镶装硬合金

充钠

镶装硬合金

图 3-26　钠冷气门

某些热负荷较重的发动机，为了加强排气门的散热，采用了钠冷气门。如图 3-26 所示，这种气门为中空结构，可以减轻气门质量和减小气门运动惯性力。为了降低排气门的温度，在气门杆中填入一半金属钠。发动机工作时，排气门温度超过钠熔点 97.8℃，钠融化后在空腔内上下晃动，将气门头部的热量带到气门杆，再经气门导管传给气缸盖，可有效降低气门头部温度，但是成本较高。

2. 气门座

进、气道口与气门密封锥面直接贴合的部位称为气门座。气门座与气门头部一起对气缸起密封作用，同时接受气门头部的传来的热量，起到对气门散热的作用。

气门座可以直接在气缸盖上镗出，也可以用耐热合金钢或耐热合金铸铁单独制成气门座圈，镶嵌于气缸盖上。直接镗在气缸盖上的气门座散热效果好，使用中不存在脱落的现象，但不耐高温，容易磨损，不便于修理更换。在气缸盖上镶嵌气门座圈可以延长气缸盖的使用寿命。铝合金气缸盖的发动机,由于铝合金较软,进排气门座都采用镶嵌式结构。

　　气门座锥角由三部分组成,如图 3-27 所示。一般气门座锥角比气门锥角大 $0.5°\sim1°$,该角称为密封干涉角。密封干涉角有利于磨合期加速磨合。磨合期结束,干涉角逐渐消失,恢复全锥面接触。

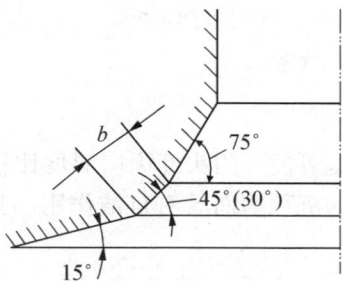

图 3-27　气门座锥角

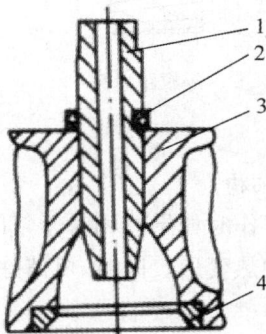

图 3-28　气门导管和气门座

1—气门导杆;2—卡环;3—气缸盖;4—气门座

3. 气门导管

　　气门导管的功用是对气门的运动导向,保证气门作直线往复运动,使气门与气门座圈能正确贴合,并将气门杆的热量传给气缸盖。其结构如图 3-28 所示。

　　气门导管的工作温度也较高,约 200℃。气门杆在导管中运动时,仅靠配气机构飞溅出来的机油进行润滑,因此容易磨损。所以多用具有自滑性能的球墨铸铁或粉末冶金材料制成单独零件,以一定的过盈压入气缸盖上的气门导管座孔中,防止脱落。有些发动机为了防止气门导管松脱,采用卡环对导管进行固定与定位。

　　气门导管的下方伸入到进排气道内,为了防止对气流造成阻力,伸入端的外圆做成圆锥形。气门导管与气门杆之间留有 $0.05\sim0.12$ mm 的间隙,使气门杆能在导管内自由运动。

4. 气门弹簧

　　气门弹簧位于气缸盖与气门杆尾端弹簧座之间。气门弹簧的功用是保证气门关闭时能紧密地与气门座或气门座圈贴合,并克服在气门开启时配气机构产生的惯性力,使传动件始终受凸轮控制而不相互脱离。

　　气门弹簧多采用优质合金钢丝制成,并经热处理,提高其疲劳强度。为了避免弹簧锈蚀,弹簧表面应镀锌、磷化。弹簧的两端面必须磨平并与弹簧轴线相垂直,以防止工作中弹簧产生歪斜。

　　气门弹簧多为圆柱形螺旋弹簧,如图 3-29 所示。当气门弹簧的工作频率与其固有频率相等或成整数倍时,气门弹簧就会发生共振而使折断的概率增加。为了防止共振的发生,可采用变螺距弹簧,目前大多数发动机采用同心安装的双弹簧。内、外两根弹簧的旋向相反,外弹簧刚度比内弹簧大。双弹簧不但可以防止共振,还可以缩短弹簧长度,并且在其中一根弹簧折断,另一根弹簧还可以继续工作,不致使气门落入气缸中。

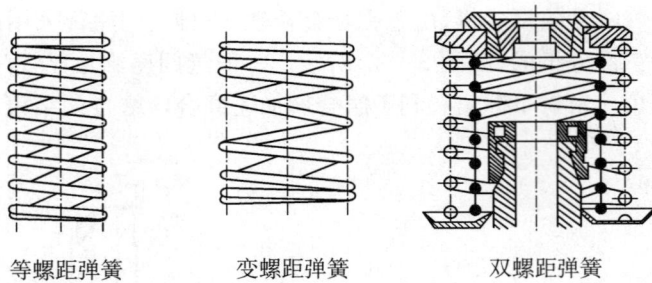

等螺距弹簧　　　　　变螺距弹簧　　　　　双螺距弹簧

图 3‑29　气门弹簧

5. 旋转机构

当气门工作时如果能相对于气门座缓慢旋转,可使气门头部周向温度比较均匀,从而减小气门头部的热变形。同时,可清除在密封面上的沉积物而具有自洁作用。其结构如图 3‑30 所示。

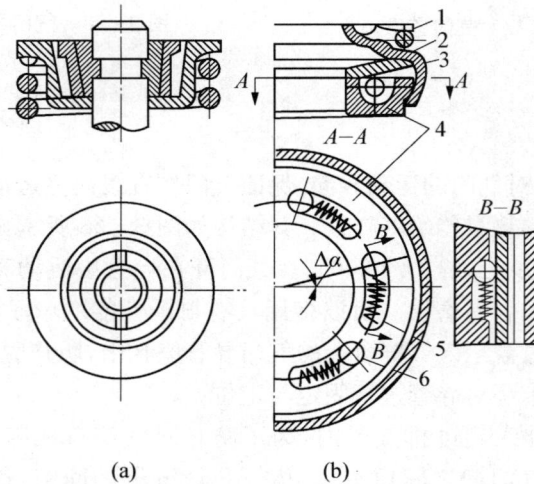

(a)　　　　　　　　(b)

图 3‑30　气门旋转机构

(a) 低摩擦自由旋转机构　(b) 强制旋转机构

1—气门弹簧;2—支撑板;3—蝶形弹簧;4—壳体;5—回位弹簧;6—钢球

强制旋转机构可使气门每开启一次都旋转一个角度。在壳体中有 6 个变深度的槽,槽中装有带回位弹簧的钢球,当气门关闭时,气门弹簧的力通过支撑板与蝶形弹簧直接传到壳体上;当气门升起时,不断增大的弹簧力将蝶形弹簧压平,迫使钢球沿着凹槽的斜面滚动,同时带着蝶形弹簧、支撑板、气门弹簧、气门一起转过一个角度。在气门关闭的过程中,蝶形弹簧的载荷减小而恢复到原来的形状,钢球在回位弹簧的作用下回到原来的位置。

3.2.2　气门组的检修

1. 气门组零件的检修

1) 气门与气门座的配合要求

气门与气门座的配合影响到气缸的密封性,对发动机的动力性和经济性关系极大。

对气门与气门座的配合要求是：

（1）气门与气门座密封锥面角度应一致。为改善气门与气门座的磨合性能，磨削气门的密封锥面时，其锥面角度比气门座小 $0.5°\sim1°$[见图 3-31(b)]。在初始状态下让气门座密封带迎着废气流一侧与气门密封锥面成线接触，以防止密封带在未强化前，气门关闭时夹住废气中的高温质点，形成点蚀而破坏密封性。

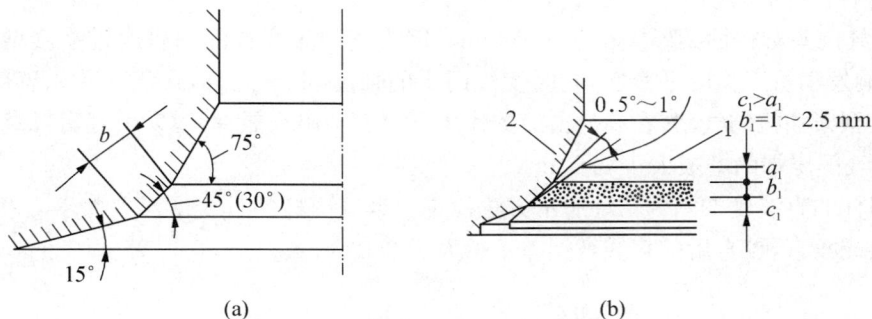

图 3-31 气门座锥角与密封干涉角

1—气门；2—气门座

（2）气门与气门座的密封带位置在中部靠里[见图 3-31(b)中 $c_1>a_1$]。过于靠外使气门的强度降低，过于靠里，会造成与气门座接触不良。

（3）气门与气门座的密封带宽度 b[见图 3-31(a)]应符合原设计规定，一般 $b_1=1\sim2.5$ mm。排气门大于进气门的宽度；柴油机的宽度大于汽油机的宽度。密封带宽度过小，将使气门磨损加剧；宽度过大，容易烧蚀气门。

（4）气门密封锥面与杆部的同轴度误差和气门座与导管的同轴度误差应不大于 0.05 mm。

（5）气门杆与导管的配合间隙应符合原厂规定。气门杆与导管孔的测量方法如图 3-32 所示。

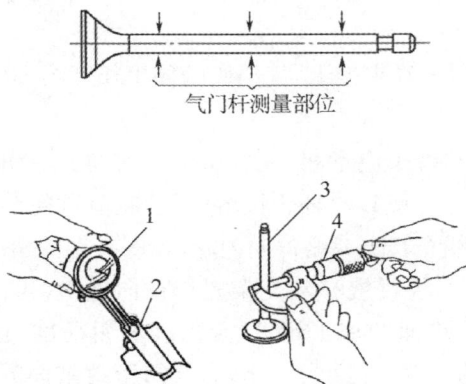

图 3-32 气门杆和气门导管直径的检测

1—内径百分表；2—气门导管；3—气门杆；4—千分尺

2. 气门的检修

1）气门的耗损与检验方法

气门杆部的磨损、气门密封锥面磨损与烧蚀和气门杆的弯曲变形等。气门出现下列耗损之一时，应予换新。

（1）载货汽车的气门杆的磨损量大于 0.10 mm，轿车的气门杆的磨损大于 0.05 mm，或出现明显的台阶形磨损。

（2）气门头圆柱面的厚度小于 1.0 mm。因为气门头圆柱部分厚度过小会增大燃烧室容积，影响发动机工作的平稳性，同时使气门头的强度降低；此外，在气门落入座圈的瞬间，尤其是重型柴油机的气门，在高冲击波的作用下可能会出现振弹，容易引起密封带的烧蚀。

（3）气门尾端的磨损大于 0.5 mm。

气门杆的直线度按图 3-33 所示方法检查。当气门杆的直线度误差大于 0.05 mm 时，应予更换或校直，校直后的直线度误差不得大于 0.02 mm。

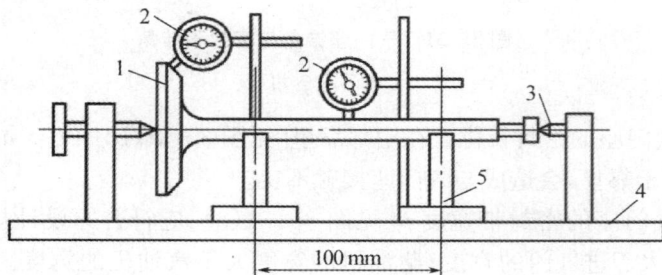

图 3-33　气门杆弯曲的检验

1—气门；2—百分表；3—顶尖；4—平板；5—V 形块

2）气门密封锥面的修理

气门密封锥面的修理是在气门光磨机上进行的，气门的光磨工艺如下：

（1）光磨前应先将气门进行校直。校直后，气门杆和密封锥面的径向圆跳动公差分别为 0.03 mm 和 0.05 mm。

（2）将校直的气门杆紧固在夹架上，气门头的伸出长度约 30～40 mm，按规定的密封锥面角度调整夹架。

（3）试磨。开动车头和磨头电动机，观察砂轮工作面是否平整，气门密封锥面有无偏斜，然后进行试磨。试磨时，先使砂轮轻轻接触气门，查看砂轮与气门锥面的接触情况。若磨削痕迹在密封锥面的素线全长上或略偏向内端，说明夹架的角度符合要求。

（4）光磨。光磨进刀时，要慢慢移动支架先作横向进给，再作纵向进给。进刀量要小，冷却液要充足，以提高密封锥面的加工精度、降低表面粗糙度，直至把磨损痕迹磨光为止。光磨后，气门大端圆柱面的厚度不得小于 1 mm，气门密封锥面的径向圆跳动误差应不大于0.01 mm。

3. 气门座的修理

气门座的磨损，使密封锥面变宽，且接触带不匀称（见图 3-34），气门与气门座关闭不严。密封锥面的检查方法是:将气门座和气门清洗干净,在气门密封锥面上,均匀地涂上一薄层红丹,旋转气门,使之与气门座磨合,观察判断密封锥面的密合质量。

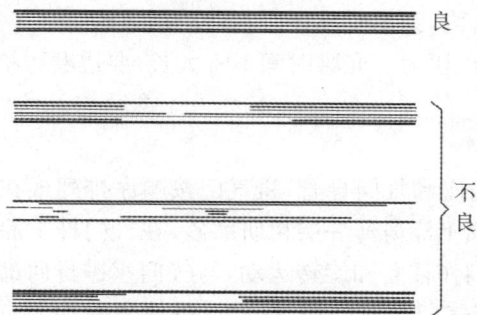

图 3 - 34　气门密封锥面的检查

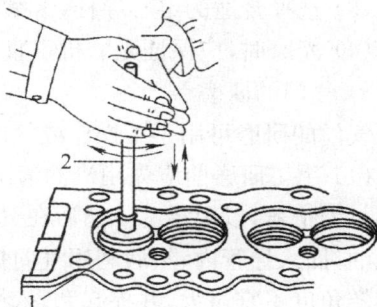

图 3 - 35　手工研磨气门

1—气门;2—气门捻子

气门座的修理方法是:

(1) 气门座和气门的密封锥面只有轻微磨损时,采用如图 3 - 35 所示的研磨气门与座口的方法。

(2) 当气门座和气门的密封锥面磨损较严重时,采用铰削或磨削气门座,光磨气门或更换新气门,然后配研气门与气门座的方法。

(3) 当气门座经多次铰削后直径增大,而气门经多次光磨后直径变小,使气门头顶面下沉,燃烧室容积增大,压缩比变小。当更换新气门后,气门头顶面如仍低于气缸盖平面 2 mm,或座圈有烧蚀、裂纹、松动时,应更换新座圈。

1) 气门座的铰削

铰削气门座使用的专用成套铰刀,有整体高速钢和镶硬质合金刀片的两种,其铰削工艺如下:

(1) 根据气门导管内径选择铰刀导杆,一般以能够穿入气门导管内,滑动自如又无松旷量为宜。

(2) 去除硬化层可用砂布垫在铰刀下进行砂磨。

(3) 粗铰:先选用与气门密封锥面角度相同的粗铰刀,套装在导杆上,用气门导管导向。铰削时,用力要均匀,转速要一致,防止起棱。

(4) 试配:初铰后,应用光磨过的气门试配,以检查气门座密封面与气门头上密封锥面的接触位置,一般要求气门头上的接触位置应居中略偏向锥面小端。密封带宽度:进气门为 1.00～2.20 mm;排气门为 1.50～2.50 mm。

(5) 精铰:选用与气门密封锥面相同的细齿铰刀进行最后精铰,或在铰刀下垫以砂布光磨。

如铰削后的密封锥面精度和质量较高,一般可省去研磨工艺。

2) 气门座的磨削

用气门座光磨机进行磨削气门座的方法与铰削相仿,只是将铰刀换成了成形的角度砂

轮,同样是以气门导管孔为加工基准,以保证同心度和垂直度。磨削工艺要点如下:

(1) 根据气门密封面锥度和尺寸选用砂轮。砂轮直径一般比气门头部直径长 3～5 mm;

(2) 修磨砂轮工作面,使之平整并与轴孔同轴度误差在 0.025 mm 以内;

(3) 选择合适的定心导杆,卡紧在气门导管内,磨削时导杆应不转动;

(4) 光磨时,应保证光磨机正直,并轻轻施以压力。光磨时间不宜太长,要边磨边检查。

3) 气门的研磨

气门的研磨可用手工操作或气门研磨机进行。

(1) 手工研磨前应先用汽油清洗气门、气门座和气门导管,将气门按顺序排列或在气门头部打上记号,以免错乱。然后在气门密封锥面上涂薄薄一层粗研磨砂,在气门杆上涂一层稀机油,插入导管内,然后利用气门捻子,将气门作往复和旋转运动,与气门座进行研磨。注意旋转角度不宜过大,并提起和转动气门,改变气门与座的相对位置,以使研磨均匀。旋转研磨时,不应过分用力,也不要提起气门用力在气门座上撞击,否则会将气门密封锥面磨宽或磨成凹槽。研磨时应注意不要使研磨砂掉入气门导管孔。

当气门密封锥面与气门座密封锥面上磨出一条较完整且无斑痕的接触环带时,应将粗研磨砂洗去,换用细研磨砂研磨。当密封锥面出现一条整齐的灰色环带时,洗去细研磨砂,涂上机油,继续研磨几分钟即可。

(2) 机动研磨将气缸盖清洗干净,放在气门研磨机工作台上,在气门的密封锥面上涂一层研磨膏,将气门杆部涂上稀机油并装入气门导管内,调整各磨轴,使其正对气门座孔。

连接好各气门的研磨装置,调整好气门升程,进行研磨,一般研磨 10～15 min 即可。

4) 气门的密封性检验

气门与气门座经研磨后,对密封性应进行严格的检查,常用的几种检查方法如下:

(1) 用软铅笔在气门密封锥面上,顺轴向均匀地画上直线[见图 3-36(a)],然后将气门对号入座插入导管中,用气门捻子(橡皮制)吸住气门顶面,将气门上下拍击数次取出,观察铅笔线是否全部被切断[见图 3-36(b)]。如发现有未被切断的线条,可将气门再插入原座,转动 1～2 圈后取出,若线条仍未被切断,说明气门有缺陷,若线条被切断,则说明气门座有缺陷,应找出缺陷加以修理。

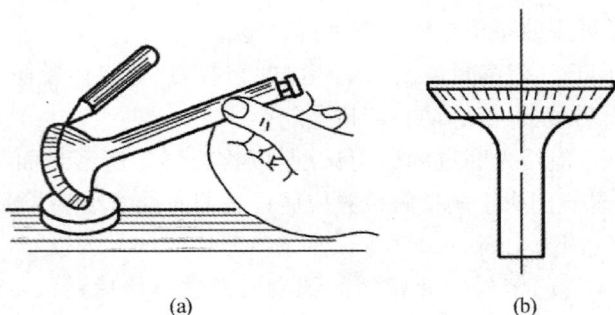

(a)　　　　　　　　　(b)

图 3-36　用铅笔划线法检查气门的密封性

(2) 可用红丹着色检查,将红丹涂在气门密封锥面上(薄薄一层),再将气门插入原座,用上述同样方法拍打、研转后取出,观察气门座上红丹印痕,判断其密封性是否合格。

（3）用气门密封检验器检查密封性。将空气容筒紧密贴合在气缸盖上,反复捏动橡皮球泵气,使空气容筒内具有 59～69 kPa 的压力,如在 0.5 min 内压力不下降即为合格。

（4）把气缸盖平面水平朝上放置,将汽油或煤油倒入装有气门的燃烧室,5 min 内如密封环带处无渗漏,即为合格。

（5）将气门与相配气门座轻轻敲击几次,察看接触带,如有明亮的连续光环,即为合格。

4. 气门弹簧的检验

气门弹簧的耗损主要有弹力减退、歪斜和断裂等三种形式。

气门弹簧的歪斜将影响气门关闭时的对中性,使气门关闭不严,容易烧蚀密封带,并破坏气门旋转机构的正常工作。气门弹簧的外圆柱面在全长上对底面的垂直度公差为 1.5 mm。检验方法如图 3-37 所示,当 $a > 1.5$ mm 时,弹簧即应报废。

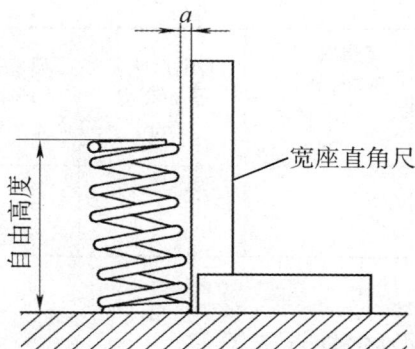

图 3-37　气门弹簧垂直度的检测

图 3-38　用弹簧检验仪检验弹簧的自由高度和弹力

气门弹簧的弹力和自由高度用图 3-38 所示的弹簧检验仪检验。将弹簧压缩至规定长度,如果弹簧压力的减小值大于原厂规定值的 10%,即应报废。弹簧弹力减弱时,自由高度也缩短,当自由高度缩小 2 mm 时,应予更换。

【任务实施】

气门的修理。

1）实施过程

项目	实施内容	文字表述	图　示
气门的修理	使用工具		
	测量位置		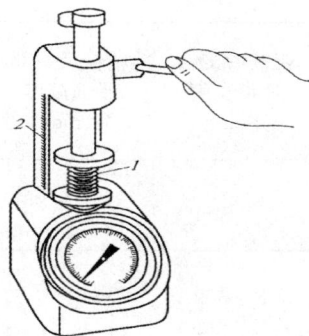

（续表）

项目	实施内容	文字表述	图　示
	检测方法		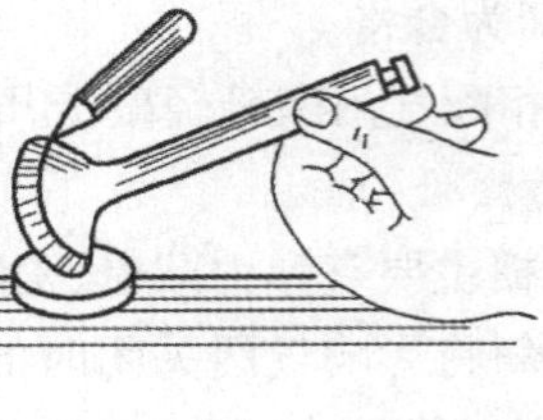 (a) 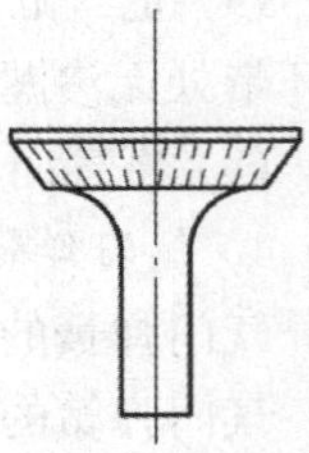　　　　　(b)

2）数据记录

工艺	粗铰后接触环带宽度/mm	精铰后头部平面高度/mm	光磨后头部平面高度/mm	光磨后工作锥面径向圆跳动量/mm	磨削后头部平面高度/mm	研磨后接触环带宽度/mm
尺寸						

任务 3.3　气门传动组的构造与检修

【任务描述】

　　维修人员经过对该车配气机构的检测,排除了气门间隙和气门组配合不良所引起的异常响声,通过对凸轮轴和挺柱系统的检测发现,该响声为推杆变形导致推杆与挺柱和凸轮轴的配合不良,从而引起的有规律的异响。维修人员更换了新的推杆,并对挺柱进行了适当的修理后,故障现象消失。

【知识准备】

3.3.1　气门传动组的构造

　　气门传动组主要包括凸轮轴和正时齿轮、挺柱及其导管、推杆和摇臂总成和摇臂轴组成。其主要作用是使进、排气门按配气相位的时间开启与关闭,并保证规定的开启时间和开启高度。

　　1. 凸轮轴

　　1）凸轮轴的结构与功用

　　凸轮轴是一根细长轴,轴上制有各缸进、排气凸轮,用来使气门按各缸的工作次序和配气相位及时开闭,并保证气门有足够的升程。还设有对凸轮轴进行支撑的轴颈。此外,大多数汽油机下置式凸轮轴上还制有驱动分电器和机油泵的螺旋齿轮和驱动汽油泵的偏心轮,如图3-39所示。

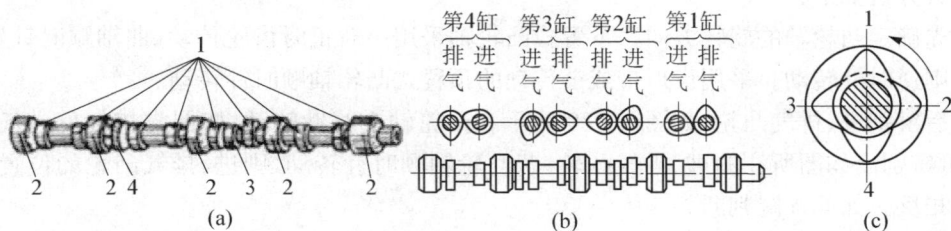

图 3-39 四缸四冲程汽油机凸轮轴

(a) 发动机凸轮轴 (b) 各凸轮轴相对位置 (c) 进排气凸轮投影

1—凸轮;2—凸轮轴轴颈;3—驱动汽油泵的偏心轮;4—驱动分电器的螺旋齿轮

凸轮轴一般用优质钢模锻而成,也有用合金铸铁或球墨铸铁铸造而成。凸轮与轴颈表面经过热处理,具有足够的硬度和耐磨性。

2) 凸轮

凸轮是凸轮轴上最重要的组成部分。凸轮的轮廓能使气门的开启与关闭的时间符合配气相位的要求,使气门有尽量大的升程。气门开启与关闭过程的运动规律取决于凸轮的轮廓曲线,如图3-40所示。

转速较低的发动机,其凸轮轮廓由几段圆弧组成,这种凸轮称为圆弧凸轮。高转速发动机则采用函数凸轮,其轮廓由某种函数曲线构成。O 点为凸轮轴回转中心,凸轮轮廓上的 AB 段和 DE 段为缓冲段,BCD 段为工作段。挺柱在 A 点开始升起,在 E 点停止运

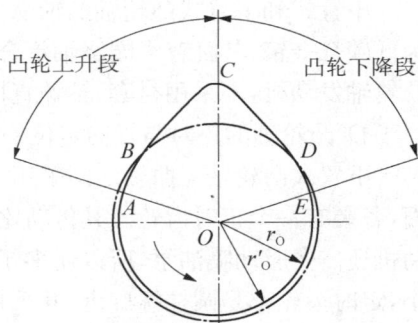

图 3-40 凸轮的轮廓曲线

动,凸轮转到 AB 段内某一点处,气门间隙消除,气门开始开启。此后随着凸轮继续转动,气门逐渐开大,至 C 点气门开度达到最大。再后气门逐渐关闭,在 DE 段内某一点处气门完全关闭,接着气门间隙恢复。气门最迟在 B 点开始开启,最早在 D 点完全关闭。由于气门开始开启和关闭落座时均在凸轮升程变化缓慢的缓冲段内,其运动速度较小,从而可以防止强烈的冲击。

凸轮轴上各同名凸轮(各进气凸轮或各排气凸轮)的相对角位置与凸轮轴旋转方向、发动机工作顺序及气缸数或作功间隔角有关。如果从发动机风扇端看凸轮轴逆时针方向旋转,则工作顺序为 1—3—4—2 的四缸发动机其作功间隔角为 $720°/4＝180°$ 曲轴转角,相当于 $90°$ 凸轮轴转角,即各同名凸轮间的夹角为 $90°$(见图3-39)。对于工作顺序为 1—5—3—6—2—4 的六缸发动机,其同名凸轮间的夹角为 $60°$(见图3-41)。同一气缸的进、排气凸轮的相对角位置即异名凸轮相对角位置,决定于配气定时及凸轮轴旋转方向。

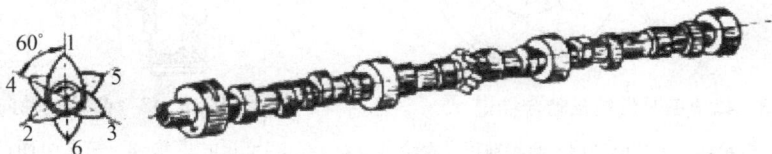

图 3-41 六缸发动机凸轮轴

如果知道凸轮轴的转动方向，便可根据凸轮轴本身辨别出哪些是进气凸轮，哪些是排气凸轮。其方法如下：

首先确定凸轮轴的旋转方向。下置式凸轮轴采用一对正时齿轮传动，曲轴顺时针转动，凸轮轴则逆时针转动。采用齿形带或链传动的顶置式凸轮轴顺时针转动。

然后辨别进、排气凸轮，如图3-39所示。凸轮轴逆时针转动，按照先排气后进气的规律，即可辨别出如图所注的进、排气凸轮；若凸轮轴顺时针转动，则进、排气凸轮的位置与前者刚好相反。如此逐缸判断。

3）凸轮轴轴颈和轴承

凸轮轴是细长轴，在工作中承受的径向力很大（主要是气门弹簧的弹力造成的）。容易产生弯曲、扭转等变形，影响配气相位和气门升程。为了减小凸轮轴的变形，有的发动机凸轮轴采用全支承以减小其变形，如图3-39所示发动机的凸轮轴有五个轴颈2。但是，支承数多，加工工艺较复杂，所以一般发动机的凸轮轴是每隔两个气缸设置一个轴颈，如图3-41所示。为安装方便，凸轮轴的各轴颈直径是做成从前向后依次减小的。

中置式和下置式凸轮轴的轴承一般将制成的衬套压入气缸体轴承孔中，衬套的材料多为低碳合金钢，其缸背内圈浇轴承合金钢制成，也有采用粉末冶金衬套或铜套的。上置式的凸轮轴发动机，不采用衬套，轴颈直接与气缸盖上镗出的座孔配合。

4）凸轮轴的正时与轴向定位

下置式凸轮轴与曲轴之间采用一对正时齿轮传动。在曲轴前端和凸轮轴第一道轴颈前面，各装有一个正时齿轮。其传动比为1:2，凸轮轴上的齿轮大，曲轴上的齿轮小。柴油发动机还需要驱动喷油泵，所以还多了一个中间齿轮。为了保证齿轮啮合平顺，噪声低，磨损小，定时齿轮都是圆柱螺旋齿，并采用不同的材料制成。曲轴定时齿轮多采用中碳钢，凸轮轴定时齿轮多采用铸铁或夹布胶木。为了保证正确的配气相位和喷油定时，正时齿轮上都刻有定时记号，装配时必须对准记号，如图3-42所示。

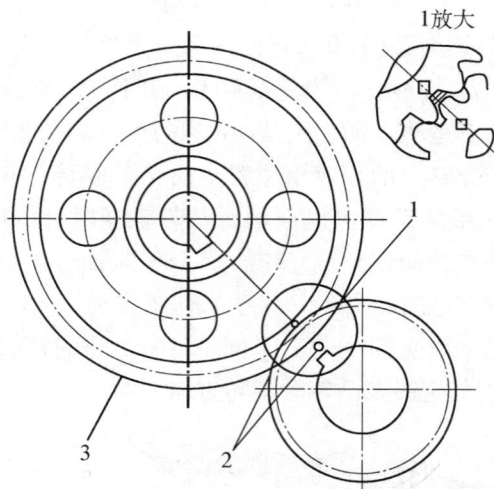

图3-42　正时齿轮及啮合标记

1—曲轴正时齿轮；2—正时记号；3—凸轮轴正时齿轮

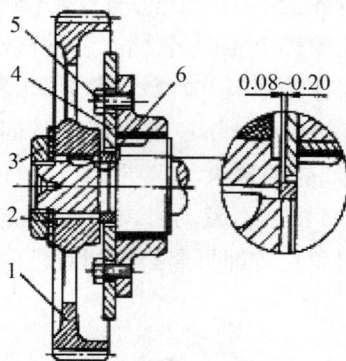

图3-43　凸轮轴轴向定位

1—正时齿轮；2—锁紧垫圈；3—锁紧螺母；4—止推凸缘；5—止推凸缘固定螺栓；6—隔圈

为防止凸轮轴的转动过程中产生轴向窜动,影响配气机构的正常工作和使配气相位改变,凸轮轴都设有轴向定位装置,如图 3-43 所示。在正时齿轮和第一道轴颈之间装有隔圈,隔圈和螺母一起将正时齿轮的轴向位置固定。止推凸缘松套于隔圈上,并用两个螺栓固定于缸体前端面。止推凸缘比隔圈薄约 0.08～0.20 mm,使止推凸缘与正时齿轮后端面间形成 0.08～0.20 mm 的间隙,该间隙可以保证凸轮轴旋转时不受干涉。当凸轮轴产生轴向窜动时,止推凸缘与正时齿轮轮毂端面或者第一道轴颈前端面接触,防止了凸轮轴的前后窜动。止推凸缘固定螺栓是通过正时齿轮腹板上的孔来拧紧的,通过改变隔圈的厚度,可以调整止推凸缘与正时齿轮之间的间隙。

2. 挺柱

1) 功用

挺柱的功用是将凸轮的推力传给推杆或者气门杆。挺柱在工作时底面与凸轮直接接触,接触应力和摩擦力很大;圆柱面与挺柱导向孔滑动摩擦,受到的摩擦力也很大。挺柱常用镍铬合金铸铁或冷激合金铸铁制造,摩擦表面经热处理后精磨。

2) 机械挺柱

挺柱常见的形式有筒式和滚轮式两种。大多数发动机采用筒式挺柱,某些大型柴油机采用滚轮式挺柱,可以显著减少摩擦力和侧向力,但结构复杂,质量较大。筒式挺柱的下端设有油孔,以便将漏入挺柱内的机油引到凸轮处进行润滑。挺柱装在气缸体或气缸盖上镗出的导向孔中,也有些发动机采用可拆式挺柱导向体,将挺柱装于导向体的导向孔内,导向体固定在缸体上,如图 3-44 所示。

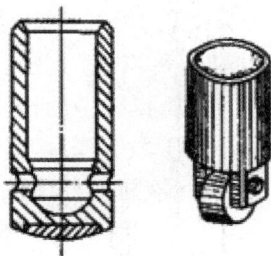

图 3-44　挺柱
1—筒式挺柱;2—滚轮式挺柱

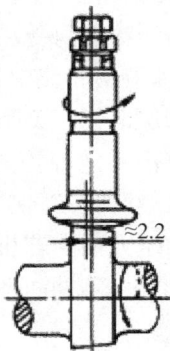

图 3-45　挺柱旋转运动

凸轮在旋转中对挺柱的推力方向是不变的,如果挺柱不能旋转,就会造成挺柱与导向孔之间单面磨损。同时挺柱底面也与凸轮固定不变的在一处接触,也会造成磨损不均匀。为此,常将挺柱底面做成球面,凸轮在轴向做成一定的锥度形状,如图 3-45 所示。这样使得凸轮与挺柱的接触点偏离挺柱中心,在挺柱被凸轮推起上升时,凸轮对挺柱的作用力产生绕挺柱中心轴线的力矩,使挺柱旋转起来,使挺柱和凸轮磨损均匀。

3) 液压挺柱

为了解决气门间隙所引起的冲击和噪声,越来越多的发动机(特别是轿车发动机)采用

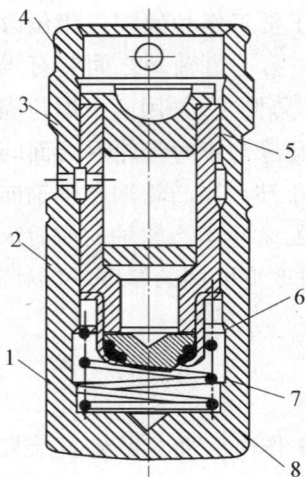

图 3 – 46 液压挺柱

1—挺柱体；2—单向阀架；3—柱塞；4—卡环；5—支撑座；6—单向阀蝶形弹簧；7—单向阀；8—柱塞弹簧

了长度可以变化的液压挺柱，而取消了气门间隙。气门及其传动件因温度升高而膨胀，或因磨损而缩短，都会由液压作用来自行调整或补偿。

图 3 – 46 所示为凸轮轴下置式发动机采用的液压挺柱。柱塞 3 装于挺柱体 1 内，支撑座 5 压装在柱塞 3 上端，柱子下端的阀架 2 内装有单向阀 7 和蝶形弹簧 6。柱塞经常被弹簧压向最上端，最上端位置由柱塞体上的卡环 4 来限制。发动机内的润滑油通过挺柱体和柱塞侧面的小孔流入柱塞内腔和柱塞下面挺柱体内腔，并经常充满油液。

液压挺柱装在挺柱导向孔内，挺柱体下端面与凸轮接触，支撑座与推杆下端接触。在气门关闭时，弹簧 8 使挺柱体内的柱塞连同支撑座紧靠着推杆，整个配气机构不存在间隙。

当凸轮将挺柱体顶起上升时，柱塞连同支撑座、单向阀一起在推杆反作用下力图上移，使柱塞下面挺柱体内腔的油压升高，单向阀关闭。由于液体的不可压缩性，整个挺杆如同一个刚体一样上升，使气门打开。

由于柱塞与挺柱体有间隙，在挺柱上升的过程中会有少量的油从柱塞上腔沿间隙漏出，但由于漏出量很少，不会影响配气机构的工作。当凸轮转到基圆面与挺柱接触，气门关闭后，弹簧 8 使柱塞上移（由于少量油的泄漏，柱塞在气门开启过程中有一微量下移），柱塞腔内的油液顶开单向阀，向挺柱内腔补充油，仍保持配气机构无间隙。

当发动机温度升高导致气门受热膨胀伸长，由于气门弹簧的弹力大于挺柱弹簧力，迫使柱塞下移，将挺柱内腔油液从间隙中挤出。同时，每次气门关闭以后柱塞上移受限，补油量减少，挺柱自动"缩短"，保证气门关闭紧密。当温度下降，气门冷却收缩时，柱塞弹簧将柱塞上移，单向阀打开，柱塞内腔的油液进入柱塞内腔。同时，每次气门关闭后，柱塞上移量增大，补油量增加，挺柱自动"伸长"，保证配气机构间隙。液压挺柱中的油液是由润滑系主油道通过专门油道送来的压力油。若机油压力过低时，补油压力下降。当柱塞与挺柱体因磨损而间隙增大，会因泄油过多、补油不足而出现气门间隙。液压挺柱无法修理和调整，一旦间隙过大时，只能更换。

如图 3 – 47 所示为奥迪和桑塔纳轿车发动机上所采用的液压挺柱。挺柱体由圆桶和上端盖焊接而成下端封闭的油缸外圆柱面与挺柱导向孔配合，内圆柱面与柱塞配合。球阀被补偿弹簧压靠在柱塞下端面的阀座上。挺柱体内部的低压油腔通过挺柱顶背面的键形槽与柱塞上方的低压油腔相通。挺柱在运动过程中，挺柱体上的环形槽与缸盖上的斜油孔对齐时，缸盖油道内的润滑油通过量油孔、斜油孔和环形油槽进入低压油腔。柱塞下端油腔内部的空腔，称为高压油腔，当球阀打开时，高压油腔与低压油腔相通。

无论是高压油腔还是低压油腔，都充满了油液。补偿弹簧还可以使油缸与柱塞相对运动，保持挺柱顶面与凸轮紧密接触。油缸下端面与气门杆下端面紧密接触，整个配气机构无间隙。在气门打开的过程中，凸轮推动挺柱和柱塞下移，油缸受到气门弹簧的阻力而不能立即下移，导致油压升高，球阀将阀门关闭。由于油液的不可压缩性，整个挺柱如同一个刚体

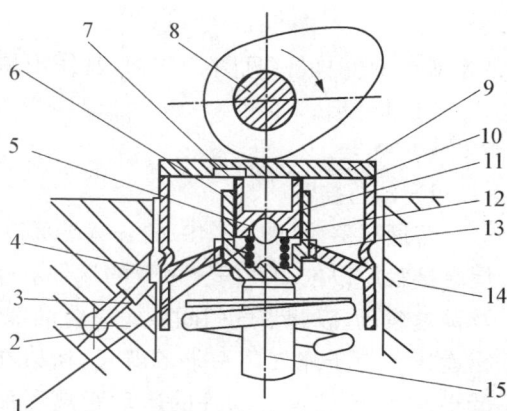

图 3 - 47　一汽奥迪发动机液压挺柱

1—高压油腔；2—缸盖油道；3—量油孔；4—斜油孔；5—球
阀；6—低压油腔；7—键形槽；8—凸轮轴；9—挺柱体；10—柱
塞焊缝；11—柱塞；12—油腔；13—补偿弹簧；14—缸盖；
15—气门杆

一道下移，将气门打开。在此期间，挺柱和油缸之间的间隙会存在一些油液泄漏，但不影响气门的正常打开。

在气门关闭过程中，挺柱上移，由于仍处于关闭状态，液压挺柱仍是一个刚性体，直至气门完全关闭为止。气门关闭以后，补偿弹簧将柱塞和挺柱体继续向上推动一个微小的行程（补偿由于油液泄漏而造成的柱塞与挺柱体的下降），同时高压油腔油压下降，此时球阀打开，低压油腔的油液进入高压油腔内补充泄漏掉的油液。当气门关闭时，挺柱体上的环形油槽与缸盖上的斜油孔对齐，润滑系的油液进入挺柱低压油腔内。气门受热膨胀伸长时，通过柱塞与油缸之间的间隙，高压油腔内的油向低压油腔泄漏一部分，柱塞与油缸产生相对运动，从而使挺柱自动"缩短"，保证气门关闭紧密。同时，通过减少气门关闭后的补油量，也保证了气门的紧密关闭。当气门冷却收缩时，补偿弹簧将柱塞与挺柱体向上推动，球阀打开，低压油腔内的油液进入高压油腔，挺柱自动"伸长"，保证无气门间隙。

3. 推杆

推杆处于挺柱和摇臂之间，其功用是将挺柱传来的运动和作用力传给摇臂。在凸轮轴下置式的配气机构中，推杆是一个细长杆件，加上传递的力很大，所以极易弯曲。因此，要求推杆有较好的纵向稳定性和较大的刚度。推杆一般用冷拔无缝钢管制造，两端焊上球头和球座。也可以用中碳钢制成实心推杆，这时两端的球头或球座与推杆锻成一个整体。

如图 3 - 48(a)所示为钢制实心推杆，一般同球形支座锻成一个整体，然后进行热处理。图 3 - 48(b)所示为硬铝棒制成的推杆，推杆两端配以钢制的支承。图 3 - 48(c)，(d)都是钢管制成的推杆。前者的球头直接锻成，然后经过精磨加工的；后者的球支承则是压配的，并经淬火和磨光，以提高其耐磨性。

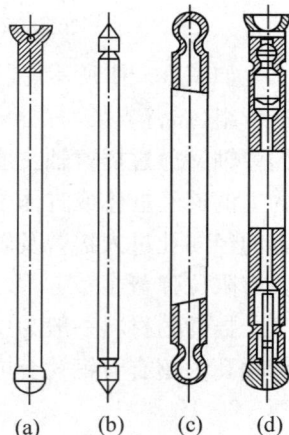

(a)　(b)　(c)　(d)

图 3 - 48　推杆

4. 摇臂

摇臂是中间带有圆孔的不等长双臂杠杆(见图3-49),其作用是将推杆和凸轮传来的运动和作用力,改变方向传给气门使其开启。

摇臂可以分为普通摇臂和无声摇臂。

1)普通摇臂

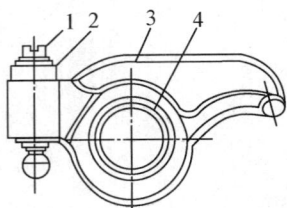

图3-49　普通摇臂

普通摇臂(见图3-49)的长臂端部以圆弧形的工作面与气门尾端接触以推动气门。短臂的端部有螺孔,用来安装调整螺钉及锁紧螺母,以调整气门间隙。螺钉的球头与推杆顶端的凹球座相连接。由于靠气门一端的臂长,所以在一定的气门升程下,可减小推杆、挺柱等运动件的运动距离和加速度,从而减小了工作中的惯性力。

2)无噪声摇臂

为了消除气门间隙,减小由此而产生的冲击噪声,常采用无噪声摇臂。其工作原理如图3-50所示。凸环8以摇臂5的一端为支点,并靠在气门杆部9的端面上,当气门处在关闭位置时,在弹簧6的作用下,柱塞7推动凸环8向外摆动,消除了气门间隙;气门开启时,推杆3便向上运动推动摇臂5,由于摇臂已经通过凸环和气门杆部的端面处在接触状态,从而消除了气门间隙。其中凸环8的作用是消除气门和摇臂之间的间隙,从而消除由此而产生的冲击噪声。

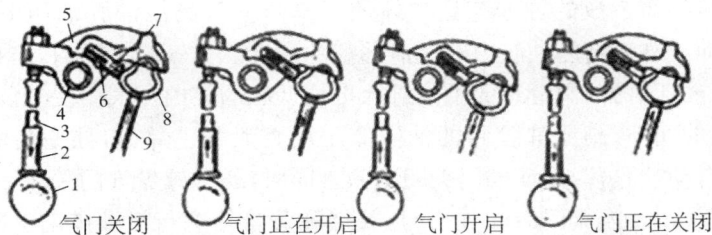

气门关闭　　　气门正在开启　　　气门开启　　　气门正在关闭

图3-50　无噪声摇臂

1—凸轮轴;2—挺柱;3—推杆;4—摇臂轴;5—摇臂;6—弹簧;7—柱塞;8—凸环;9—气门杆部

如图3-51所示,摇臂通过摇臂轴来支承。摇臂7、摇臂轴2和摇臂轴支座5等组成了摇臂组(摇臂支架)。摇臂7通过摇臂衬套6空套在两端带碗形塞1的空心摇臂轴2上,而摇臂轴又通过摇臂轴支座5和10固定在汽缸盖上。摇臂上钻有油孔,通常润滑油从缸体上的主油道经缸体或缸体外油管、缸盖和摇臂轴支座中的油道进入中空的摇臂轴,然后通过轴上的径向孔进入摇臂及轴之间润滑。为了防止摇臂轴向窜动,在摇臂轴上每两摇臂之间都装有限位弹簧11。

摇臂的材料一般为中碳钢,也可以采用铸铁或铸钢精铸而成。为提高耐磨性,支座的摇臂轴孔内镶有青铜衬套或装有滚针轴承。

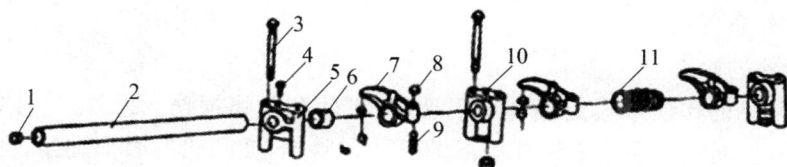

图 3－51 摇臂组

1—碗形塞;2—摇臂轴;3—螺栓;4—摇臂轴紧固螺钉;5—摇臂轴前支座;6—摇臂衬套;7—摇臂;
8—锁紧螺母;9—调整螺钉;10—摇臂轴中间支座;11—限位弹簧

3.3.2 气门传动组的检修

1. 凸轮轴及轴承的检修

1) 凸轮轴的耗损与检修

凸轮轴的主要耗损是凸轮、支承轴颈表面、正时齿轮轴颈键槽的磨损和凸轮轴的弯曲变形。凸轮轴的磨损和弯曲将使气门的最大开度和气缸充气系数降低、配气定时失准、噪声增大。

(1) 凸轮磨损的检测。如图 3－52 所示,测量凸轮的最大高度 H 与基圆直径 D 的差来衡量凸轮的磨损程度。凸轮磨损后,其升程减小 0.40 mm 以上时,应更换新凸轮轴。

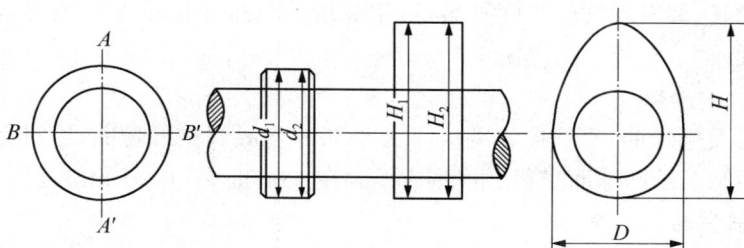

图 3－52 凸轮和凸轮轴直径的测量部位

(2) 凸轮轴弯曲变形的检修。凸轮轴的弯曲变形,多因气门挺柱卡滞,凸轮轴受到过大的弯矩作用而发生的。若中间轴颈的径向圆跳动大于 0.10 mm,则应进行校正(钢质凸轮轴)。凸轮轴校直后,中间各轴颈的径向圆跳动应不大于 0.04 mm。

(3) 凸轮轴轴颈的检修。凸轮轴轴颈 d(见图 3－52)的圆度误差大于 0.015 mm,各轴颈的同轴度误差超过 0.05 mm 时,应按修理尺寸要求进行修磨。修磨后轴颈的圆柱度误差为 0.005 mm,以两端轴颈的公共轴线为基准,中间任一轴颈的径向圆跳动误差为 0.025 mm,正时齿轮轴颈与止推端面的圆跳动误差为 0.03 mm。

(4) 正时齿轮轴颈键槽的检修。正时齿轮轴颈键槽的对称平面,一般应与第一缸进、排气凸轮最大升程的对称平面重合。键槽磨损后,将使配气正时改变,可采用在新的位置上另开键槽的方法进行修复,但要在凸轮轴正时齿轮上重新做正时记号。

2) 凸轮轴轴承的检修

凸轮轴与轴承的配合间隙一般为 0.05～0.10 mm,当货车大于 0.20 mm,轿车大于 0.15 mm时,应更换新轴承。

2. 气门挺柱的检修

1）普通挺柱的检修

普通挺柱常见的耗损形式是底部出现裂纹、剥落和条痕损伤。另外,挺柱在导孔中卡滞,不能自由移动和转动,会造成挺柱底部的不均匀磨损,使凸轮的磨损加剧,凸轮轴弯曲,甚至在不长的行驶里程内使凸轮早期磨损而报废。

（1）挺柱与导向孔的配合间隙一般为 0.03～0.10 mm,超过 0.12 mm 时,应更换新挺柱。在检查调整气门间隙的同时,应检查挺柱的运动阻力和配合间隙,其方法是:用手捏住挺柱转动,检查运动是否自如,无卡滞;摆动挺柱看有无晃动感。必要时可取出挺柱检查底部磨损情况。

（2）挺柱底部出现损伤时应更换新挺柱。

2）液压挺柱的检修

（1）液压挺柱与承孔的配合间隙一般为 0.01～0.04 mm,当超过 0.10 mm 时,应更换液压挺柱。

（2）发动机总成修理时,或气门出现开启高度不足现象时,一般应更换挺柱。

有条件时,应在液压试验台上检验液压挺柱的密封性能:将规定的压力施加于液压挺柱上,检验液压挺柱的柱塞向下滑移规定的距离所需的时间。此时间过短则表明挺柱内部泄漏严重,应予报废。

发动机维护时,如发现气门开度不足,可用专用工具排净液压挺柱内渗入的空气,恢复气门的最大升程。

3. 气门推杆的修理

气门推杆易发生弯曲,直线度误差应不大于 0.30 mm。推杆弯曲,应进行检验且校直。推杆上端凹球面和下端凸球面半径磨损量应控制在 $+0.03～-0.01$ mm 之间。

4. 摇臂和摇臂轴的修理

摇臂的耗损主要是摇臂头的磨损。摇臂头柱面的磨损凹陷应不大于 0.50 mm,否则应堆焊、修磨并热处理或者更换新件。摇臂与摇臂轴的配合间隙超过规定时,应更换新衬套。安装新衬套时要注意使衬套油孔与摇臂油孔对齐。

摇臂轴轴颈的磨损大于 0.02 mm 或摇臂轴与摇臂承孔的配合间隙超过规定,应刷镀修复或更换。摇臂轴弯曲变形应冷压校直,使其直线度误差在 100 mm 长度上不大于 0.03 mm。

5. 正时链轮和链条的检查

采用链传动的配气机构,正时链条和链轮磨损后节距变长,噪声增大,配气定时失准,因此在维修时应认真检查。通常采用测量链条的伸展度和链轮直径的方法检测链条和链轮的磨损状态。

1）正时链条的检查

测链条长度时,对链条施以一定的拉力,拉紧后测量其长度 l,如图 3-53(a)所示,测量拉力可定为 50 N,如丰田 2Y,3Y 发动机链条长度应不超过 291.4 mm,否则应更换新链条。

2）正时链轮的检查

将链条分别包住凸轮轴正时链轮和曲轴正时链轮,用游标卡尺测量其直径,如图 3-53 (b)所示,其直径不得小于允许值。例如:丰田 2Y,3Y 发动机正时链轮直径允许的最小值:

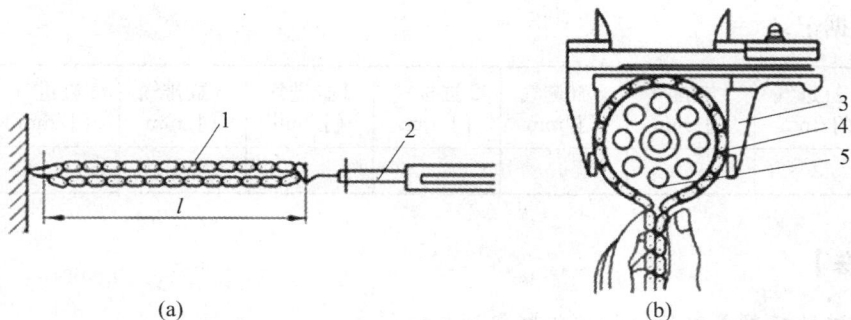

图 3‑53　链及链轮检测

(a) 测量链条长度　(b) 测量链轮直径

1,4—链条；2—弹簧秤；3—游标卡尺；5—链轮

凸轮轴正时链轮为 114 mm；曲轴正时链轮为 59 mm，若小于此值时，应更换链条和链轮。

　　6. 齿形带的定期更换

　　齿形带应定期更换，以防发动机工作中突然断裂时，气门撞坏活塞、缸盖等零件，造成严重损失。微型车发动机在正常使用情况下一般每行驶 100 000 km 更换一次齿形带。

　　7. 正时齿轮的检查

　　正时齿轮啮合间隙逾限或轮齿磨出台阶、出现裂纹或断齿时，均应更换齿轮。相互啮合的钢制齿轮应成对更换。正时齿轮的啮合间隙：钢制齿轮 0.03～0.30 mm，使用极限 0.40 mm；胶木齿轮 0～0.50 mm。

【任务实施】

气门间隙的调整：

1) 实施过程

项目	实施内容	文字表述	图　示
气门间隙的调整	使用工具		
	测量位置		
	检测方法		

2）数据记录

气门	1缸进气门/mm	1缸排气门/mm	2缸进气门/mm	2缸排气门/mm	3缸进气门/mm	3缸排气门/mm	4缸进气门/mm	4缸排气门/mm
间隙								

【技能训练】

1. 桑塔纳顶置式配气机构的拆装实训

实训名称	桑塔纳顶置式配气机构的拆装实训
实训目的	1. 熟悉顶置气门式配气机构的组成，气门组和气门传动组各主要机件的构造、作用与装配关系 2. 掌握正确的拆装步骤、方法和要求
实训仪器	1. 桑塔纳发动机 2 台 2. 常用工具和专用工具各 2 套 3. 发动机拆装翻转架或拆装工作台 2 套 4. 其他（清洗用料、搁架等），若干
实训过程	以桑塔纳车为例： 1. 配气机构的分解 1）卸下凸轮轴轴承盖紧固螺母，其顺序是先松第 1，3，5 轴承盖，之后对角交替旋松 2，4 轴承盖螺母，取出凸轮轴 2）取出液压挺柱，用专用工具或自制工具压下气门弹簧座，取出气门锁片和内外气门弹簧，以及气门油封和气门 2. 配气机构的拆装 1）安装气门。安装气门前应检查气门和导管的配合间隙为 0.035～0.070 mm。气门导管装上新的气门油封，安装气门油封时，要套上塑料管，再用专用工具压入。然后装上气门弹簧座，在气门杆部涂以机油，插入气门导管，注意不要损伤油封，最后装上气门弹簧（弹簧旋向相反）和锁片，锁片装好后，用塑料锤轻轻敲几下，以确保锁止可靠 2）安装凸轮和油封 （1）安装好桶式液压挺柱，装好凸轮半圆键，将凸轮轴颈涂少许润滑油放入缸盖各轴承座上 （2）安装凸轮时，第一缸的凸轮必须朝上 （3）安装凸轮轴轴承盖时，注意轴孔上下两半对准 （4）先对角交替拧紧 4，2 轴盖，然后再交替拧紧 5，3，1 轴承盖，拧紧力矩为 20 N·m （5）凸轮轴与支撑孔间隙为 0.06～0.08 mm，轴向间隙应小于 0.15 mm （6）在密封圈唇边和外圈涂油，将密封圈平压入，注意不要压到底，否则会堵塞油道 （7）放入半圆键，安装凸轮轴正时齿轮，并用 80 N·m 的转矩加以紧固 （8）注意：安装凸轮时，第一缸的凸轮必须朝上；凸轮轴转动时，曲轴不可置于上止点，否则会损坏气门或活塞顶部 3. 正时齿形带和齿轮的装配 先把齿形带套在曲轴和中间轴正时齿轮上，装上带轮，使凸轮轴正时齿形带轮上的标记"0"与左侧（向前看）气门室平面对齐，使三角皮带上的上止点记号和中间轴齿形带上的记号对齐，然后将齿形带也套在凸轮轴正时带轮上；顺时针转动张紧轮，以张紧齿形带，以用手捏在齿形带中间刚好可以翻转 90°为止；用 45 N·m 的转矩紧固张紧轮固定螺母，然后转动曲轴两圈，检查调整是否正确；最后装上正时齿形带轮护罩

（续表）

注意事项	1. 具有安全、文明生产和环境保护的相关知识和技能 2. 具备了配气机构外观检查和故障排除的能力 3. 能够制订完善的工作计划 4. 独立完成任务

2. 桑塔纳顶置凸轮轴式发动机配气相位的检查与调整

实训名称	桑塔纳顶置凸轮轴式发动机配气相位的检查与调整
实训目的	1. 理解顶置凸轮轴式发动机配气相位检查与调整的基本原理 2. 掌握顶置凸轮轴式发动机配气相位检查与调整的基本方法
实训仪器	1. 桑塔纳轿车发动机，2 台 2. 百分表及磁性表座，2 套 3. 其他工具、清洗用料，若干
实训过程	1. 正时齿带的拆卸 （1）将发动机安装在维修工作台上 （2）拆卸 V 形带 （3）将曲轴转到第一缸的上止点位置，如图 a 中箭头所示 （4）拆卸正时齿形带上防护罩 （5）将凸轮轴正时齿形带轮上的标记（如图 b 中箭头所示）对准正时齿带防护罩上的标记 （6）拆卸曲轴正时齿带轮 （7）拆卸正时齿形带中防护罩及下防护罩 （8）用粉笔等在正时齿形带上作好记号，检查磨损情况，不得有扭曲现象 （9）松开半自动张紧轮并拆下正时齿形带 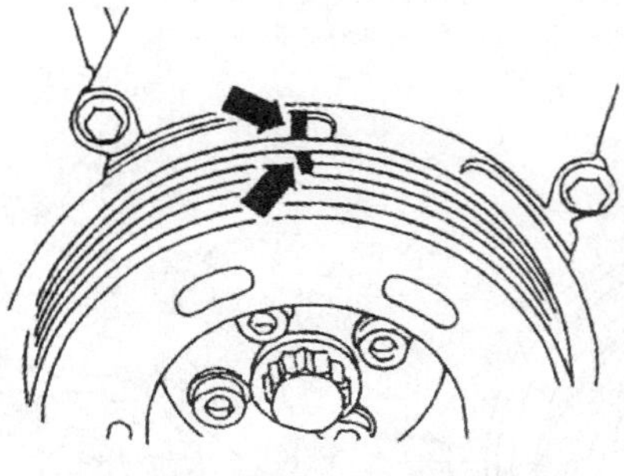 图 a　曲轴皮带轮一缸上止点标记 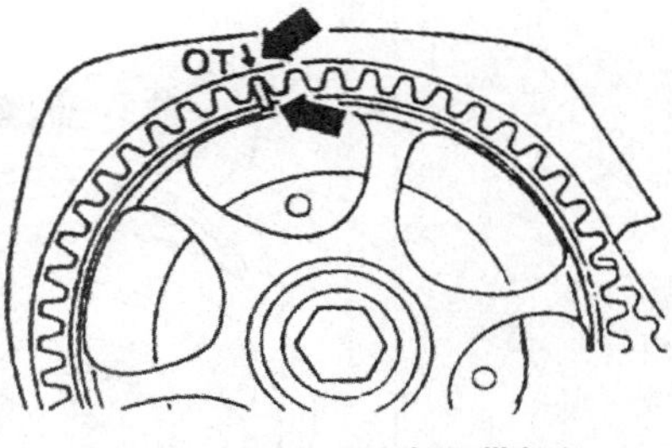　　　图 b　凸轮轴正时齿形带标记 2. 正时齿形带的安装（调整配气相位） 正时齿形带的安装可参照图 c 所示进行。图 c 为拆去正时齿形带上、中防护罩后的视图。凡是进行过与正时齿形带相关的修理工作后，都要按下述步骤对正时齿形带进行调整 （1）转动凸轮轴，使曲轴不在上止点的位置，以免损坏气门及活塞 （2）将凸轮轴正时齿带轮上的标记对准正时齿形带防护罩上的标记 （3）检查曲轴正时齿带轮上止点记号与参考标记是否对准 （4）将正时齿形带安装到曲轴正时齿带轮和水泵上，注意安装位置 （5）将正时齿形带安装到张紧轮和凸轮轴正时齿带轮上。注意半自动张紧轮的位置，定位块（如图 d 箭头所示）必须嵌入气缸盖上的缺口内

笔记

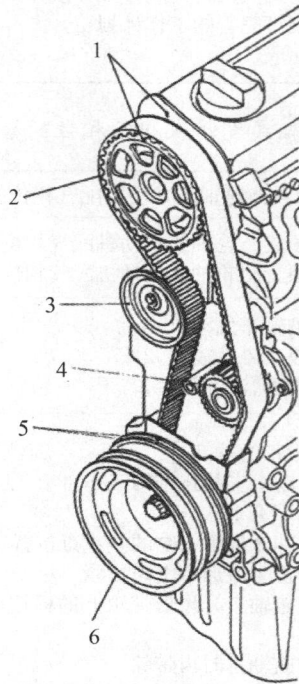

图 c　正时齿形带的安装

1—凸轮轴正时记号；2—凸轮轴皮带
轮；3—半自动张紧轮；4—水泵；5—曲
轴正时记号；6—曲轴皮带轮

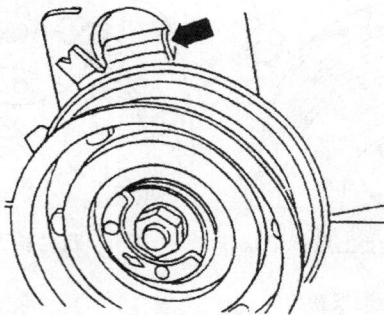

图 d　半自动张紧轮的位置

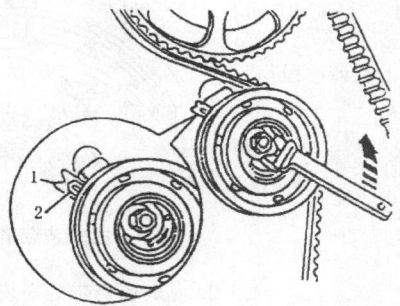

图 e　用专用工具安装半自动张紧轮

1—指针；2—缺口

(6) 将半自动张紧轮逆时针转动，直到可以使用专用工具（Matra V159）为止，如图 e 中
　　箭头所示。松开张紧轮，直到指针 1 位于缺口 2 下方约 10 mm 处。旋紧张紧轮，
　　直到指针 1 和缺口 2 重叠，将张紧轮上锁紧螺母以 15 N·m 的力矩拧紧
(7) 用手转动曲轴，检查并调整
(8) 安装正时齿形带下防护罩、曲轴正时齿带轮。正时齿形带上部和中间防护罩

（续表）

	3. 检查半自动张紧轮 当发动机前端位于维修工作台上,正时齿形带已安装并张紧时,拆下正时齿形带上防护罩,用拇指用力弯曲正时齿形带,指针 2 应该移向一侧,如图 f 所示。当放松正时齿形带时,张紧轮应该回到初始位置(缺口 1 和指针 2 重叠) 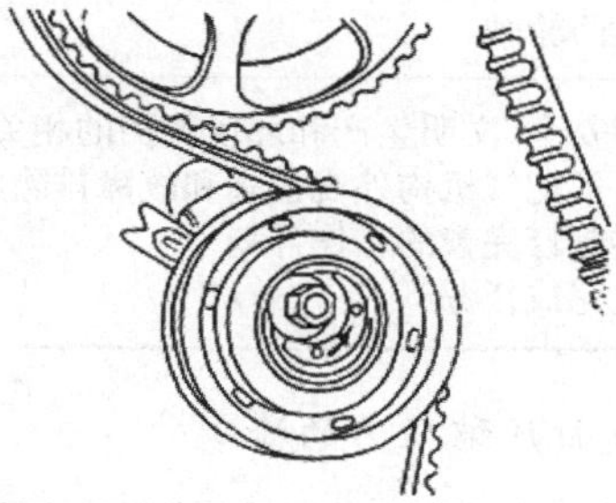 **图 f　检查半自动张紧轮**
注意事项	1. 具有安全、文明生产和环境保护的相关知识和技能 2. 具备了配气机构外观检查和故障排除的能力 3. 能够制订完善的工作计划 4. 独立完成任务

3. EQ 6100－1 型发动机配气相位的检查与调整

实训名称	EQ 6100－1 型发动机配气相位的检查与调整
实训目的	1. 理解配气相位检查与调整的基本原理 2. 掌握配气相位检查与调整的基本方法
实训仪器	1. EQ 6100－1 型发动机,2 台 2. 百分表及磁性表座,2 套 3. 其他工具、清洗用料,若干
实训过程	1. 配气相位的检测方法 (1) 将各缸进、排气门的气门间隙调整好 (2) 按发火顺序 1,5,3,6,2,4 摇转曲轴,先将第一缸的活塞处于排气终了位置。将支架百分表的侧头触及摇臂的上端,对准气门杆中心。转动百分表盘,使表针指 0 位。然后慢慢转动曲轴,至气门关闭,此时表针由 0 上升的刻度值,就是该气门的早开或迟闭的微开间隙。应该注意:顺时针旋转曲轴,排气门是逐渐关闭,进气门是逐渐打开。所以,测量排气门迟闭间隙,要顺时针旋转曲轴;测量进气门提前开间隙要逆时针转动曲轴。测量时做好记录并分析结果 2. 配气相位的调整方法 调整配气相位,要根据导致配气相位产生误差的因素和误差的情形,采取相应的调整措施: (1) 如果是个别气门开启、关闭的偏早或偏晚,可采取调整气门间隙的方法解决。纠正偏晚将气门间隙适当调小,纠正偏早将气门间隙适当调大 (2) 如果出现各缸进、排气门的微开量相比互有大小,且都不符合规定或超差,这种情形多为凸轮轴弯曲变形和凸轮磨损严重,应修磨或更换凸轮轴

（续表）

	（3）如果各缸的进气门都比排气门的大，这表明配气比标准早，应当推迟。反之，则表明配气比标准迟，应当适当提早。这时，可根据偏差的大小采取如下解决方法 ① 偏移凸轮轴键法 ② 凸轮轴正时齿轮轴向移动法 ③ 改变正时齿轮键槽位置法 ④ 更换凸轮轴
注意事项	1. 具有安全、文明生产和环境保护的相关知识和技能 2. 具备了配气机构外观检查和故障排除的能力 3. 能够制订完善的工作计划 4. 独立完成任务

4. 桑塔纳发动机气缸压缩压力的检测

实训名称	桑塔纳发动机气缸压缩压力的检测
实训目的	1. 理解气缸压缩压力的影响因素 2. 掌握气缸压缩压力的检测方法
实训仪器	1. 桑塔纳发动机，2 台 2. 气缸压力表和真空表，2 套 3. 其他工具、清洗用料，若干
实训过程	1. 气缸压缩压力的检测 （1）气缸压缩压力的检测步骤 检测气缸压缩压力使用的仪器为气缸压力表，检测步骤如下：①进行车内外防护：安装前格栅布、座椅套等；②发动机预热：确认驻车和空档位置，打开点火开关，起动发动机并保持怠速运转 3～5 min，使发动机达到正常工作温度（90℃左右），熄火后进行；③拆卸火花塞：拆卸发动机装饰罩，取下高压分缸线，拔下点火模块电插头，拔下喷油器电插头，拆卸火花塞；④检测发动机气缸压力：安装气缸压力表，确认驻车和空档位置，打开点火开关，起动发动机，运转 3～5 s，直至不再显示压力上升，读取气缸压缩压力值，重复读取 2～3 次，计算平均值 （2）气缸压缩压力的检测方法 ① 用气缸压力表可测量并记录下压缩冲程上止点时气缸的压缩压力。测量结束后，按下压力表的放气阀，表针便从所指示的最高压力处回到"0"位。测量时，应使发动机运转至正常温度（水温 80～90℃）后熄火进行。汽油机需要拆除全部火花塞，将阻风门与节气门全开，然后把气缸压力表的锥形橡皮头用手压紧在火花塞孔上，用起动机转动曲轴 3～5 s（曲轴转速为 150～180 r/min），记录下压力表指示的读数。柴油机可将压力表接在喷油器安装孔上，转速在 500 r/min 时测定 各缸测量次数不少于 2 次，取平均值。以发动机的海拔高度处在海平面时为准，在用车二级维护前：汽油机的气缸压力不低于原厂标准值的 85%；柴油机则不低于90%。对各缸压力差的要求是：汽油机不应超过各缸压力平均值的 10%，柴油机则不应超过 8% ② 用气缸压力测试仪检测。可采用压力传感器式气缸压力测试仪、起动电流或起动电压降式气缸压力测试仪、电感放电式气缸压力测试仪检测气缸压力 （3）检测结果对比分析 测得结果如低于原厂规定标准，可向该缸火花塞（或喷油器）孔内注入 20～30 mL 机油，然后重测一次气缸压力，如果： ① 第二次测出的压力比第一次高，接近于标准压力，则表明活塞气缸组密封不良 ② 第二次测出的压力与第一次差不多，则表明是气门或气缸垫密封不良

（续表）

	③ 如相邻两缸两次检测的压力都很低,则表明是两缸相邻处的气缸垫烧损窜气 2. 进气管真空度的检测 进气管真空度的变化与配气机构的技术状况、活塞气缸组的磨损以及点火系和供给系的调整有关。因此,通过测量进气歧管的真空度,就可以判断上述系统技术状况的好坏 通常用量程为 0～120 kPa 的汽车发动机检测专用真空表检测发动机进气管的真空度。真空表由表头和软管组成。软管的一头连接在表头上,测量时把另一头连接在进气管的接头上 检测前应将发动机预热到正常工作温度 进气管真空度随海拔升高而降低,海拔每升高 1 000 m,真空度将减小 10 kPa 左右。下面各条所列诊断标准为汽油发动机在相当于海平面高度时的数据。在实际检测时应根据所在地海拔高度修正诊断标准 ① 发动机怠速运转时,真空表指针稳定地指在 57.42～70.93 kPa 范围内表示密封性正常;气缸密封性检测、气缸磨损量测量:当迅速开启并关闭节气门时,指针能随之摆动在 67.6～84.44 kPa 之间,则进一步表明技术状况良好 ② 怠速时指针低于正常值,主要是活塞环、进气管或化油器衬垫漏气造成,也可能与点火过迟或配气过迟有关。此种情况若突然开大并关闭节气门,指针回落至零,且回跳不到 84.44 kPa ③ 怠速时指针在 50.66～67.55 kPa 之间摆动,表示气门黏滞或点火系有问题 ④ 怠速时指针在 33.78～74.31 kPa 之间缓慢摆动,且随转速升高而加剧摆动,表示气门弹簧弹力不足,气门导管磨损或气缸衬垫泄漏 ⑤ 怠速时指针在 40.53～60.80 kPa 之间缓慢摆动,表示化油器调整不良 ⑥ 怠速时指针逐渐下落至零,表示排气管系统阻塞 ⑦ 怠速时指针快速摆动,升速时指针反而稳定,表示进气门与气门导管磨损松旷
注意事项	1. 具有安全、文明生产和环境保护的相关知识和技能 2. 具备了配气机构外观检查和故障排除的能力 3. 能够制订完善的工作计划 4. 独立完成任务

【案例分析】

1. 本田雅阁 3.0 轿车配气机构故障

故障现象	本田雅阁 3.0 轿车故障,该车采用 V6 发动机、顶置凸轮轴、可调气门间隙式配气机构,它的行驶里程为 100 000 km。在行驶过程中,突然发现汽车无力,车身抖动,并有发动机不易起动的特点,在后排气管中会有火星冒出。在发动机进行低速运转时,会有异响,有节奏的"嗒嗒"声音,发动机的转速提高,声音也会越来越大,中速以上声音无规律、嘈杂
故障排除步骤	造成汽车这种现象的案例一般是进排气门在开启的时刻不准确造成的,同时也存在着凸轮、推杆磨损造成气门间隙过大的可能,如果气门太小,密封不严也会造成这种情况的出现
维修处理意见	调整气门间隙 最终经过确认,故障原因为气门间隙过大,造成气门在开启时传动组的零件和气门间产生的冲击,造成声音异响

2. 上海大众桑塔纳 3000 配气机构故障

故障现象	上海大众公司制造的桑塔纳 3000 型轿车,行驶里程 60 000 km,怠速轻微抖动,挂倒档抖动增大
故障排除步骤	1. 用 VAS 5051 检测 01-08-16 数据块,看到 4 缸失火 40 余次,1,2,3 缸没有失火记录。分析是 4 缸点火线圈或喷油器故障,但将 1 缸的点火线圈和喷油器与 4 缸对调后故障仍旧。测量 1,2,3 缸的气缸压力均为 11~12 bar(1 bar=100 kPa),测量 4 缸压力 7 bar,此值低于下限值 2. 由此怀疑 4 缸气门关闭不严,混合气不能充分燃烧,做功差。使用 VAS 5051 查询到 4 缸失火,这是控制单元根据 4 缸活塞在做功冲程比其他 3 个缸速度慢而作出的判定,其原因不仅是 4 缸没点火,也可能是没喷油或压缩压力低。根据对气缸压力的测量结果分析,本机是 4 缸压缩压力低
维修处理意见	检查气门 拆卸气缸盖,发现 4 缸有 1 个排气门烧蚀,进气门上也有大量积炭。此车行驶 60 000 km 未做过喷油器和进气道清洗,分析排气门烧蚀原因是由于积炭影响散热,导致排气门烧蚀。更换烧蚀的排气门,试车一切正常

3. 一汽大众速腾 1.6AT 配气机构故障

故障现象	一汽大众公司制造的速腾 1.6AT,行驶里程 5 万 km,怠速不稳,在 500~800 r/min 之间游动;有时熄火;加速时有缺缸现象。据车主反映此现象是突然出现的
故障排除步骤	用 1552 调取发动机故障,有两个故障码:17966,节气门电位计 G186 电路故障;16516,工作台 1 个传感器(氧传感器)电压太大 首先用断油方式检查缺缸现象,发现 1 缸不工作;检查火花塞,上面有油渍且汽油味浓。在检查确认高压线无故障后更换火花塞,启动后发动机没有明显好转。再次拆下火花塞看到和刚才一样,火花塞有油渍,这说明 1 缸不工作 用汽缸压力表测量 4 个缸的缸压,均在 1.1 MPa,属于正常。更换点火线圈,还是没能解决问题。这时考虑可能是喷油器喷油过多造成混合气过浓,汽油不燃烧。于是拆下喷油器检测,4 个缸的喷油器雾化良好,没有滴漏现象,进气歧管内没有积炭,因此排除了喷油器故障 用 V. A. G. 1318 测量汽油泵压力也在正常范围。用试灯检查喷油器线束供电情况,也没问题 用 1552 读取发动机数据块,01-08-002 的第 2 区发动机负荷在 17.6~26.6 之间,3 区喷油时间在 4.1~15.4 ms 之间,显示组 003 的 3 区节气门开度在 3.9%~14.1% 之间,氧传感器数据显示过浓 经过常规检查,确定控制的电路及油路都正常的情况下,决定解体发动机。拆下气门室盖,检查气门行程时,意外发现 1 缸排气门弹簧从底部折断
维修处理意见	更换气门弹簧 由于是 1 缸排气门弹簧从底部折断 2 圈左右,气门弹簧还有一定的弹力,当测量气缸压力时,由于发动机转速较低,相对来说气门关闭的时间较长,所以检查汽缸压力在正常范围内。而发动机起动后,由于转速较快,发动机排气门不能及时关闭,造成 1 缸不工作。发动机控制单元检测到负荷增加,延长喷油时间,氧传感器将检测到的混合气过浓信号反馈给发动机控制单元,发动机控制单元又将节气门开度增大,造成怠速忽高忽低

【学后测评】

1. 名词解释

(1) 充气效率。

(2) 双排气系统。

(3) 气门组。

(4) 同名凸轮。

(5) 无声摇臂。

2. 问答题

(1) 配气机构的功用是什么？由哪两部分组成？

(2) 试比较凸轮轴下置式、中置式和上置式配气机构的优缺点？

(3) 什么是气门间隙？气门间隙过大过小有何危害？

(4) 什么是配气相位？画出进、排气门的配气相位图。

(5) 试述液压挺柱的工作过程。

项目 4　汽油机燃料供给系的构造与检修

【情景导入】

一辆桑塔纳轿车发动机起动困难,经技术人员检测得知是燃油压力过低所导致。要解决这一问题我们必须先要了解燃油供给系统的工作原理及其组成,根据燃油供给系统的工作原理和故障现象来判断产生该故障的原因。

【学习目标】

(1) 掌握汽油机燃料供给系统的功用、类型。
(2) 了解可燃混合气浓度及其对发动机性能的影响;发动机各种工况对混合气浓度的要求。
(3) 掌握电控喷射式汽油发动机燃料供给系统的功用、组成、工作原理、类型、优点。
(4) 掌握燃油供给系统各主要装置的功用、构造与检修。
(5) 能熟练诊断排除电控燃油喷射系统常见故障。

任务 4.1　汽油机燃料供给系概述

【任务描述】

一辆桑塔纳3000型轿车发动机,低速运转较好,急加速时转速升高过迟,动力不足,且发动机有明显的抖动现象,而此时故障灯不良。初步诊断为混合气过稀所致。

【知识准备】

4.1.1　汽油机燃料供给系统的作用和分类

汽油机燃料供给系统的作用是将空气与雾化后的汽油充分混合,向发动机提供可燃混合气,并对可燃混合气的供给量及其浓度进行有效的控制,使发动机在各种工况下都能连续稳定运转,同时将燃烧后的废气经净化处理后排入大气。汽油机燃料供给系统按照可燃混合气形成方式不同分为化油器式和电喷式两种。目前,化油器式汽油机由于其动力性、经济性和排放性能较差已被淘汰。

4.1.2　可燃混合气简介

1. 可燃混合气浓度的表示方法

混合气中空气与燃油的比例称为可燃混合气成分或可燃混合气浓度,通常用空燃比 R

和过量空气系数 α 两种方法表示。

1) 空燃比 R

空燃比就是混合气中所含空气质量(kg)与燃料质量(kg)的比值。即

$$R = 空气质量(kg) / 燃油质量(kg)$$

理论上 1 kg 汽油完全燃烧需要 14.7 kg 空气,即空燃比 $R=14.7$ 的为理论混合气;$R<14.7$ 的为浓混合气;$R>14.7$ 的为稀混合气。

2) 过量空气系数 α

过量空气系数是指燃烧过程中实际供给的空气质量与理论上完全燃烧所需的空气质量之比,也等于实际空燃比与理论空燃比数值之比,用字母 α 来表示:

(1) 当 $\alpha=1$ 时,即理论混合气(又称标准混合气)。

(2) 当 $\alpha<1$ 时,即为浓混合气。

(3) 当 $\alpha>1$ 时,即为稀混合气。

2. 可燃混合气成分对发动机性能的影响

可燃混合气的浓度对发动机的动力性和经济性有很大的影响(见图 4-1)。通过试验证明,发动机的功率和耗油率都是随着过量空气系数 α 变化而变化的。

(1) 理论混合气($\alpha=1$)。理论上,对于标准混合气而言,所含空气中的氧正好足以使汽油完全燃烧,但实际上,由于时间和空间条件的限制,汽油不可能及时地与空气绝对均匀地混合实现完全燃烧。

(2) 稀混合气($\alpha>1$)。混合气中,有适量较多的空气,正好满足完全燃烧的条件,此混合气称为经济混合气,对于不同的汽油机经济混合气成分不同,一般在 $\alpha=1.05\sim1.15$ 范围内。若混合气过稀($\alpha>1.15$),因空气量过多,燃烧速度减慢,热量损失加大,将导致发动机过热、动力性和经济性变差。当 $\alpha=1.3\sim1.4$ 称为火焰传播下限,混合气不燃烧,发动机不工作。

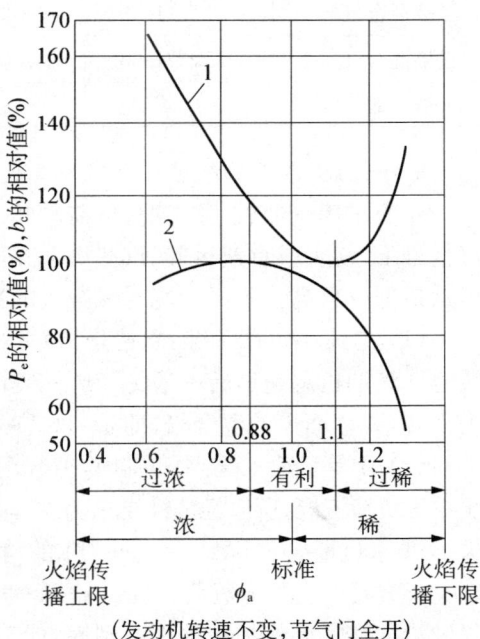

(发动机转速不变,节气门全开)

图 4-1　混合气成分对发动机性能的影响

1—燃油消耗率;2—功率

(3) 浓混合气($\alpha<1$)。由于这种混合气中汽油含量较多,汽油分子密集,因此,燃烧速度最高,热损失最小,因而使得缸内平均压力最高,功率最大,此混合气称为功率混合气。对不同的汽油机来说,功率混合气一般在 $\alpha=0.85\sim0.95$ 之间。功率混合气中空气相对较少,不能完全燃烧,因此经济性较差。若混合气过浓($\alpha<0.88$)则燃烧很不完全,产生大量的 CO,造成气缸盖、活塞顶和火花塞积炭,排气管冒黑烟,甚至废气中的一氧化碳可能在排气管中被高温废气引燃,发生排气管"放炮"。混合气浓到 $\alpha=0.4$ 时,可燃混合气虽然能着火,但火焰无法传播,发动机熄火,所以 $\alpha=0.4$ 称为火焰传播上限。

从以上分析可知,发动机正常工作时,所用的可燃混合气 α 值,应该在获得最大功率和获得最低燃油消耗率之间,在节气门全开时,α 值的最佳范围为 0.85～1.15 范围内,一般在节气门全开条件下,$\alpha=0.85～0.95$ 时,发动机可得到较大的功率,当 $\alpha=1.05～1.15$ 时,发动机可得到较好的燃料经济性,所以当 α 在 0.85～1.15 范围内,动力性和经济性都比较好,即 P_e 较大,g_e 较小。

表 4-1   可燃混合气成分对发动机性能的影响

混合气种类	过量空气系数 α	发动机功率	油耗率	备　注
火焰传播上限	0.4			混合气不燃烧、发动机不能工作
过浓混合气	0.43～0.87	减小	显著增大	燃烧室积炭、冒黑烟、排气管放炮
功率混合气	0.88	变大	增大 18%	发动机加速性能最好
标准混合气	1.0	减小 2%	增大 4%	发动机加速性能较好
经济混合气	1.11	减小 8%	最小	发动机经济性能最好
过稀混合气	1.12～1.33	显著减小	显著增大	发动机过热、加速变坏
火焰传播下限	1.4			混合气不能燃烧、发动机不能工作

3. 汽油机各种工况对可燃混合气成分的要求

作为车用汽油机,其工况(负荷和转速)是复杂的,例如,超车、刹车、高速行驶、汽车在红灯信号下,起步或急速运转、汽车满载爬坡等,工况变化范围很大,负荷可从 0→100%,转速可从最低→最高。不同工况对混合气的数量和浓度都有不同要求,具体要求如下:

(1)急速小负荷工况:急速是指发动机对外无功率输出,节气门开度为零时的最低稳定转速。汽油机急速运转一般为 300～700 r/min,转速很低,汽油雾化不良,燃烧速度慢,热损失大,需要浓而少的混合气,即 $\alpha=0.7～0.9$,以保持发动机稳定运转。

(2)中等负荷工况:中负荷时,节气门开度为 25%～85%,由于发动机大部分工作时间处于中等负荷工况,所以经济性要求为主。由于气缸内新鲜混合气多,废气少,燃烧速度快,热损失小,要求过量空气系数 $\alpha=0.9～1.1$ 的稍稀的混合气,以保证获得一定的动力和最经济的油耗。

(3)大负荷和全负荷工况:当汽车需要克服很大阻力(如上陡坡或在艰难路上行驶)时,驾驶员往往需要将加速踏板踩到底,使节气门全开,发动机在全负荷下工作,显然要求发动机能发出尽可能大的功率。为提高混合气燃烧的速度,保证动力性,应供给能使发动机获得最大功率的多而浓的混合气($\alpha=0.85～0.95$)。

(4)起动工况:发动机起动时,由于发动机处于冷车状态,混合气得不到足够的预热,汽油蒸发困难。同时,由于发动机转速较低,燃油雾化质量差,绝大部分呈油粒状态。混合气中的油粒会因为与冷金属接触而凝结在进气管壁上,不能随气流进入气缸。因而使气缸内的混合气过稀,无法引燃,因此,要求供给极浓($\alpha=0.2～0.6$)的混合气进行补偿,从而使进入气缸的混合气有足够的汽油蒸汽,以保证发动机得以起动。

(5)暖机工况:指从发动机起动运转到正常运转的过程。在该阶段,混合气浓度从发动机起动时的极浓混合气过渡到急速时的较浓混合气,混合气量从起动流量过渡到急速时流量的过程。

（6）加速工况：发动机的加速是指节气门突然开大，以期发动机转速迅速提高。当驾驶员猛踩踏板时，节气门开度突然加大，空气流量和流速均随之增大。汽油供油量，也有所增大。但由于汽油的惯性大于空气的惯性，所以瞬时汽油流量的增加比空气的增加要小得多，致使混合气过稀。另外，在节气门急开时，进气管内压力骤然升高，同时由于冷空气来不及预热，使进气管内温度降低，不利于汽油的蒸发，致使汽油的蒸发量减少，造成混合气过稀，结果就会导致发动机不能实现立即加速，甚至有时还会发生熄火现象。为了改善这种情况，就应该采取强制方法，在节气门突然开大时，强制多供油，额外增加供油量，及时使混合气加浓到足够的程度。

4.1.3 汽油机的燃烧过程

发动机动力性和经济性的高低取决于进入气缸的可燃混合气燃烧得是否及时完全。只有完全燃烧，燃料的热能才能充分利用获得最佳的经济性；燃烧得及时正常才能使气缸的最大压力发生在曲轴上止点后 10°左右，从而获得最佳的动力性。

1. 汽油机的正常燃烧过程

汽油机的正常燃烧过程如图 4-2 所示，分为着火延迟期、速燃期和补燃期三个阶段。

（1）着火延迟期：气缸内的混合气在压缩过程中，其压力和温度逐渐升高。当压缩到上止点前某一时刻时（θ 为点火提前角），点火系统通过火花塞产生高压电火花，火花能量首先使电极附近的混合气氧化反应加快，同时释放出的热量又使混合气的温度升高，氧化反应急剧加速。当这种反应达到一定程度时，在火花塞电极周围形成火焰中心。从火花塞电极跳火到形成火焰中心为止的这段时间所对应的曲轴转角，称为着火延迟期，如图 4-2 中的 I 阶段所示。此期间混合气的燃烧很少，对气缸内的温度和压力影响不大，其过程曲线与压缩过程曲线相差不大。

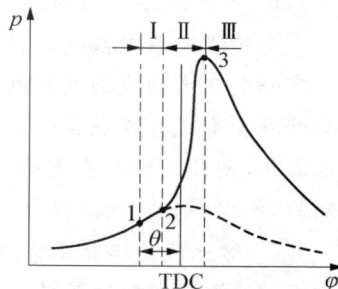

图 4-2 汽油机正常燃烧过程

1—火花塞跳火；2—缸内压力线偏离纯压缩线的始点；3—缸内最高压力点；θ—点火提前角；I—着火延迟期；II—速燃期；III—补燃期

（2）速燃期：火焰中心形成后，火焰前锋以 20～30 m/s 的速度向四周迅速扩散，直到掠过整个燃烧室，缸内混合气迅速燃烧，混合气燃烧放出的热量多而且速度快，压力明显上升，很快出现很陡的尖峰。从火焰中心形成到气缸出现最高压力为止，大部分燃料在这一阶段燃烧。其所对应的曲轴转角称为速燃期，如图 4-2 中的 II 阶段所示。

（3）补燃期：由于混合气中的汽油蒸发不良以及与空气混合不均匀，部分较大的颗粒在火焰前锋掠过时，由于表层的燃油被燃烧，仍有部分燃油需在膨胀过程继续燃烧。由于膨胀过程中，工质温度下降，热分解产物又可继续燃烧、放热，这就形成了补燃期，如图 4-2 中的 III 阶段所示。由于补燃期气缸容积已明显扩大，燃烧放出的热量产生的压力比速燃期低得多，因此补燃期产生的热量不能有效地转换为机械能，反而使排气温度上升，热效率下降。因此，应尽可能缩短补燃期。

2. 汽油机的不正常燃烧

不正常燃烧包括爆震燃烧（简称爆震或爆燃）和表面点火。

（1）爆燃：指燃烧室内末端的混合气，在火焰前锋到达前产生的自燃现象。末端的混合气

笔记

在已燃混合气的强烈压缩和热辐射作用下，其温度和压力都急剧升高，当火焰前锋到达前，形成一个或多个因自燃产生的火焰中心，引起爆炸式的燃烧反应，发出尖锐的金属敲击声。

轻微的爆燃是允许的。剧烈的爆燃是有害的，它使散热量增大，发动机过热，从而导致活塞烧结、活塞环粘着、轴承破坏和气门烧蚀等。爆燃还会使排气冒黑烟，排气温度升高，发动机功率和热效率下降。

增大压缩比、进气温度高等任何促使末端混合气温度升高的因素和转速下降、点火提前角过大等增大末端混合气反应时间的因素，都会引发爆燃。

（2）表面点火：表面点火不是由火花塞的电火花点火，而是由炽热表面（如排气门头部、炽热的积炭等）点燃混合气而引起的不正常燃烧现象。在火花塞正常点火前的表面点火称为早火，火花塞正常点火后的表面点火称为后火。表面点火不受点火系统的控制，使燃烧过程不稳定、工作粗暴，从而使发动机的动力性、经济性下降。

【知识链接】

1. 可燃混合气的形成

电控燃油喷射系统混合气的形成是在进气管或气缸中进行的。喷油器将来自供油系统具有一定压力的汽油喷射到进气门前方的进气歧管内，与来自空气供给系统的新鲜空气在缸外混合形成可燃混合气，进入气缸被点燃做功。由于汽油是从细小的喷嘴喷出，可以充分地雾化，因此能够与空气均匀地混合，形成良好的可燃混合气；而且由于喷油量是由电脑控制的，所以混合气的浓度是最佳的。

2. 防止汽油机非正常燃烧的措施

（1）按要求加注燃料。

各型号的汽车都要求选用规定牌号的标准汽油（目前，我国车用汽油有90号、93号和97号三种牌号）。如选用的汽油比规定牌号低，则容易爆燃，造成机件损坏、如牌号高于规定牌号，则发动机功率下降，也不经济。

（2）点火正时。

要选择合适点火正时。如点火过早，则容易发生爆燃，造成机件损坏；如牌号高于规定牌号，则发动机功率下降，经济性变差。

（3）加装爆震传感器。

现代电控燃油喷射系统都加装了爆震传感器。当发动机爆震时，传感器感受到爆震，将爆震转换成电信号，输送给点火控制器或计算机，点火控制器或计算机接收到信号后，自动推迟点火（减小点火提前角），从而避免了爆震。

【知识拓展】

1. 车用汽油的规格与选用

（1）汽油的规格：目前使用的有车用无铅汽油和车用乙醇汽油两大类。车用无铅汽油的牌号有90，93，95，97，98等，牌号越大，辛烷值越高，抗爆燃能力越强。车用乙醇汽油是在汽油中按体积比加入一定比例的变性燃料乙醇混合而成的一种车用燃料，在汽油牌号前加E表示，如E93、E97等。

（2）车用汽油的选用：汽油的质量直接影响发动机的技术状况和排放性能，因此应选择符合国家质量标准的产品，按厂家说明书推荐选择牌号。选择汽油牌号时，还应考虑：

① 根据发动机的压缩比选择汽油牌号，压缩比越大，要求汽油牌号越高。一般压缩比在 9.0 以下，推荐选用 90 号汽油；压缩比≥9.0，推荐选用 93 号汽油；压缩比≥10 时，推荐选用 97 号以上牌号的汽油。

② 电喷燃油系统应使用无铅汽油，否则会影响氧传感器的工作，并导致三元催化器铅中毒，使其工作失常。

2. 影响混合气燃烧过程的因素

（1）点火提前角。

点火提前角增大，缸内最高压力及温度增加，热辐射增强，爆燃倾向增加。因此，要避免爆燃的产生往往要减小点火提前角。

（2）混合气浓度。

当过量空气系数 $\alpha = 0.8 \sim 0.9$ 时，火焰传播速度最大，着火延迟期短，速燃期提前，爆燃倾向增加。因此混合气由稀变浓时，爆燃倾向增大。为避免爆燃，点火提前角应减小。

（3）汽油辛烷值。

汽油的辛烷值越高，其抗爆能力越强；辛烷值降低，爆燃倾向增大。

（4）负荷和转速。

负荷增大，节气门开度增大，新鲜空气多，火焰传播快，缸内最高压力及温度增加，热辐射增强，爆燃倾向增加。

转速增加，火焰传播速度加快，由于易产生爆燃的部位在自燃准备尚未完成前，火焰已经达到，爆燃倾向减弱。

（5）压缩比。

压缩比增加，缸内最高压力及温度增加，热辐射增强，爆燃倾向增加。

（6）燃烧沉积物。

附着在燃烧室壁面的燃烧沉积物相当于热源，对混合气起加热作用，爆燃和表面点火的倾向越大。

任务 4.2　电控燃油喷射系统的构造与检修

【任务描述】

起动机能够带动发动机正常运转，有明显的着车征兆，但发动机不易起动；或需要连续多次才能起动发动机；或需要起动机长时间运转才能起动发动机。

【知识准备】

4.2.1　电控燃油喷射系统的组成及工作原理

1. 电控燃油喷射系统的优点

（1）汽油雾化好，混合气质量高，各缸分配均匀，燃烧效率高。

（2）进气阻力小，充气性能好，充气效率高。

（3）冷起动性和加速性能好。

（4）对大气压力或外界环境温度变化适应性好；发动机在任何工况下都能处于最佳工作状态。

（5）能迅速减速断油，限速断油。

（6）可采用较高的压缩比。

（7）节约燃油，减少排气污染。

2. 电控燃油喷射系统的组成

电控燃油喷射系统由燃油供给装置、空气供给装置、电子控制系统三部分组成。燃油供给装置：包括汽油箱、电动汽油泵、进油管、燃油滤清器、燃油压力调节器和喷油器等，用以完成汽油的输送、滤清，并以一定的压力喷射到气缸内或进气歧管内。空气供给装置：包括空气滤清器、空气流量计、节气门位置传感器和节气门体等用以清洁和计量进入气缸的空气。电子控制系统：ECU 依据传感器输送的信息，精确控制喷油量。

3. 电控燃油喷射系统的工作原理

如图 4-3 所示，汽油在电动汽油泵的作用下，将汽油从油箱中吸出，加压以后经进油管送入燃油滤清器，滤除其中的杂质后送入燃油分配管。ECU 依据空气流量计、转速传感器和水温传感器等的信号，进过计算、分析、比较之后控制喷油器将燃油定时、定量、定压地喷入进气歧管，与经空气滤清器滤清后的新鲜空气混合进入气缸，多余的汽油经回油管流回油箱。进入气缸的混合气被火花塞发出的电火花点燃，燃烧做功，产生的废气经排气管排至大气中。

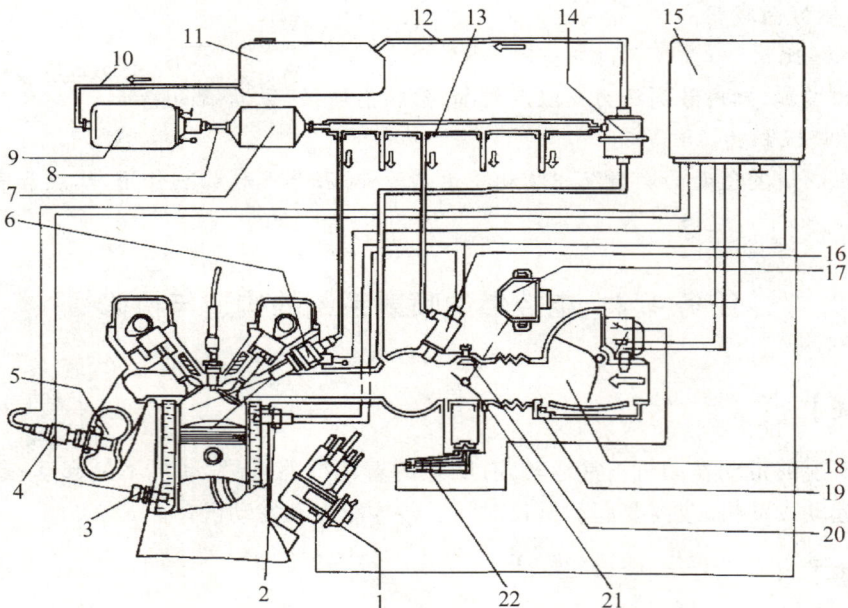

图 4-3 燃油喷射系统工作原理

1—点火分电器；2—热定时器；3—发动机温度传感器；4—氧传感器；5—废气管；6—喷油器；7—汽油滤清器；8—供油压力管；9—电动汽油泵；10—吸油管；11—汽油箱；12—回油管；13—分配管；14—压力调节器；15—电子控制器；16—冷起动阀；17—节气门开关；18—空气流量计；19—怠速混合气调节螺钉；20—怠速转速调节螺钉；21—节气门；22—附加空气阀

为便于控制喷油量,使喷油量的多少只取决于喷油器的开启时间,供油系统内还设有燃油压力调节器,其作用是保证燃油管内的压力和进气歧管内的压力差始终保持恒定。

为降低排气污染,提高发动机的经济性,排气管内还装有氧传感器,用以检测排气中的氧含量,以修正空燃比。

另外,在温度较低时,汽油不易蒸发,混合气形成较困难,造成怠速不稳,为加快暖机过程,还设有怠速控制阀。当发动机水温低时,怠速控制阀开度最大,进气量增加,ECU 控制喷油器使喷油量增加,怠速提高;随着水温的升高,怠速控制阀开度逐渐减小,进气量和喷油量也相应减小,怠速逐渐降低,直至达到正常怠速。

4.2.2　汽油喷射系统类型

(1) 按喷油器安装位置:单点喷射(SPI),也称节气门体喷射(TBI)和多点喷射(MPI),如图 4-4 所示。

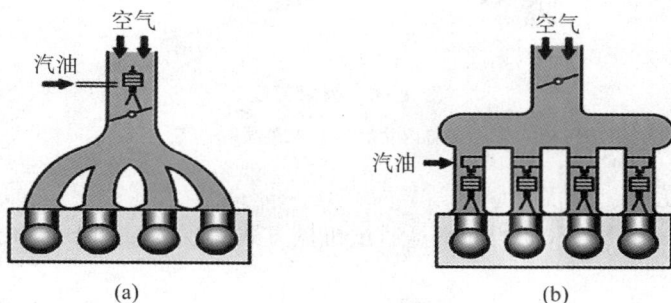

图 4-4　单点喷射和多点喷射

(a) 单点喷射　(b) 多点喷射

(2) 按喷射时序(见图 4-5):

图(a)同时喷射:所有喷油器同时喷油。

图(b)分组喷射:两个喷油器同时喷油。

图(c)顺序喷射:按各缸进气行程的顺序轮流喷射。

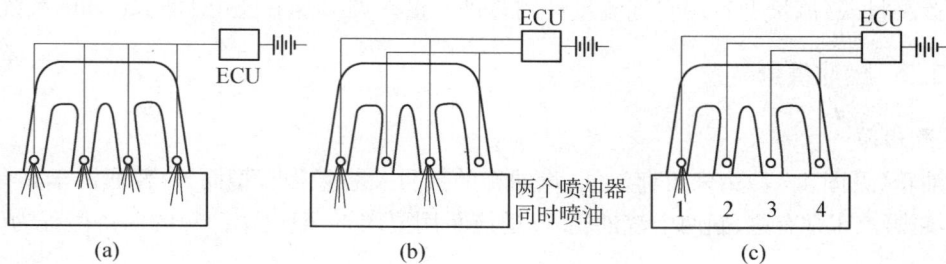

图 4-5　喷油器喷射顺序

(3) 按喷油方式:

连续喷射:多用于机械式或机电结合式汽油喷射系统,喷油量大小不取决于喷油器。

笔记

间歇喷射:广泛应用于现代电控汽油喷射系统,喷油量大小取决于喷油器喷油阀开启时间。

(4) 按喷射部位(见图 4 - 6):

缸内喷射:汽油直接喷射入气缸内(目前应用少),需要较高喷射压力(约 3~5 MPa),喷油器结构和布置比较复杂。

缸外喷射:将喷油器安装在进气管或歧管上,喷射压力低(约 0.20~0.35 MPa)

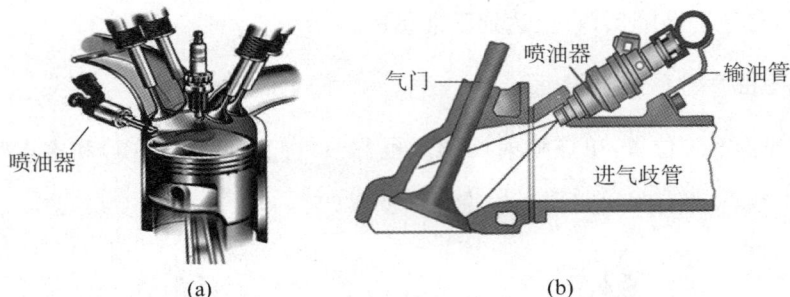

(a)　　　　　　　　　　　(b)

图 4 - 6　喷射部位

(a)缸内喷射　(b)缸外喷射

(5) 按控制装置:

机械式汽油喷射系统:汽油的计量是通过机械方式实现的。如 Bosch 公司 K - Jetronic 系统。

机电结合式汽油喷射系统:汽油的计量是通过机械和电液方式实现的。如 Bosch 公司 KE - Jetronic 系统。

电控式汽油喷射系统:汽油的计量是通过电控单元和电磁喷油器实现的。如 Bosch 公司 Motronic 系统。

(6) 按空气量检测方式:

间接测量式(压力型):将歧管绝对压力和转速信号输送到 ECU 计算出进气量。如 Bosch 公司 D - Jetronic 系统。

直接测量式(流量型):用空气流量计测量进气量。如 Bosch 公司 L - Jetronic 系统。

4.2.3　燃油供给装置

1. 汽油箱

汽油箱(见图 4 - 7)用来贮存汽油,汽油箱的数目及容量因车型而异,普通汽车具有一个汽油箱,越野汽车常有主、副两个汽油箱,以适应军用要求,一般汽车油箱的储备里程为 200~600 km。

通常用薄钢板冲压后焊成,在内壁上镀锌或者镀锡,装有油量传感器。

为防止密封汽油箱内压力过大,油箱盖上常有空气阀和蒸气阀,油箱内液面减低而产生真空时(98 kPa),空气阀起作用;外界温度高,油箱内由于汽油蒸汽而压力过大时(120 kPa),蒸汽阀起作用,如图 4 - 8 所示。

图 4-7 汽油箱

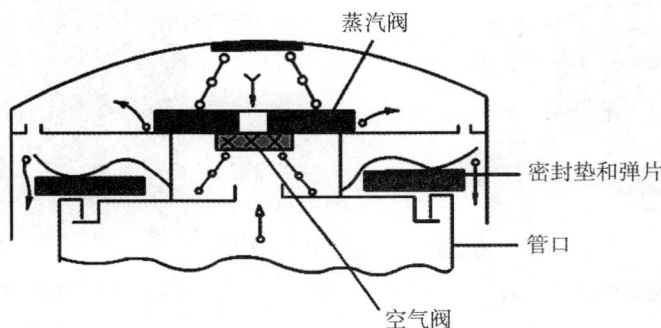

图 4-8 汽油箱盖

2. 汽油滤清器

汽油从汽油箱进入汽油泵之前,先经过汽油滤清器除去其中的杂质和水分,以减少汽油泵等部件的故障。如图 4-9 所示,汽油滤清器主要由壳体、上盖、紧固螺丝和滤芯等组成。

汽油滤清器常见的类型有可拆式滤清器和不可拆式滤清器。可拆式汽油滤清器常用于客、货车。不可拆式汽油滤清器常用于轿车。

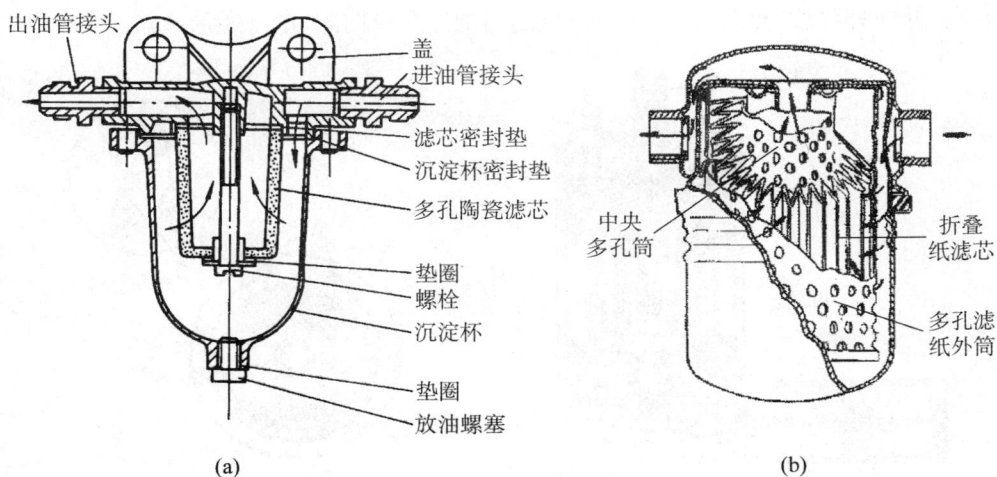

(a)   (b)

图 4-9 汽油滤清器

(a)可拆式滤清器 (b)不可拆式滤清器

汽油滤清器滤芯的类型分为好多种类,最常用的有纸质滤芯(广泛应用)、尼龙布滤芯、聚合粉末塑料和多孔陶瓷式滤芯。

3. 汽油泵

1) 汽油泵的作用及组成

汽油泵的作用是向燃油系统供给具有规定压力的燃油,压力值一般为 0.2～0.35 MPa。

汽油泵分为两类:机械驱动膜片式汽油泵和电动汽油泵,其中机械驱动膜片式汽油泵的构造如图 4-10 所示。

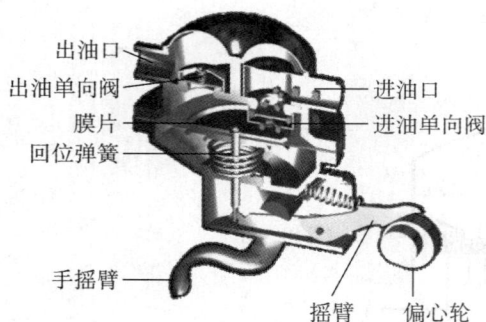

图 4-10　机械驱动膜片式汽油泵

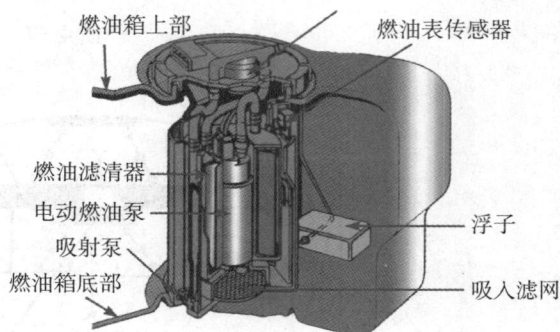

图 4-11　电动汽油泵

电动汽油泵装于油箱内部、浸泡在燃油中,是一种小型永磁直流电动机驱动的油泵,主要由永磁式电动机和泵两部分组成,如图 4-11 所示。

由图 4-11 可以看出,汽油流经电动机内部,对电动机有冷却作用,所以这种汽油泵又称为湿式泵。内装式燃油泵严禁在无油的情况下运转,以免烧坏。

2) 汽油泵的工作原理

电动汽油泵的工作原理(见图 4-12)是当电动机带动叶轮旋转时,在叶轮槽前后流体摩擦的作用下,叶轮槽处产生压力差,电动机连续拖动燃油泵旋转,使汽油泵内产生涡流,燃油压力升高,并向外释放,此后,燃油通过电枢的周围冲开单向阀,进入燃油管路。

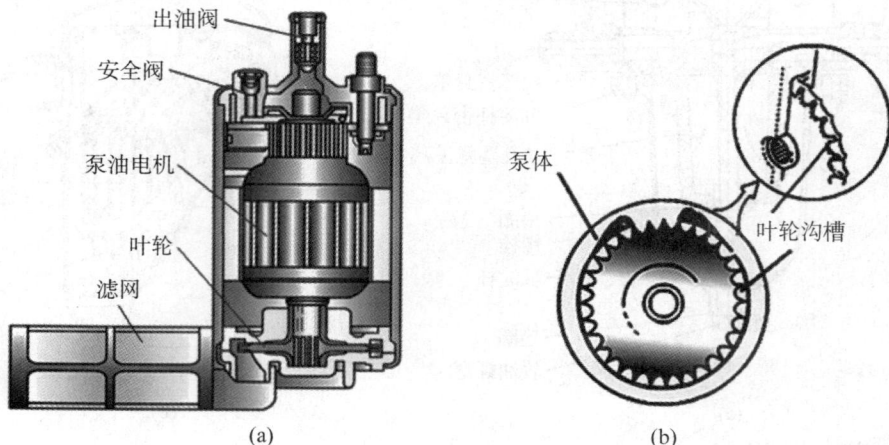

(a)　　　　　　　　　　　　　(b)

图 4-12　汽油泵的工作原理

(a)叶片泵结构　(b)工作原理

4. 燃油压力调节器

燃油压力调节器主要作用是使燃油供给系统的压力与进气歧管压力之差即喷油压力保持恒定。

1）结构

燃油压力调节器安装于燃油分配管上，其结构如图 4-13 所示，主要有壳体、膜片、回油阀门、弹簧和小弹簧等组成。膜片将油压调节器分成弹簧室和燃油室，膜片下端带有阀门，用以控制回油量的多少；弹簧室通过真空管与进气歧管相通，用以改变进气歧管压力的变化。

2）工作原理

发动机 ECU 对喷油量的控制是通过控制喷油器电磁线圈通电时间的长短来实现的。当燃油系统的绝对压力与喷油器喷油口处进气歧管的压力差不为定值时，喷油器电磁线圈通电时间即使相同，其喷油量也不相同。因此，为保证 ECU 对喷油量的精确控制，就必须保证燃油系统的绝对油压与喷油器喷油口处进气歧管的压力差恒定。

图 4-13　燃油压力调节器

当进气管压力减小时，油压调节器中的膜片克服弹簧的弹力向上弯曲，回油阀口开启，汽油经回油口流回汽油箱，使燃油供给系统的压力下降，但两者的压差保持不变。当进气管压力增大，膜片向下弯曲，将回油阀口关闭，回油终止，燃油供给系统的压力增大，使两者的压差仍然保持不变。如此反复，使两者的压差始终保持恒定，从而达到 ECU 对喷油量的精确控制。

5. 喷油器

（1）喷油器的功用：按电控单元指令将一定数量的燃油以雾状喷入进气管内，使燃油与空气混合形成可燃混合气。

（2）喷油器的结构：喷油器由电磁线圈、衔铁、回位弹簧、针阀、喷油器体等零件组成，如图 4-14 所示。该喷油器为上端供油两孔式喷油器，安装于各缸进气歧管末端，对准进气门喷油。在喷油器阀体与进气歧管的结合处有一 O 型密封圈，起密封作用，同时也起隔热作用，以防喷油器内燃油蒸发成气泡。在喷油器阀体与燃油分配管的结合处也有一 O 型密封圈，起密封作用。

（3）喷油器的工作原理：喷油器的喷油量取决于三个因素：喷油口截面的大小、喷油压差和喷油持续时间。对于一定型号的喷油器来讲，喷油口截面的大小是固定不变的，而喷油压差则由燃油压力调节器调节为定值，因此，喷油量只取决于喷油持续时间，即取决于喷油器电磁线圈的通电脉冲宽度。

喷油器相当于电磁阀，通电时电磁线圈产生电磁力，衔铁及针阀吸起，喷油器开启，汽油经喷孔喷入进气道或进气管；断电时电磁力消失，衔铁及针阀在复位弹簧的作用下将喷孔封闭，喷油器停止喷油。

针阀的升程为 0.1 mm，喷油持续时间在 2～10 ms 范围内。

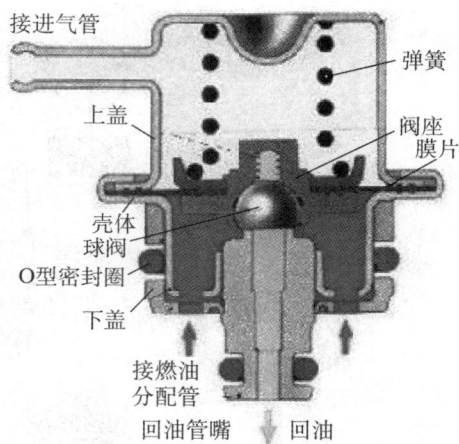

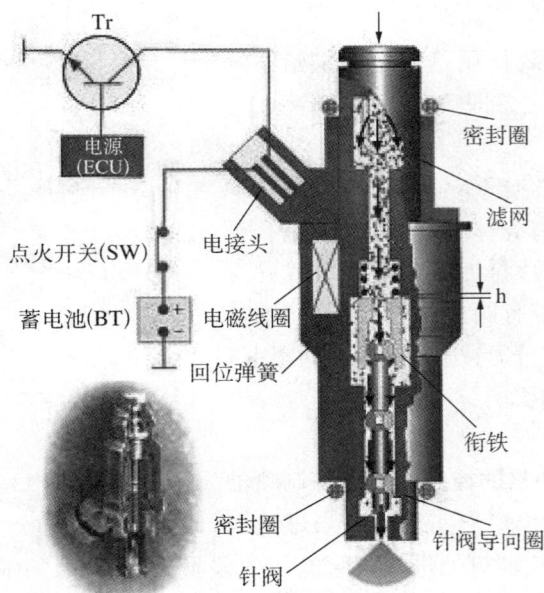

图 4 - 14　喷油器

4.2.4　空气供给装置

空气供给系统的作用是提供、测量和控制进入气缸的空气量。空气经空气滤清器过滤后,由空气流量计计量空气量,通过节气门体进入进气总管,再分配到各进气歧管,在进气歧管内与喷油器喷出的燃油混合形成可燃混合气,被吸入气缸内燃烧。

1. 空气滤清器

功用:滤除空气中的尘土和沙粒,保证进气清洁,以减少气缸、活塞和活塞环的磨损。

结构:空气滤清器一般由外壳、盖、滤芯及密封圈等组成(见图 4 - 15)。大部分汽油机的空气滤清器多采用纸质滤芯。纸质滤芯安装在空气滤清器外壳中,其上下端面是密封面,拧紧蝶形螺母,滤清器盖便将滤芯压紧,滤芯的上下密封面分别与空气滤清器外壳底部及空气滤清器盖的配合面贴紧密封。发动机工作时,空气经进气导流管进入滤芯四周,穿过微孔滤纸进入与进气道相通的滤芯中心,杂质被阻隔在滤芯的外围。

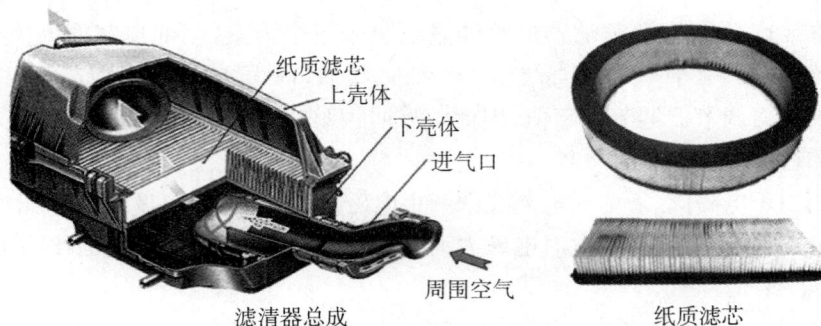

图 4 - 15　空气滤清器

2. 空气计量装置

（1）空气流量计：空气流量计是用来测量发动机的进气量的装置，将吸入气缸的空气量转换成电信号送至 ECU。

（2）进气压力传感器：利用进气压力间接测量发动机吸入的空气量。空气在进气歧管内流动时会产生压力变化，进气压力传感器就是通过检测进气歧管内空气绝对压力的变化，将其转换成电压信号，间接地测量进气量，并将电压信号与转速信号一起输送到电子控制装置，作为决定喷油器基本喷油量的依据。

3. 节气门体

节气门体由节气门、旁通气道等组成，如图 4-16 所示。节气门用来控制发动机正常运行工况下的进气量。由于 EFI 系统在发动机怠速时通常将节气门全部关闭，故设一旁通气道，以便在发动机怠速时供给少量空气。节气门位置传感器安装在节气门轴上，用以检测节气门开启角度。为了防止减速时节气门由全开到全闭，发动机产生不良冲突或熄火，有的节气门体上装有节气门缓冲器。为防止寒冷季节流经节气门体的空气中的水分在节气门体上冻结，有些节气门体上还设有冷却水进出水管对节气门体预热。

图 4-16　节气门体

4. 进气歧管

进气歧管的作用是将可燃混合气（汽油机）或空气（柴油机）分别送到各个气缸中。

进气歧管一般由铸铁或铝制成，通常布置在发动机的一侧。为保证进入各气缸的混合气（见图 4-17）。进气管包括进气总管和进气歧管，MPI（多点喷射）系统发动机为了消除进气产生的脉动，使各缸进气量均匀，所以在形状、容积等方面都对进气总管提出了严格设计要求。各缸分别设独立的进气歧管，进气歧管与进气总管可制成整体型和分体型，如图 4-17 所示。

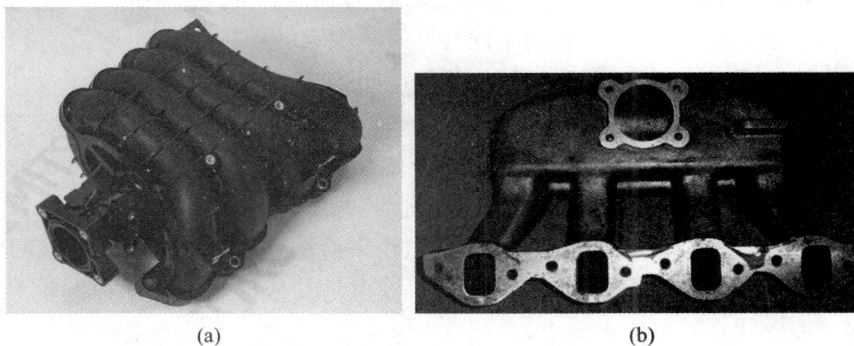

(a)　　　　　　　　　　(b)

图 4-17　进气歧管

(a) 整体式进气歧管　(b) 分开式进气歧管

4.2.5　电子控制系统

电子控制系统是电子燃油喷射系统的核心，主要由 ECU、各种传感器、执行器以及连接电路等组成如图 4 - 18 所示。

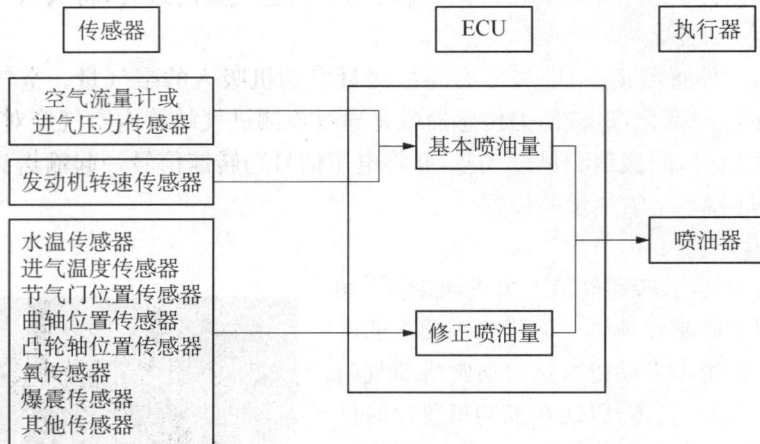

图 4 - 18　电子控制系统

1. 传感器

（1）空气流量计。空气流量计是用来测量发动机进气量的装置，将吸入气缸的空气量转换成电信号送至 ECU。

根据测量原理不同，空气流量计分为叶片式、卡门旋涡式和热线式三种。

（2）进气歧管绝对压力传感器。进气歧管绝对压力传感器检测进气歧管处压力的大小，ECU 根据进气歧管绝对压力和发动机转速间接地计算出进入气缸的空气量。

进气歧管绝对压力传感器的种类较多，按其检测原理可分为压敏电阻式、电容式、膜盒式、表面弹性波式等，但目前应用最广泛的是压敏电阻式和电容式。

（3）节气门位置传感器。节气门位置传感器安装在节气门体上，与节气门轴同轴设置。它将节气门开度转换成电压信号送到 ECU，ECU 根据节气门位置信号判别发动机的工况，如怠速工况、部分负荷工况及大负荷和全负荷工况等，并根据发动机不同工况对混合气浓度的要求来控制喷油时间，以实现节气门不同开度时喷油量的控制。

节气门位置传感器有触点开关式、线性可变电阻式和综合式三种。

（4）进气温度传感器。进气温度传感器用来检测进气温度，并将温度信号变换为电信号传送给 ECU。进气温度信号是各种控制功能的修正信号。如果进气温度传感器信号中断，就会导致发动机热起动困难，废气排放量增大。

（5）冷却液温度传感器。冷却液温度传感器用来检测冷却液的温度，向 ECU 输送温度信号。该信号是燃油喷射和点火正时的修正信号，也是其他控制系统的控制信号。冷却液温度传感器一般安装在气缸体水道上，或气缸盖水道上，或气缸盖出水管等处。

（6）曲轴/凸轮轴位置传感器。曲轴位置传感器是发动机集中控制系统最主要的传感器，用来控制发动机燃油喷射和确认点火时刻。

（7）爆震传感器。爆震传感器是点火时刻闭环控制必不可少的重要部件，其作用是将发动机爆震信号转换为电信号输送给 ECU，ECU 根据爆震信号对点火提前角进行修正，保持最佳的点火提前角。

（8）氧传感器。氧传感器用来向 ECU 反馈排气中氧浓度信号，以修正空燃比，达到降低排气污染的目的。

2. 电子控制单元

电子控制单元 ECU 是控制系统的核心，主要由输入回路、模数（A/D）转换器、微型计算机和输出回路组成。其作用是接受来自各传感器传来的各种信息，并对这些信息进行适时处理、修正后，确定基本喷油量，发出相应指令控制执行器的动作（喷油器喷油）。

3. 执行器

执行器主要是执行电控单元发出的各种指令，如喷油器。

【任务实施】

1. 燃油滤清器的更换

项目	实施内容	文字表述
燃油滤清器的更换	使用工具	
	操作方法	（1）拔出车辆钥匙，并断开车的油泵保险丝或断开车辆电源 （2）拆除后排座椅的坐垫以及油泵上的盖板 （3）使用专用工具拆卸油泵总成黑色卡环 （4）把新的汽油滤清器组件替换旧的汽油滤清器上的相应部件 （5）把更换好燃油滤清器的油泵总成装回到油箱中，装上油泵的固定卡环，并用专用工具按照维修手册上的标准扭力预紧卡环 （6）装上油泵线插以及油泵上的燃油管即可试车检查是否存在泄漏，如无泄漏则可安装座椅，有泄露的话要重装密封胶圈

2. 喷油器的检测

项目	实施内容	文字表述
喷油器的检测	使用工具	
	操作方法	（1）检查喷油器的工作情况 　　发动机热机后怠速运转，用听诊器接触喷油器测听各缸喷油器工作的声音，应能听到清脆而有节奏的"嗒嗒"声，并随发动机转速的升高而加快——这是针阀开闭时的工作声。若各缸喷油器工作声音清脆、均匀，则说明喷油器工作正常；若某缸喷油器工作声音很小，则可能是针阀卡滞；若某缸喷油器听不到声音，则说明该缸喷油器不工作，应检查喷油器及其控制线路 （2）喷油器电磁线圈电阻的测量 　　关闭点火开关，拔下喷油器的导线插头，测量喷油器两接线端子间的电阻值。喷油器在室温下电阻值为 $13\sim18\ \Omega$。达到发动机正常工作温度时电阻值会增加 $4\sim6\ \Omega$ （3）喷油器喷油量的检查 　　将喷油器安装在分配管上，用一根油管将车上的燃油滤清器出口与分配油管进口连接，另一根油管接回油管。用导线分别将喷油器与蓄电池连接，并用量杯测量一定时间内的喷油量，一般为（$50\sim70$）mL/15 s，具体参考各车型维修资料。每个喷油器应重复测量三次，相互间的喷油量差值应小于其喷油量的 10%，否则应更换

3. 空气滤清器的清洗和更换

项目	实施内容	文字表述
空气滤清器的清洗和更换	使用工具	
	操作方法	1. 确定空气滤清器的位置 2. 用螺丝刀将空气滤清器周边六个固定螺栓拧开取下 3. 拔下节气门软管 4. 拧松进气管卡箍。拔下发动机进气管 5. 取下空气滤清器上盖,取出空气滤清器的滤芯 6. 用高压风枪吹净空气滤清器滤芯(从滤芯背面向正面吹,如果更换滤芯则无需清洁,直接进入第7步) 7. 用拧干的湿布或高压风枪清洁空气滤清器壳体内壁 8. 安装清洁的(或新的)空气滤清器滤芯 9. 安装空气滤清器上盖,并拧紧空滤器固定螺栓 10. 连接进气管,并拧紧节气门软管卡箍 11. 连接节气门软管 12. 起动发动机,检查运行情况

4. 燃油压力和保持压力的检测(奥迪 4 缸发动机)

项目	实施内容	文字表述
燃油压力和保持压力的检测	使用工具	
	检测方法	1. 检查条件 (1) 燃油泵继电器正常 (2) 燃油泵正常 (3) 燃油滤清器正常 (4) 蓄电池电压正常 2. 拧开螺纹接头,用抹布擦净流出的燃油 3. 检查燃油压力 (1) 用接头 1318/11,1318/12 和 1318/13 将 V. A. G 1318 接到油管上 (2) 打开压力表上的开关,阀杆指向油流方向 (3) 起动发动机,使之怠速运转 (4) 测量燃油压力,规定值约为 0.5 MPa 4. 拆下真空软管。从压力调节器上拔下真空软管。此时燃油压力应增至 0.4 MPa 5. 检测压力下降 (1) 重新接上真空软管 (2) 关闭点火开关 (3) 观察压力表上压力下降 10 min 后,保持压力不低于 0.25 MPa 如果保持压力低于 0.25 MPa,则: A. 起动发动机,使之怠速运转 B. 建立起油压后,关闭点火开关,同时关闭 V. A. G 上的开关阀 C. 观察压力表上的压力下降 如果压力没有下降,可能有以下故障: A. 燃油压力调节器损坏

（续表）

项目	实施内容	文字表述
		B. 喷油器泄漏 C. 开关阀后压力表螺纹连接部件损坏 若压力再次下降，可能有以下原因： A. 压力表与供油管间泄漏 B. 油箱上的供油管泄漏 C. 燃油泵上的单向阀泄漏

【技能训练】

1. 燃油压力调节器的检查

实训名称	燃油压力调节器的检查
实训目的	掌握燃油压力调节器的结构及工作原理 掌握燃油压力调节器的检查方法
实训仪器	常用工具、工作台、油压表、整车
实训过程	1. 燃油压力调节器的就车检查 （1）燃油压力调节器工作情况的检查：检查时用油压表测量发动机怠速运转时的燃油压力，然后拆下调节器上的真空软管。这时燃油压力应升高 50 kPa 左右，否则应更换 （2）燃油压力调节器保持压力的检查：检查时将油压表接入燃油管路，用一根导线将电动燃油泵两个检测接孔短接；打开点火开关，让电动燃油泵运转 10 s，然后关闭点火开关，取下导线；接着将燃油压力调节器的回油管夹紧，5 min 后观察油压，该油压即为燃油压力调节器的保持压力。如果该油压下降，则表明调节器有泄露，应更换新件 2. 燃油压力调节器的拆下检查 检查时拆下燃油压力调节器的进油管和真空软管，这时两者之间应不相通；否则，表明有泄漏，应更换新件
注意事项	

2. 喷油器的清洗

喷油器的维护主要是清洗。对于堵塞不严重的采用就车清洗法，严重的堵塞采用拆卸清洗法。

实训名称	喷油器的清洗
实训目的	掌握喷油器的结构与工作原理 掌握喷油器的清洗方法
实训仪器	常用工具、就车清洗喷油器设备
实训过程	（1）就车清洗法。一般采用通用型的就车清洗喷油器设备进行清洗，即在供给系中接入装满清洗液的清洗罐。常用的连接部位有：汽油滤清器出油口、燃油分配管进油口或专用测压口等。操作步骤如下：

（续表）

	a）由清洗设备的油泵代替原车燃油泵给清洗液加压，并调至怠速油压。 b）夹住回油管或将回油管堵死，切断回油。 c）起动发动机，此时清洗液代替汽油燃烧做功，直至清洗液用净，自行熄火后清洗完毕 （2）拆卸清洗法。将待清洗的喷油器拆下检查，把喷油器放入试验台的清洗箱中，使用喷油器专用清洗剂进行超声波清洗积炭，清洗后还须检查喷雾质量。如喷雾质量仍不合格时应更换喷油器 a）先将喷油器拆下，用化油器清洗剂浸泡、冲洗喷油器外表污物 b）将喷油器装回发动机，插好各缸喷油器的导线插头 c）拆下燃油分配管的进油管，向燃油分配管内喷射尽可能多的化油器清洗剂 d）装复进油管，并检查无泄漏后，起动发动机，运转 3～5 min 如此反复 2～4 次，直至发动机工作正常为止
注意事项	

3. 节气门体的拆卸

实训名称	节气门体的拆装
实训目的	掌握节气门体的结构 熟练进行节气门体的拆装
实训仪器	常用工具、节气门体
实训过程	（1）拆下曲轴箱通风管 （2）用尖嘴钳拔下控制拉索调整卡簧片，从节气门体上拆下节气门控制拉索（见图 4 - 19） （3）拆下节气门拉索支架 （4）拔下炭罐真空管和制动助力器真空管（见图 4 - 20） （5）拔下进气温度传感器和霍尔传感器的导线插接器 （6）拆下节气门位置传感器和怠速控制阀的导线插接器 （7）拆下气缸盖后的小软管 （8）拆下气缸盖后冷却液管凸缘和上冷却液管间的冷却液软管 （9）拆下上冷却液管与散热器之间的冷却液软管 （10）拆下炭罐电磁阀真空管 （11）从节气门体上拆下两根冷却液旁通管 （12）拆下节气门体与进气管的连接螺栓，取出节气门体和密封垫	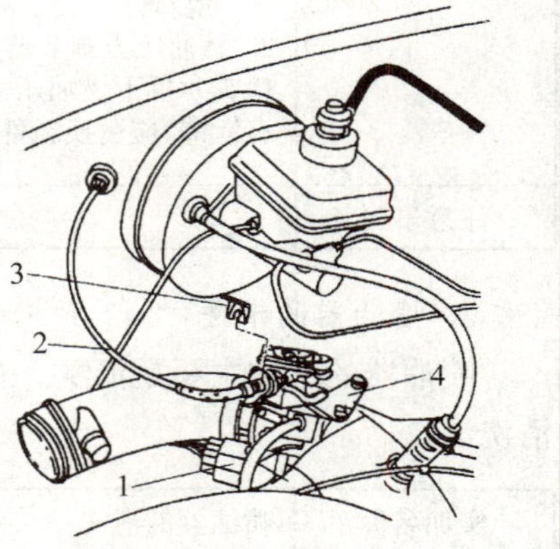 **图 4 - 19　拆节气门拉线** 1—导线插接器；2—节气门控制拉锁； 3—调整卡簧片；4—支架

（续表）

		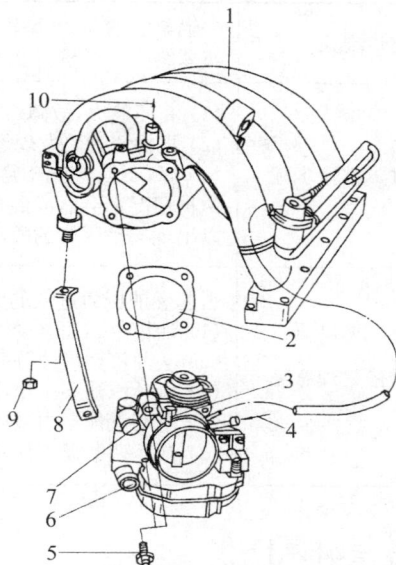 **图 4-20　节气门体的分解** 1—进气歧管；2—密封垫；3—节气门体；4—通炭罐电磁阀真空管接头；5—螺栓；6—水管接头；7—水管接头 2；8—支架；9—螺母；10—通制动助力器真空管接头
注意事项		

【案例分析】

案例 1

故障现象	一辆轿车在加油站加油后，发动机运转时出现金属敲击声，急加速时敲击声更严重，检修时发现所有火花塞电极颜色发白，且有烧蚀现象，其中一火花塞的绝缘体有裂纹。初步诊断为发动机爆燃引起的
故障排除步骤	（1）推迟（减小）点火提前角。松开分电器固定螺钉，顺时针稍稍转动分电器外壳一个角度，然后拧紧固定螺钉，试车。如此多次调整，直到故障消失为止。应注意的是，点火提前角不可太小，如太小将使发动机无力，排气管冒黑烟 （2）更换燃油。如以上方法不能排除或油箱内燃油所剩不多，则倒出所剩燃油并清洗油箱，然后加注合格的燃油 （3）减小压缩比。方法是加厚气缸垫，使燃烧室容积增大，减小压缩比，降低爆燃的倾向。但此种方法最好不用，因压缩比降低后，发动机功率下降，且更换气缸垫既费时又费力
维修处理意见	结合故障现象，该故障是由于加注了不合格的汽油（抗爆性能差）或低牌号汽油引起的抗爆性能差或牌号低的汽油易自燃，造成爆震燃烧，爆震时产生的高频压力波撞击气缸壁，所以发出金属敲击声；急加速时负荷增大，节气门开度增大，新鲜空气多，同时还要额外供油，混合气浓度大，火焰传播快，缸内最高压力及温度增加，热辐射增强，敲击声也就更明显 由于最高温度增加，火花塞会因过热而烧蚀，甚至造成火花塞绝缘体裂纹

笔 记   **案例 2**

故障现象	一辆桑塔纳 3000 型轿车发动机起动困难,而此时故障灯不亮,用火花塞试高压电,火花塞跳火。经检测燃油压力过低,且电动燃油泵停转后,燃油压力很快降为零
故障排除步骤	(1) 高压跳火,故障灯不亮,说明传感器、ECU 工作正常,故障是燃油油路造成的 (2) 再检测油路发现燃油压力过低。燃油压力过低会造成:喷油量过小;燃油雾化不 　　好,不易与空气混合 两种情况都会造成混合气过稀。因冷车起动时需要较浓的混合气,现混合气过稀,所以出现起动困难的故障
维修处理意见	引起燃油压力过低的原因有: (1) 油箱内燃油过少 (2) 从油箱到燃油分配管的油路可能有堵塞、漏油等故障 (3) 电动汽油泵工作不良 (4) 电动汽油泵内限压阀和单向止回阀工作不良 (5) 油压调节器工作不良

【学后测评】

1. 名词解释

(1) 空燃比。

(2) 过量空气系数。

(3) 怠速。

(4) 同时喷射。

(5) 分组喷射。

2. 简答

(1) 混合气浓度的表示方法有哪几种?

(2) 汽油机燃料供给系统的作用是什么? 由哪几部分组成?

(3) 汽油机正常燃烧分为哪几个阶段?

(4) 燃油压力调节器的作用及原理是什么?

(5) 简述电控燃油喷射系统的工作原理。

项目 5　柴油机燃料供给系的构造与检修

【情景导入】

一辆宇通客车,使用的是康明斯(东风)发动机,起动时可以转动,但不能起动(排气管中无烟)。有时动力不足、工作粗暴和超速飞车等现象。

【学习目标】

(1) 了解柴油机的主要特点。

(2) 掌握柴油机燃料供给系的功用、组成以及柴油机的燃烧过程。

(3) 掌握柴油机燃油供给系低压油路、高压油路的构造与检修、调速器的构造与检修。

(4) 通过分析柴油机燃油供给系的构造,学习分析和比较的研究方法,提升实践能力。

(5) 了解柴油机在生产和生活中的应用,感受到技术进步在工业文明发展中的重要作用。

在柴油机燃油供给系中,输油泵、柴油滤清器、油水分离器主要完成燃油的储存、滤清和输送工作,向喷油泵提供充足、清洁的柴油,保证柴油机各个系统正常工作。喷油泵根据柴油机运行工况和气缸工作顺序定时定量的向喷油器输送高压燃油。喷油器根据柴油机混合气形成的特点,将喷油泵输送来的高压柴油,以一定的压力经喷孔成雾状喷入柴油机燃烧室,和压缩空气形成均匀的混合气以利于燃烧。调速器在柴油机运转过程中,当外界负荷发生变化时,发动机的转速随之发生变化,能够自动调节喷油泵的供油量。喷油提前器是根据柴油机转速的变化,自动调节柴油机供油提前角的装置。

任务 5.1　柴油机燃料供给系概述

【任务描述】

一台康明斯柴油机的燃油供给系的功用及组成是什么？一旦燃油系统出现故障,能够认识柴油机燃料系工作过程,判断故障大概的位置。

【知识准备】

5.1.1　柴油机的特点

柴油机燃烧的是柴油,柴油的黏度大,且不易挥发。因此,柴油机燃料供给系的组成、构造及工作原理与汽油机供给系有较大区别。现代的柴油机已成为一种排放清洁、节省能源

的动力,正逐渐被人们所接受。柴油机的主要特点有以下几点:

(1)良好的燃油经济性。柴油机压缩比大、能量密度高,热效率利用率高,燃油消耗率低。同功率的柴油机与汽油机相比,柴油机的燃油经济性比汽油机高30%～40%。

(2)良好的排放性能。汽油机的主要排放物有CO,HC,CO_2,NO_X和PM(颗粒状物质)。相对而言,柴油机的CO,HC,CO_2排放量极低,其CO_2的排放量比汽油机大约低30%～35%。但NO_X和PM排放高于汽油机。随着柴油机技术的发展,现代柴油机技术已使NO_X和PM的排放得到了有效控制。

(3)良好的动力性。传统柴油机具有低速大扭矩,但高速时加速动力性不足,因此在货车、重型机械上广泛应用柴油机,而在轿车上柴油机应用相对较少。通过采用先进的燃油喷射技术和电控技术,现代柴油机的高速动力性已无异于汽油机。因此柴油机应用领域更为宽广。

(4)柴油机结构较复杂,零部件材料和工艺要求较高,制造成本较高,可靠性较高、故障率也相对较小,但质量较大。同类型、同配置的柴油机要比汽油机价格高出很多。

(5)新技术(电子控制,增压,废气再循环,新材料)应用多,发展快。产品研制开发和生产装备的投资大,属于技术密集和资金密集性产品。

柴油机具有热效率高的显著优点,其应用范围越来越广。随着机体强化程度的提高,柴油机单位功率的重量也显著降低。此外,降低摩擦损失、广泛采用废气涡轮增压并提高增压度、进一步轻量化、高速化、低油耗、低噪声和低污染,都是柴油机的重要发展方向。

5.1.2 柴油机燃料供给系的功用及组成

1. 功用

柴油机燃料供给系的功用是完成燃料的贮存、滤清和输送工作,按柴油机各种不同工况的要求,定时、定量、定压并以一定的喷油质量喷入燃烧室,使其与空气迅速而良好地混合和燃烧,最后将废气排入大气。

2. 组成

(1)柴油机燃料供给系由燃油供给、空气供给、混合气形成及废气排出四部分装置组成。

(2)燃油供给装置由柴油箱、输油泵、低压油管、滤清器、喷油泵、高压油管和喷油器及回油管等组成,如图5-1所示。

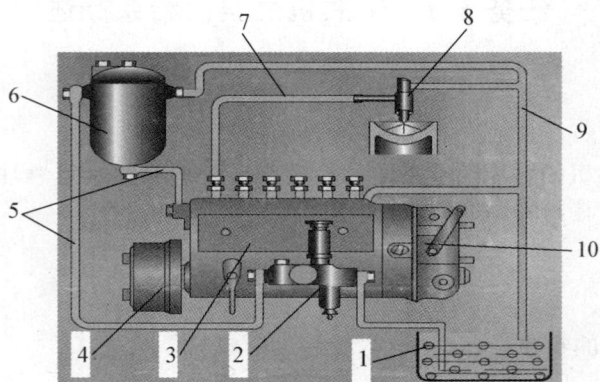

图5-1 柴油机燃油供给系

1—柴油箱;2—输油泵;3—喷油泵;4—喷油提前器输油泵;5—低压油管;6—滤清器;7—高压油管;8—喷油器;9—回油管;10—调速器

（3）空气供给装置由进气导流管、空气滤清器、节气门体、进气歧管等组成。

（4）混合器形成装置由燃烧室组成。

（5）废气排出装置由排气歧管、排气前管、排气消声器、排气尾管等组成。现代柴油机上还配备微粒捕集器、增压器、排气制动蝶阀、SCR（选择性催化还原系统）等。

5.1.3　柴油机燃料系工作过程

在柴油机工作过程中，依靠输油泵的作用将柴油不断地从油箱中吸出，并经柴油滤清器滤去其中的杂质后输送到喷油泵的低压油腔，喷油泵将燃油压力提高，按照柴油机不同工况的要求，定时、定量、定压输出柴油，经高压油管送至喷油器，当燃油压力达到规定值时喷油器喷孔开启，燃油呈雾状喷入到燃烧室中，与空气形成混合气，在高温高压的条件下柴油自行燃烧，气缸内的压力和温度急剧升高，推动活塞下行做功输出动力。

1. 低压油路

从油箱到喷油泵入口这一段油路，其油压由输油泵建立，一般为 0.15～0.3 MPa，故称低压油路。主要完成柴油储存、输送和滤清等任务。包括：柴油箱、输油泵、低压油管、柴油滤清器等。

2. 高压油路

从喷油泵到喷油器这一段油路，其油压由喷油泵建立，一般在 10 MPa 以上，故称高压油路。柴油供给任务主要由它来完成。包括：喷油泵、高压油管和喷油器等。

3. 回油油路

由于输油泵供油量是喷油泵出油量的 3～4 倍，柴油滤清器和喷油泵上装有溢流阀，喷油器上装有回油管接头使多余燃油经溢流阀和回油管流回输油泵进口或直接流回油箱。

5.1.4　柴油及其使用性能

1. 柴油定义及分类

柴油和汽油一样都是石油制品。在石油蒸馏过程中，温度在 260～350℃之间的馏分即为柴油。柴油分为轻柴油和重柴油。在 533～573 K（260～300℃）之间的馏分是轻柴油，在 573～623 K（300～350℃）之间的馏分是重柴油。轻柴油用于高速柴油机，重柴油用于中、低速柴油机。汽车柴油机均为高速柴油机，所以使用轻柴油。

2. 轻柴油的使用性能

为了保证高速柴油机正常、高效地工作，轻柴油应具有良好的发火性、低温流动性、蒸发性、化学安定性、防腐性和适当的黏度等使用性能。

1）发火性

指燃油的自燃能力，柴油的发火性用"十六烷值"评定。十六烷值愈高，表示轻柴油发火性愈好，容易自燃，柴油机低温起动性好，工作相对平稳、柔和。如果十六烷值过高（超过65～70），则轻柴油发火过快，蒸发性变差，与空气来不及充分混合即燃烧，会造成后燃期增长，引起局部的不完全燃烧而产生黑烟，油耗增多；如果十六烷值过低，则发火迟缓，气缸内积累的可燃混合气增多，发火后压力和温度猛烈上升，会产生爆震、敲缸等现象，柴油机工作粗暴，运转不平稳，噪声大，可能损伤轴瓦。无论十六烷值过高过低都将使发动机的经济性、动力性和可靠性下降。故通常汽车用柴油的十六烷值应在 40～50 范围内，国家标准规定轻柴油的十六烷值不小于45。不同压缩比、不同结构和运行条件的柴油机应选择适宜的十六烷值范围。

2）蒸发性

指柴油蒸发汽化的能力，用柴油馏出某一百分比的温度范围，即馏程和闪点表示。一般由燃油的蒸馏实验确定需要测定的馏程有50％溜出温度、90％溜出温度及95％馏出温度。若相同蒸发量的馏出温度愈低，表明柴油蒸发性愈好，愈有利于可燃混合气的形成和燃烧。应注意的是不同燃烧室结构对柴油蒸发性要求不同，在采用预燃室式或涡流室燃烧室的柴油机中，可燃用重馏分柴油，而用直接喷射式燃烧室的柴油机则要求用轻馏分柴油。国家标准规定50％溜出温度不得高于300℃。柴油的闪点指在一定的试验条件下，当柴油蒸气与周围空气形成的混合气接近火焰时，开始出现闪火的温度。闪点低，蒸发性好。为了控制柴油的蒸发性不致过强，标准中还规定了闪点的最低数值。

3）低温流动性

为使供油系统在环境温度下能正常供油，轻柴油应在使用环境温度下无固体析出且有良好的流动性。良好的低温流动性可保证轻柴油在燃料供给系统中正常的过滤和输送。低温流动性可用浊点、凝点或冷滤堵塞点等指标评价。浊点是轻柴油冷却时开始析出石蜡结晶体因而呈现混浊的最高温度；凝点是轻柴油继续冷却失去流动性的最高温度；冷滤点是轻柴油析出的石蜡晶体能够堵塞规定的低温过滤装置的最高温度。一般是指在特定的试验条件下，在1 min内柴油开始不能流过过滤器20 mL时的最高温度。柴油的冷滤点一般比其凝点高4℃～6℃。

4）黏度

黏度是评定柴油稀稠度的一项指标，与柴油的流动性有关。液体流动时，分子间产生内摩擦阻力的性质，决定燃油的流动性。黏度随温度而变化，当温度升高时，黏度减小，流动性增强；反之，当温度降低时，黏度增大，流动性减弱。轻柴油的黏度是保证喷油雾化、喷油距离，以及高压油泵与喷嘴柱塞副润滑要求的指标。高速柴油机用的柴油黏度在20℃时为2.5～8.0厘斯。

5）安定性

GB 252—2011中规定的实际胶质、10％蒸余物残炭和氧化安定性，总不溶物等三项指标，是柴油安定性的评定指标。柴油的防腐性则用硫含量、硫醇硫含量、酸度、铜片腐蚀及水溶性酸或碱等指标来评定。柴油中的灰分、水分和机械杂质，是评定柴油清洁性的指标。汽车柴油机应使用各项指标均符合国家标准的柴油。安定性不好的轻柴油，在储存的过程中胶质和沉渣会显著增加，在燃用过程中会出现堵塞滤清器、喷油器和活塞环结焦、燃烧不完全等问题。

3. 轻柴油的牌号及规格

我国轻柴油的牌号分为10，0，－10，－20，－35和－50等6种。其凝点分别不高于10℃，0℃，－10℃，－20℃，－35℃，－50℃，牌号越高凝点越低，凝点低，馏分相应较轻。汽车用轻柴油的凝点至少应比最低使用环境温度低3℃～5℃。所以在选用轻柴油产品时应根据当地当时的实际气候情况选择不同牌号的产品，以免影响发动机的正常工作。

5.1.5　柴油机混合气形成及燃烧室

1. 柴油机混合气形成

由于柴油的黏度大、蒸发性和流动性都比汽油差，因此柴油机的混合气形成必须在接近压缩行程终点时,通过喷油器把柴油喷入气缸内,柴油油滴在炽热的空气中受热、蒸发、扩散,并与空气混合形成可燃混合气,自行发火燃烧。柴油机混合气形成的时间极短,只占 $15°\sim35°$ 曲轴转角。混合气成分很不均匀,虽然柴油机的平均过量空气系数 $\alpha>1$,但是在燃烧室内仍然有的地方混合气过浓,燃烧不完全,有的地方混合气过稀,空气得不到充分利用。可燃混合气的形成和燃烧过程是同时、连续重叠进行的,即边喷射、边混合、边燃烧,如图 5-2 所示。因此,改善柴油机混合气的形成,需采取以下措施:

(1) 高过量空气系数。柴油机的过量空气系数 α 一般为 $1.5\sim2.2$,以使进入到气缸中尽可能多的空气,使柴油燃烧得比较完全。

(2) 采用较高的压缩比,柴油机的压缩比一般在 $16\sim22$ 之间,以提高压缩行程终了时气缸内的压力和温度,使柴油尽快挥发。

(3) 提高喷油压力,柴油机的喷油压力一般在 10 MPa 以上,以利于柴油雾化。

(4) 采用各种促进气体运动的燃烧室和进气道,以保证柴油与空气的均匀混合。比如采用切向进气道或螺旋进气道,使空气在进气行程中围绕气缸轴线做旋转运动,形成高速的进气涡流,如图 5-3 所示;也可利用活塞顶部特殊形状的燃烧室凹坑,使空气在压缩行程和做功行程开始时,在燃烧室中形成强烈的旋转运动,即挤压涡流,如图 5-4 所示。转速愈高,涡流也愈强,气流对油束的吹散作用也愈大。此外,空气涡流运动还可以加速火焰的传播,促使燃烧及早地结束。

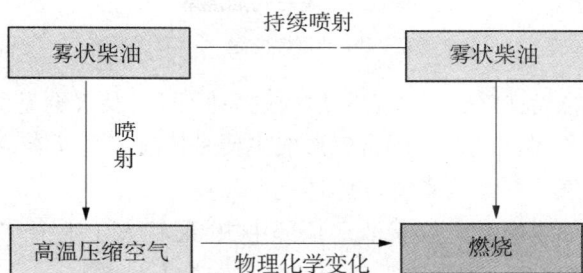

图 5-2　柴油机混合气的形成与燃烧

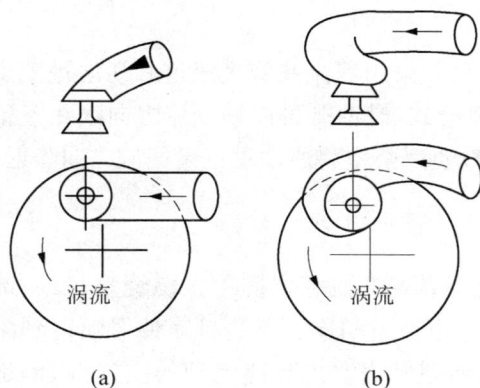

(a)　　　　　　(b)

图 5-3　进气涡流的形成

(a) 切向进气道　(b) 螺旋进气道

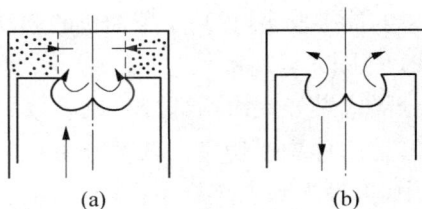

(a)　　　　　　(b)

图 5-4　挤压涡流的形成

(a) 挤压流动　(b) 膨胀流动

2. 柴油机燃烧室

燃烧室对于改善柴油机的混合气形成与燃烧,起着重要的作用。柴油机燃烧室的形状,按其结构形式分为统一式燃烧室和分隔式燃烧室两大类。

1) 统一式燃烧室

统一式燃烧室的容积集中于气缸之中,且其大部分集中于活塞顶上的燃烧室凹坑内,由气缸盖底平面和活塞顶的凹坑及气缸壁组成。燃油自喷油器直接喷射到燃烧室中,喷出油柱的形状与燃烧室形状相匹配,同时燃烧室内空气涡流运动,迅速形成混合气。统一式燃烧室又叫直喷式燃烧室。

依据活塞顶部凹坑形状,统一式燃烧室主要可分为:ω型燃烧室、球型燃烧室、U型燃烧室,如图 5-5 所示。

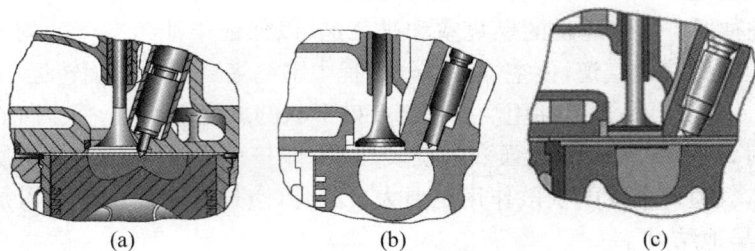

图 5-5 统一式燃烧室

(a) ω型燃烧室 (b) 球型燃烧室 (c) U型燃烧室

ω型燃烧室,由平的气缸盖底面和活塞顶内的 ω 形凹坑及气缸壁组成。通常采用进气涡流,柴油直接喷射到 ω 型凹坑内。混合气形成主要是依靠多孔喷雾,利用油束和燃烧室的吻合,在空间形成混合气。其结构紧凑,热损失小。

球型燃烧室,球形油膜燃烧室位于活塞顶部中央,形状大于半个球,与喷油器相对的位置,开有缺口与球面相切,燃油顺气流沿球面切线方向喷入时,约95%被喷涂均布在室壁上,形成一层薄的油膜,5%散布在燃烧室空间形成火源,点燃混合气。油膜逐层蒸发、逐层卷走、逐层燃烧,形成燃气涡流。混合气形成速度开始较慢,工作柔和,噪声小,又叫轻声发动机。

U型燃烧室,U型燃烧室是球形燃烧室的变形。采用涡流螺旋进气道和切向进气道相结合的所谓扭切进气道。混合气形成方式属于复合式,燃油既可以顺气流方向喷在室壁上形成油膜,又可以呈油雾状散布在燃烧室空间。U型燃烧室将燃油垂直于气流方向喷射,混合气中的油雾较多,提高了柴油机的起动性。

2) 分隔式燃烧室

分隔式燃烧室由两部分组成,一部分位于活塞顶与气缸盖之间称主燃烧室;另一部分在气缸盖中称副燃烧室。两部分由一个或几个较小通道相连。燃油自喷油器喷射到副燃烧室中,再进入到主燃烧室内,与压缩行程压入到副燃烧室内高速流动的空气混合,迅速形成混合气。分隔式燃烧室常见的形式有涡流室燃烧室和预燃室燃烧室两类,如图 5-6 所示。

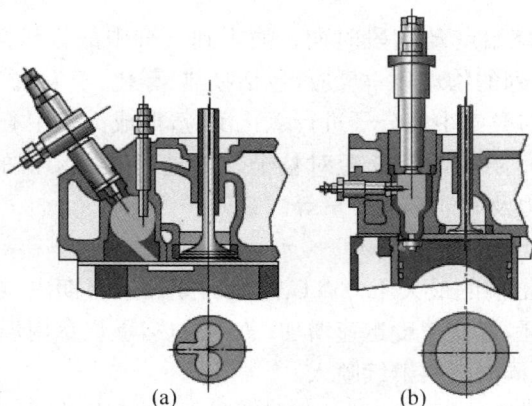

图 5-6　分隔式燃烧室

(a) 涡流室燃烧室　　(b) 预燃室燃烧室

涡流室燃烧室,涡流室位于气缸盖上呈球形或者圆柱形,如图 5-6(a)所示。其容积占燃烧室总容积的 50%～80%,涡流室与主燃烧室有通孔相连。在压缩行程时,空气沿切线方向压入涡流室,产生高速旋转的涡流运动,此时顺着气流方向喷入的高压燃油与高温高压空气混合。着火后混合物一并喷入主燃烧室,燃油空气进一步混合燃烧,特点是工作柔和,空气利用率高,燃油喷射压力低(12～14 MPa);但是热损失大,经济性差,起动困难,适用于中小型柴油机。

预燃室燃烧室,预燃室位于气缸盖上呈竖直圆柱形,如图 5-6(b)所示,其容积占燃烧室总容积的 30%～40%,预燃室与主燃烧室有通孔相连。因为通孔不沿切线方向,且孔径较小,在压缩行程时,只能产生紊流运动,此时逆着气流方向喷入的高压燃油与高温高压空气混合,油束大部分聚集在预燃室出口处,着火后已燃的和出口处的较浓混合气一同高速喷入主燃烧室,在主燃烧室内产生强烈的燃烧扰流运动,使大部分燃料在主燃烧室内混合燃烧。预燃室式燃烧室性能特点与涡流室式燃烧室基本相同。

5.1.6　柴油机的燃烧过程

在压缩行程末期,喷油器以 10 MPa 以上的压力将柴油喷入到气缸内的高温高压空气中,雾状柴油迅速蒸发并与空气混合,发生一系列的物理变化和化学反应。燃烧室内首先达到着火温度和浓度的柴油形成一点或数点火焰中心,燃烧火焰以球面形状迅速扩散,即多点同时着火。柴油机的燃烧过程,如图 5-7 所示,表示了在压缩及做功行程过程中,气缸内压力、温度随曲轴转角 θ 变化的关系曲线。根据燃烧实质特征,将其分为备燃期、速燃期、缓燃期和后燃期 4 个阶段。

(1) 泵油始点(O 点):喷油泵开始泵油时刻。

(2) 喷油始点(A 点):喷油器开始向燃烧室喷油时刻。

(3) 燃烧始点(B 点):燃烧室内混合气开始发火燃烧的时刻。

(4) 供油提前角:从泵油始点 O 开始到活塞到达压缩行程上止点为止的曲轴转角。

(5) 喷油提前角:从喷油始点 A 开始到活塞到达压缩行程上止点为止的曲轴转角。

1. 备燃期（Ⅰ）

从喷油始点 A 到燃烧始点 B 这段时期。喷入到气缸中的雾状柴油并不能立即着火燃烧，而是与空气进行一系列的物理化学反应，包括吸热、雾化、蒸发、扩散、混合、低温氧化等。少量柴油分子首先分解与空气中氧分子进行氧化反应，形成火焰中心，为燃烧做准备。备燃期一般为 0.000 7～0.003 s，其时间长短对整个燃烧过程及发动机的整机性能有极大的影响，比如气缸内温度、压力及燃油雾化质量等。

2. 速燃期（Ⅱ）

从燃烧始点 B 到气缸内的最大压力点 C 这段时期。速燃期内，初期喷入的燃油形成火焰中心并向四周扩散传播，燃烧速度迅速增加，急剧放热，燃烧室内温度和压力迅速上升，产生巨大的爆发压力，与此同时燃料继续喷入。

速燃期内气缸压力升高快慢决定柴油机的平稳性。过快，使发动机缸体曲柄连杆机构受到很大冲击载荷，发动机工作粗暴，噪音增大，可靠性和寿命降低。因此需控制柴油机气缸压力升高过快。电控柴油喷射系统通过缩短备燃期准备时间和减少备燃期内喷入燃油量来抑制气缸压力升高速度，改善柴油机工作性能。

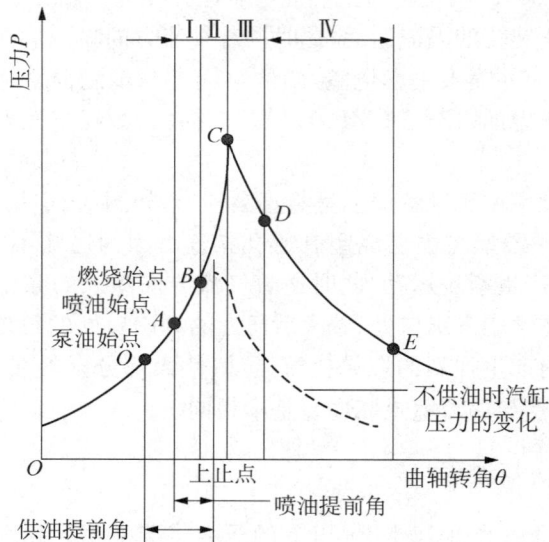

图 5-7　柴油机混合气的燃烧过程

3. 缓燃期（Ⅲ）

从最高压力点 C 到气缸内的最高温度点 D 这段时期。缓燃期内，喷油器继续喷油，燃烧室内的温度和压力都高，柴油的物理和化学准备时间很短，几乎是边喷射、边燃烧。但是气缸中氧气减少燃烧速度减慢，容积增加气缸压力略有降低，温度到达最高值，通常此时喷油器停止喷油。

4. 后燃期（Ⅳ）

从最高温度点 D 起以后的燃烧时期，这一时期虽然喷油器不喷油，但是还剩余一部分未完全燃烧的柴油，继续燃烧。后燃期没有明显的界线，有时可以延长到排气行程还在燃烧。

后燃期燃料的燃烧热量并不能充分利用做功,反而使发动机过热,影响发动机的动力性、经济性和排放性,因而要尽可能地缩短后燃期。

综上所述,要使柴油机燃烧过程进行的好,混合气形成的好坏是关键,因此对混合气的形成要求如下:

(1) 必须要有足够的空气量和适当的燃油量。混合气过稀,燃烧速度慢,发动机动力性下降;混合气过浓,燃烧不完全,油耗增加,冒黑烟,则经济性、排放性变差。

(2) 喷油时刻要准确,喷油提前角要合适。喷油提前角的大小与发动机燃烧室的类型、发动机的转速、柴油的性质有关。实验表明:当速燃期最高压力点 C 出现在压缩行程上止点后 $6°\sim15°$ 时能获得最大功率和最小燃油消耗率。此时所对应的喷油提前角是最佳喷油提前角。一般情况下,转速高时应适当加大喷油提前角;转速低时则适当减小喷油提前角。

(3) 喷油质量应与燃烧室形状相适应,配合气流涡流形成合适的混合气。

【任务实施】

操作一、填写下面表格。

序号	项目		项目答案
1	柴油机的特点	(1)	
		(2)	
		(3)	
		(4)	
		(5)	
2	燃料供给系的功用	(1)	
3	柴油的定义	(1)	
4	柴油的使用性能	(1)	
		(2)	
		(3)	
		(4)	
		(5)	
5	燃烧室功用	(1)	
6	燃烧室分类	(1)	
		(2)	
7	柴油机的燃烧过程	(1)	
		(2)	
		(3)	
		(4)	

笔 记

操作二、认识柴油机燃油供给系统的零件名称，填写下面表格。

序号	零件名称	零件数量	作　用
1			
2			
3			
4			
5			
6			
7			
8			
9			
10			

操作三、绘制柴油机燃油供给系的基本油路。

任务 5.2　柴油机燃料供给系低压油路的构造与检修

【任务描述】

　　通过上一任务的学习，我们了解到低压油路是指从油箱到喷油泵入口这一段油路，主要包括柴油箱、输油泵、低压油管、柴油滤清器等。完成柴油储存、输送和滤清等工作。本任务主要介绍活塞式输油泵构造与工作原理；柴油滤清器、油水分离器功用、构造；活塞式输油泵、柴油滤清器、油水分离器的检修，能够正确对柴油滤清器进行定期更换。

【知识准备】

5.2.1　输油泵的构造

1. 输油泵功用及类型

输油泵的功用是输送足够数量及一定压力的柴油克服管道及滤清器的阻力给喷油泵，

保证柴油在低压油路内的循环。输油泵的输油量为全负荷最大喷油量的 3～4 倍,输油压力大约为 0.1 MPa。

输油泵有活塞式、膜片式、齿轮式和叶片式等几种,其中活塞式输油泵与柱塞式喷油泵配套使用、工作可靠,目前应用较为广泛。

2. 活塞式输油泵的构造

活塞式输油泵包括手油泵总成和机械泵总成两部分,活塞式输油泵的结构,如图 5-8 所示。主要由泵体、活塞、进油阀、出油阀、滚轮、挺杆弹簧、推杆、活塞弹簧、螺塞、油管接头及手油泵等构成。

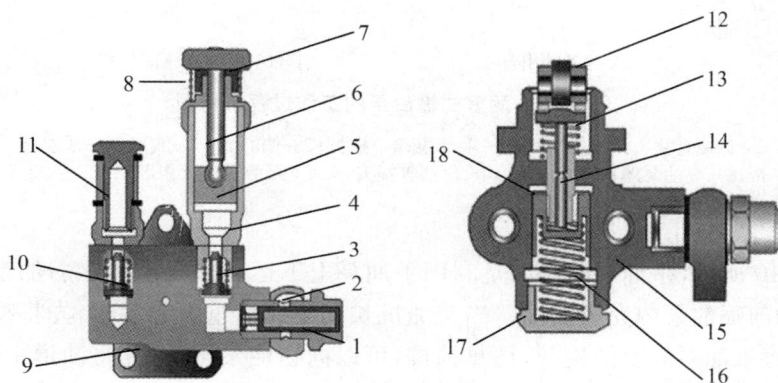

图 5-8　活塞式输油泵的构造

1—进油管接头;2—滤网;3—进油阀;4—手油泵体;5—手油泵活塞;6—手油泵杆;7—手油泵盖;8—手油泵弹簧;9—输油泵安装座;10—出油阀;11—出油管;12—滚轮;13—挺杆弹簧;14—挺杆;15—泵体;16—活塞弹簧;17—螺塞;18—活塞

活塞式输油泵通常安装在喷油泵泵体的外侧,由喷油泵凸轮轴上的偏心凸轮驱动工作。在输油泵上装有手油泵,可以用它上下运动来泵油,能顺利地将柴油从油箱吸到输油泵内。打开喷油泵或滤清器上的放气螺钉,还可以排除油路中的空气,当不使用时,将手柄拧紧,以防止空气进入。

3. 活塞式输油泵工作原理

1) 准备输出行程

如图 5-9(a)所示,偏心轮推动滚轮、挺杆和活塞向下运动,上泵腔容积增大。下泵腔容积减小、油压增高,进油阀关闭,出油阀开启,柴油从下腔流入上腔。

2) 吸油和压油行程

如图 5-9(b)所示,偏心轮转过,在活塞弹簧的推动下,活塞上行,下腔容积增大,产生真空吸力,进油阀开启,柴油经进油口进入下泵腔。同时,上泵腔容积缩小,压力增大,出油阀关闭,上泵腔中的柴油经出油口压出。

3) 输油量的自动调节

当输油泵供油量大于喷油泵需要量时,上泵腔 B 油压增高,与活塞弹簧弹力相平衡时,活塞便停止在某一位置活塞的有效行程减小,停止泵油,实现了输油量和供油压力的自动调节。

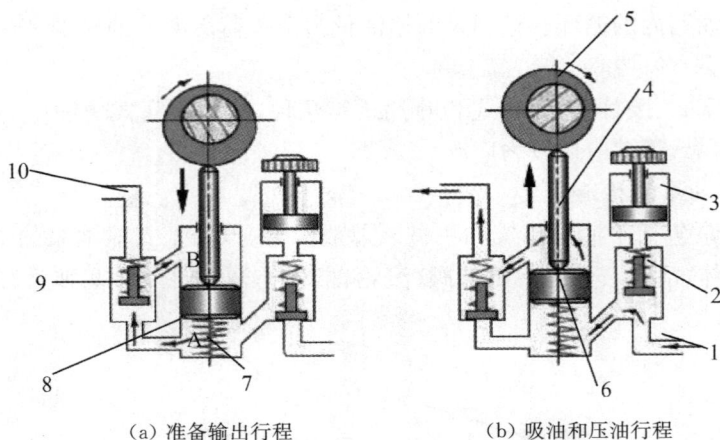

（a）准备输出行程　　　　　　　　（b）吸油和压油行程

图 5-9　活塞式输油泵的工作过程示意图

1—进油管接头；2—进油阀；3—手油泵；4—推杆；5—偏心轮；6—活塞；7—活塞弹簧；8—输油泵体；9—出油阀；10—出油管接头；A—下泵腔；B—上泵腔

4）手油泵工作

如图 5-10 所示，手油泵的作用是利用手油泵上下运动来泵油清除燃油系统内的空气或保证冷启动前喷油泵内充满燃油。当柴油机长期停放后重新起动时，先将喷油泵的放气螺钉拧开，再将手油泵的手柄旋开，往复抽按，可以向喷油泵供油，并将油道中的空气排净。拧紧放气螺钉，旋紧手油泵手柄，再起动发动机即可。当手油泵活塞向上移动时，进油阀被吸开，燃油进入活塞腔；当手油泵活塞下行时，活塞腔内的燃油压力升高，进油阀关闭，出油阀打开，燃油进入油道。

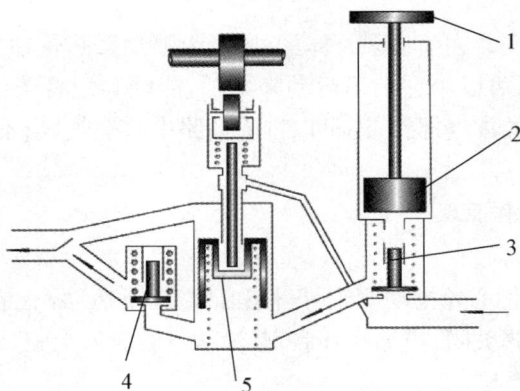

图 5-10　手油泵的工作过程示意图

1—手油泵手柄；2—手油泵活塞；3—进油阀；4—出油阀；5—输油泵活塞

5.2.2　柴油滤清器及油水分离器的构造

1. 柴油滤清器作用及分类

柴油滤清器的作用是除去柴油中的尘土、水分或其他机械杂质和温度变化及空气的接触过程从柴油中析出少量的石蜡,以降低对精密偶件的磨损,从而提高功率,降低油耗。

柴油滤清器有粗细之分,粗滤器用来清除柴油中颗粒较大的杂质,滤芯常用纸质;细滤器用来清除柴油中颗粒微小的杂质,滤芯常用毛毡或纸质。另外滤清器还有单级、双级滤清器。目前很多柴油机采用双级滤清器,也有采用单级滤清器,如图5-11、图5-12所示。

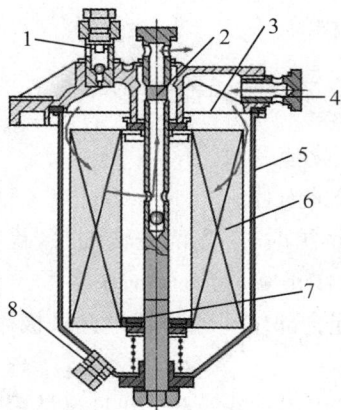

图 5-11　单级纸质滤芯滤清器结构

1—溢流阀;2—出油管;3—滤清器盖;4—进油管;5—壳体;6—滤芯;7—中心杆;8—放油螺塞

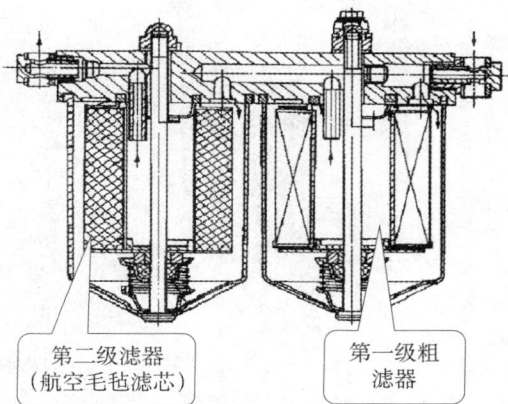

图 5-12　双级滤清器结构

第二级滤器(航空毛毡滤芯)　　第一级粗滤器

2. 纸质滤芯式柴油滤清器的结构

目前国产柴油机多使用结构比较简单、体积小、质量小、滤清效果好以及成本低的纸质柴油滤清器。纸质滤清器主要由纸质滤芯、中心杆、放油螺塞、出油管接头、进油管接头、滤清器盖以及铝制的滤清器、钢板冲压而成的外壳等组成。纸质滤芯柴油滤清器的结构,如图5-11所示。纸制滤芯总成的里面是一个冲有许多小孔的圆桶,外面围上折叠的特制滤纸,两端用盖板胶合密封。滤芯表面能过滤粒度为 $1\sim3~\mu m$ 的杂质。若在纸面上刷一层清漆,滤清效果更好。现有纸质滤芯的使用寿命约为 400 h。滤清器盖上进油口与输油泵相通,出油口与喷油泵相通,回油管接头与喷油器油管相连。在盖上装有放气螺钉,拧松放气螺钉用手油泵泵油可排除油路中的空气。在滤清器盖上还设限压阀,当油压超过 $0.1\sim0.15$ MPa 时,限压阀开启,多余的柴油自进油口经限压阀直接返回柴油箱。在轿车柴油机上多使用一次性纸质滤芯柴油滤清器。柴油在进入滤清器后,透过滤纸,汇集在滤芯圆桶内,然后经出油口到喷油泵。积存在外壳底部的杂质和水分由外壳下部的放油螺塞放出。

为了获得较大的滤清面积和较好的滤清能力,常将两个滤清器串联,即双级滤清器,如图5-12所示。双级滤清器第一级粗滤器(纸质滤芯)第二级细滤器(航空毛毡及纺绸滤芯)。柴油首先经过粗滤芯过滤,然后再经细滤芯过滤,最后经出油管接头和油管到高压油泵。

5.2.3　油水分离器的结构及原理

汽车用油水分离器是柴油滤清器的一种,主要的作用就是除去柴油中的水分,延长发动

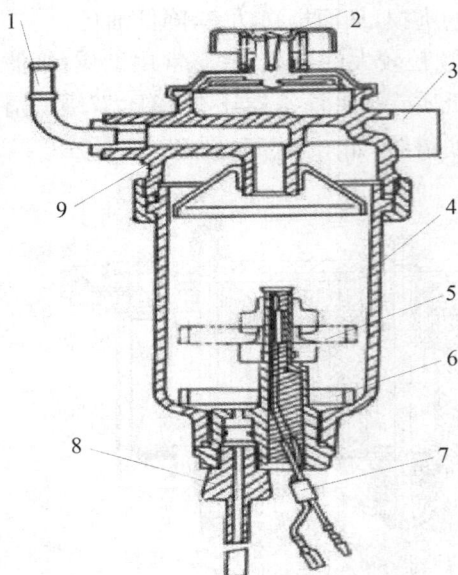

图 5-13　油水分离器结构

1—出油口接头；2—手压膜片泵；3—进油管接头；4—分离器壳体；5—放水水位；6—浮子；7—液面传感器；8—放水塞；9—分离器盖

机的使用寿命，如图 5-13 所示。根据水和燃油的密度差，利用重力沉降原理去除杂质和水分的。

当水位达到一定高度（放水水位）时，浮子内的磁铁使触电点闭合，仪表板上的报警灯发亮，提示驾驶员及时放水。其维护与维修和柴油滤清器的维护与维修相似。

5.2.4　低压油路的检修

1. 活塞式输油泵的检修

1）二级维护内容

（1）二级维护时，应先清洗输油泵，检查输油泵手柄是否工作正常，检查输油泵各配合部位间隙，输油泵各配合部位间隙若超过允许极限，应更换磨损的零件。

（2）检查进、出油阀。进、出油阀是否密封不严，或损坏。若密封不严，可将阀与阀座进行研磨；若有损坏，应更换新件，更换新阀时，也应进行研磨。

（3）检查泵体。泵体有无裂纹和螺纹乱扣现象，根据损坏情况，应检修或更换泵体。

（4）检查手泵活塞上的密封圈。若密封圈有损坏或磨损严重，应更换新件。

（5）检查各弹簧。若弹簧有变形或折断，应更换新弹簧。

2）密封性试验

（1）强行通气。检查输油泵的密封性时，旋紧手油泵手柄，堵住出油口，将输油泵浸没在清洁的柴油中，从进油口通入 147～196 kPa 的压缩空气，在顶杆与泵体的间隙中，只会有微小的气泡冒出，将气泡收集，如果 1 min 不超过 30 mL，则输油泵密封性能良好。如果 1 min 超过 30 mL，说明输油泵的密封性能过差，应更换新泵。

（2）就车进行密封性试验。发动机起动磨合 10 min，输油泵各连接部位没有滴漏现象，溢油孔滴油不超过 3 滴。否则更换新泵。

3）吸油能力的试验

以内径为 8 mm、长 2 m 的软管为吸油管，由水平高度低于输油泵 1 m 的油箱中，用输油泵供油，能在 30 个活塞行程内出油为合格。

4）输油量的检验

将输油泵装回喷油泵，输油泵的出口接油管，油管出口插入容量为 500 mL 的量杯中，量杯的位置必须高于输油泵 0.3 m。当喷油泵转速为 1 000 r/min 时，测量 15 s 内流入量杯内的燃油量，并与技术条件规定的流量相比较，判断出油量是否合格，若不合格应予报废。

5）输油压力的检验

在输油泵出油口接上压力表，在规定的转速条件下，检验输油泵的输油压力是否符合原厂规定。若不合格应予报废。

2. 柴油滤清器维护与维修

柴油机柴油中如果有铁锈、泥沙、灰尘、蜡晶体、水等，将引起喷油泵、喷油器的精密偶件等的磨损。为了使柴油机喷油泵和喷油器受到的污染物减低到最小的限度，每一台柴油机均安装了优质的柴油滤清器。在正常的使用周期内，这种滤清器在品质和性能上能防止灰尘、柴油中的固体石蜡等杂质和柴油中含有的水分、腐蚀性液体等进入柴油机喷油泵和喷油器。柴油中的水是引起柴油机柴油供给系统维修问题的主要原因之一。

由于滤清器使用一定时间后就会变脏乃至堵塞，因此应定期更换。更换周期除了根据柴油维修保养手册中机油和燃油的消耗曲线来确定之外，也推荐汽车每运行 16 000 km（汽车或公路用车）、250 h（非公路用车）或六个月时进行更换。更换柴油滤清器的方法和程序如下：

（1）从柴油机上拆下已经堵塞的滤清器，更换新的滤清器。拆卸时使用旋转式滤清器扳手。

（2）向将要安装的滤清器中加注规定的柴油。

（3）将已加油的滤清器静置半分钟后，重复向滤清器中加油多次，直至确信滤清器中的空气全部排出、滤清器已充满燃油为止。

（4）在滤清器密封圈上端面涂上一层薄薄的柴油机润滑机油油膜，将滤清器安装到滤清器座上去，旋转滤清器直到其密封圈与滤清器座面接触。

（5）安装到规定的扭矩，注意不要拧得过紧，以免损坏滤清器螺纹和橡胶圈。滤清器装到接头上后，用手拧紧直到与滤清器座接触，然后再拧 1/2～3/4 圈。

（6）检查滤清器座与缸盖密封的 O 形密封圈是否渗漏，如有渗漏，应拆下滤清器座，更换 O 形密封圈。安装时，用手拧上螺母，将滤清器座调到与曲轴中心线成 50°角，然后将螺母拧紧，拧紧至规定力矩。

【任务实施】

活塞式输油泵的检修：

1）实施过程

项目	实施内容	文字表述
活塞式输油泵密封性试验	使用工具	
	实验步骤	
	检测方法	

2) 数据记录

输油泵	A泵	B泵	C泵
漏气量			

任务5.3　柴油机燃料供给系高压油路的构造与检修

【任务描述】

高压油路是指从喷油泵到喷油器这一段油路,其油压由喷油泵建立,一般在 10 MPa 以上,故称高压油路。主要包括喷油泵、高压油管和喷油器等。

本任务主要介绍喷油泵、喷油器的功用及分类;柱塞式、分配式喷油泵、喷油器的基本构造及工作原理;喷油泵、喷油器的检修。

【知识准备】

5.3.1　喷油泵的功用及分类

1. 喷油泵的功用及分类

按照发动机的工作顺序,负荷大小,定时、定量、定压地向喷油器输送高压柴油,且各缸供油压力、油量均等。喷油泵种类很多,按工作原理不同主要分为以下三种类型,如图5-14所示。在汽车柴油机上得到广泛应用的有直列柱塞式喷油泵[见图5-14(a)]、喷油泵-喷油器[见图5-14(b)]和转子分配式喷油泵[见图5-14(c)]等。

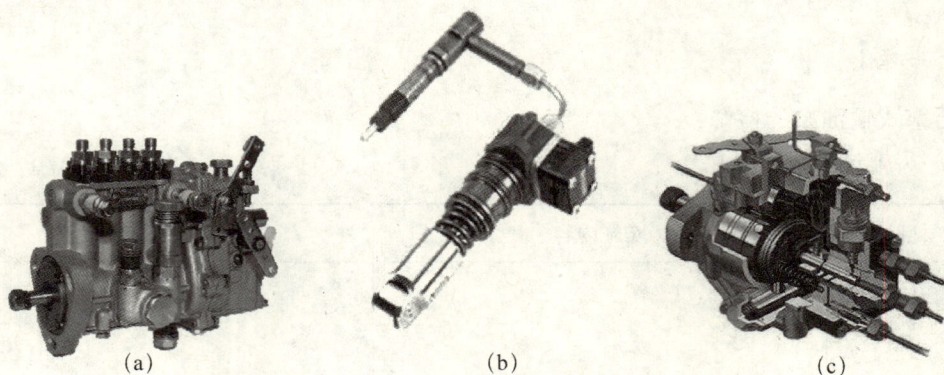

（a）　　　　　　　　　　（b）　　　　　　　　　　（c）

图 5-14　喷油泵的类型

2. 多缸车用柴油机的喷油泵应满足下列要求

(1) 各缸供油量相等。在标定工况下各缸供油量相差不超过 4%。喷油泵的供油量应随柴油机工况的变化而变化,为此喷油泵必须有供油量调节机构。

(2) 各缸供油提前角相同,误差小于 1°曲轴转角。供油提前角也应随柴油机工况的变化而变化,为此应装置喷油提前器。

(3)各缸供油持续角一致。

(4)能迅速停止供油,以防止喷油器发生滴漏现象。

5.3.2 柱塞式喷油泵的基本构造与工作原理

国产系列柱塞式喷油泵有 A 型泵、B 型泵、P 型泵。下面以 A 型泵为例,介绍柱塞式喷油泵的构造与工作原理。如图 5-15 所示,该泵共有 4 个分泵,泵体由铝合金铸成,与调速器、输油泵组装在一起。

图 5-15　柱塞式喷油泵的外形构造

1—泵体;2—凸轮轴;3—输油泵;4—调速器;5—油量调节
手柄;6—分泵

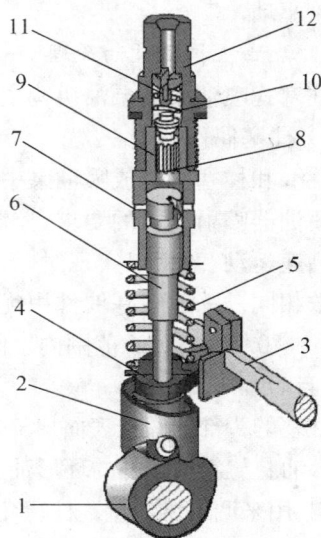

图 5-16　柱塞式喷油泵分泵的
基本结构

1—凸轮轴;2—滚轮体;3—供油拉杆;
4—柱塞弹簧座;5—柱塞弹簧;6—柱
塞;7—柱塞套;8—出油阀;9—出油阀
座;10—出油阀弹簧;11—减容器;
12—出油阀压紧座

对于多缸柴油机的喷油泵,每个气缸都有一个泵油单元称为分泵(或泵单体),与该缸的喷油器相对应。分泵的结构如图 5-16 所示,主要包括传动机构(凸轮轴和滚轮挺柱)、泵油机构(柱塞偶件、柱塞弹簧、出油阀偶件和出油阀弹簧)、油量调节机构(调节齿杆、调节齿圈和油量控制套筒)、喷油泵体等部分组成。柱塞偶件和出油阀偶件是泵油机构的主要部件。使柱塞转动并能调节供油量的供油拉杆、调节臂等组成了油量调节机构。能使柱塞上下往复运动的凸轮轴、滚轮挺柱、柱塞弹簧等组成了柱塞的传动机构。喷油泵体将泵油机构、油量调节机构和传动机构等零部件组合在一起,并保证它们之间的相对位置和正确配合。泵体上部设有纵向的低压油道与各柱塞套筒的进油孔相通。油道的一端有进油管接头,另一端有回油管接头,多余的燃油通过溢流阀流回低压油路或燃油箱。柱塞套筒和出油阀偶件从泵体上部装入,并由出油阀接头压紧。为防止柱塞套筒转动,每个柱塞套筒都开有定位槽,装配时应使该槽对准每一个对应的定位销。挡油螺钉在柱塞泵油时起减轻或消除因高压燃油冲击所引起的金属穴蚀现象。

柱塞、柱塞弹簧以及滚轮挺柱等零件是从泵体下部装入的,泵体底部设有拆装用的工艺孔,各孔用油底塞堵住。泵体侧面设有调整检视窗口,以便检查和调整供油量和供油提前角。调节齿杆装在泵体上部的纵向导孔内,在泵体背面中部有一个定位螺钉拧入齿杆的长形导向槽内,防止齿杆转动。凸轮轴装在泵体下腔内,用两个圆锥滚子轴承支承。喷油泵固定在发动机体一侧的支架上,由柴油机曲轴通过齿轮驱动。齿轮轴与喷油泵的凸轮用联轴器连接,调速器即装在喷油泵的后端。输油泵安装在喷油泵的外侧,由喷油泵的凸轮轴上的偏心轮驱动。

1. 泵油机构及泵油原理

柱塞式喷油泵的泵油机构主要由柱塞偶件和出油阀偶件组成。

1) 柱塞偶件

柱塞和柱塞套构成喷油泵中最精密的偶件,称作柱塞偶件。其功用是提高柴油压力,以满足喷油器喷射压力的要求,控制供油量和供油时间。正是由于柱塞偶件的精密配合及柱塞的高速运动,才得以实现对燃油的增压。每台喷油泵的柱塞偶件数和与其配套的柴油机气缸数相同。一般柱塞偶件用优质合金钢制造,经过精细加工和配对研磨,使其配合间隙在 0.0015～0.0025 mm 范围内。间隙过大,容易漏油,导致油压下降;间隙过小,对偶件润滑不利,且容易卡死。

柱塞的头部的圆柱表面加工有一个直槽 2 或中心孔以及螺旋形(直线型)斜槽 3,直槽将柱塞顶部油腔与斜槽下部的环形油腔相连通。柱塞下部加工有扁位块,镶嵌在油量控制套筒开口槽内,用来调节供油量。柱塞套筒上有一个或两个径向油孔 1 与泵体上的低压油腔相通,用来进油和回油。柱塞套装入喷油泵体的座孔中。为防止柱塞套转动,柱塞套大外圆上开有纵向开口槽,从泵体外侧用定位螺钉固定。柱塞弹簧 5 通过弹簧上支座支承于泵体上,弹簧下端通过下支座支承在柱塞上,装配时有预紧力,依靠弹簧力,柱塞压紧在滚轮架 2 的上端面上。

2) 柱塞偶件的泵油过程

如图 5-17 所示,当柱塞下行至其上端面在柱塞套筒的进油孔 1 以下时,低压油腔的柴油充入柱塞顶上的油腔内,如图 5-17(a)所示。当柱塞自下止点向上运动,且柱塞上端面还没有完全遮住套筒上的油孔时,部分柴油被柱塞挤回低压油腔,直至柱塞上端面将油孔完全封闭为止,如图 5-17(b)。当柱塞上端面完全遮住油孔,切断了柱塞套筒内腔与泵体低压油腔的通道,柱塞继续上升时,套筒内柱塞上部的柴油压力迅速上升,克服出油阀弹簧的预紧力后,出油阀开始上升,出油阀的密封面离开阀座。这时还不能立即供油,一直要等到减压环带完全离开阀座的导向孔时,即出油阀上升一段距离之后,才有燃油进入高压油管,使管路油压升高,高压柴油便经高压油管流向喷油器,如图 5-17(c)。柱塞继续上移,当它的头部下斜面刚刚露出套筒的油孔时,低压油腔与斜槽下部环形油腔相通,柱塞顶上的高压柴油通过直槽迅速流回到低压油腔,使柱塞顶上的油压立刻下降,出油阀关闭,一次供油停止,如图 5-17(d)所示。此后柱塞仍继续上行,直到上止点为止,但不再泵油。柱塞从下止点到上止点所经过的实际行程取决于驱动凸轮的升程,是不变的。但每个循环的供油量取决于柱塞的有效行程 h_3,如图 5-18 所示。柱塞的上端面完全遮住套筒的油孔到柱塞下斜面刚刚露出油孔这一段柱塞上行的行程。柴油机在工作过程中,如果使柱塞相对于套筒转动一个角度,则改变了柱塞的有效行程,即改变了循环供油量,从而达到了调节柴油机工况的目的。当柱塞直槽转到与套筒油孔对准时,柱塞上下运动均遮不住油孔,此时,有效行程为零,柱塞顶上的油腔与低压油腔相通而造成停止泵油状态,使柴油机熄火。

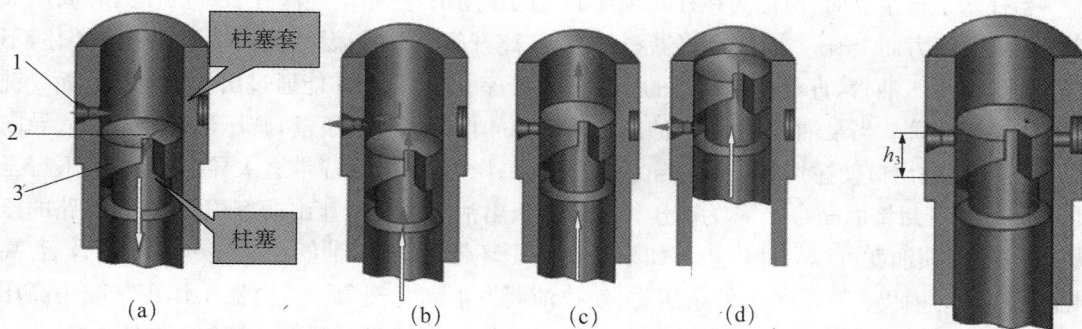

图 5-17　柱塞偶件的基本结构和泵油过程

1—进回油孔;2—直槽;3—斜槽

图 5-18　柱塞有效行程

柱塞行程(全行程)h,等于预行程 h_1、增压行程 h_2、有效行程 h_3 和剩余行程 h_4 之和。

预行程 h_1:柱塞从下止点上升到其上端面将进油孔完全关闭时所移动的距离称为预行程。它是根据柴油机对供油提前角的要求所决定的。

增压行程 h_2:指从预行程结束到出油阀开启(减压环带开始离开阀座的导向孔时)时柱塞所上升的距离。它决定于出油阀上圆柱环带的尺寸。

有效行程 h_3:指从出油阀开启到柱塞斜槽与油孔相通时柱塞上升的距离。它决定于匹配柴油机的功率(供油量)。同时还与柱塞直径的大小相关。

剩余行程 h_4:从有效行程结束到柱塞到达上止点时柱塞上升的距离。它是柱塞、滚轮体总成从最大运动速度降到零时所上升的距离。

3) 出油阀偶件

出油阀与出油阀座是喷油泵中另一对精密偶件,称出油阀偶件。出油阀偶件由出油阀体、出油阀座、出油阀弹簧和减容器等组成,如图 5-19 所示。出油阀偶件的作用是防止燃油倒流,保证供油迅速,停油干脆。

出油阀偶件位于柱塞套的上面,两者接触平面依靠加工精度紧密贴合可以保证高压密封。拧入出油阀压紧座,通过高压密封垫圈将出油阀座与柱塞套压紧,同时使出油阀弹簧将出油阀压紧在阀座上。

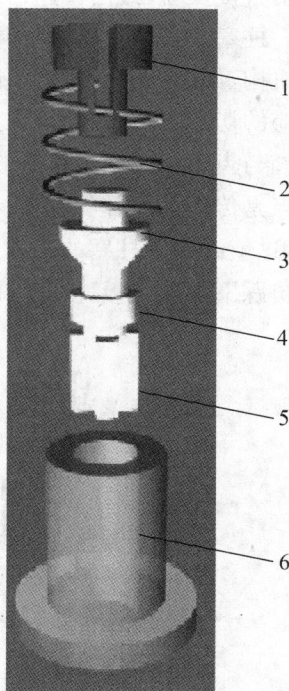

图 5-19　出油阀偶件

1—减容器;2—出油阀弹簧;3—密封锥面;4—减压环带;5—十字截面;6—出油阀座

出油阀的结构由密封锥面、减压环带、十字截面组成。出油阀的密封锥面与出油阀座的接触表面经过精细研磨。出油阀减压环带与出油阀座孔的配合间隙很小。阀尾部的十字截面同阀座内孔作滑动配合,为出油阀的运动导向。

4)出油阀偶件的工作过程

当柱塞上行泵油时,出油阀在柱塞顶部油压的作用下,克服出油阀弹簧2的压力和高压油管内的残余压力而上升。当出油阀的密封锥面3离开阀座6时,燃油仍被减压环带4挡住,不能立即送入高压油管,直至减压环带的下缘也离开座孔时,燃油才能通过出油阀十字截面3铣槽进入高压油管。当泵油停止时,出油阀在弹簧力的作用下迅速下落,减压环带一经进入导向孔(座内),泵腔出口便被切断,于是柴油停止进入高压油管;减压环带进入导孔后,继续下行至距离h,才使密封锥面贴合,h称为减压行程。由于出油阀本身所让出的容积,使高压管路的压力迅速下降,喷油就可以立即停止。如果没有减压环带,则在出油阀与阀座的锥面贴合后,高压管路中瞬时内仍存在着很高的余压力,使喷油器发生滴漏现象。减容器1作用是减小高压腔的容积,限制出油阀升程,当出油阀上升到一定程度,抵住减容器,出油阀不再继续上升。

2. 油量调节机构

喷油泵供油量调节机构的功用是,根据柴油机负荷和转速的变化,通过转动柱塞改变柱塞有效行程的方法来改变循环供油量,且保证各缸的供油量一致。供油量调节机构或由驾驶员直接操纵,或由调速器自动控制。

柱塞式喷油泵的油量调节机构一般采用齿圈齿条式油量调节机构或拨叉拉杆式油量调节机构,如图5-20所示。以齿圈齿条式油量调节机构为例,柱塞下端的榫舌嵌入控制套筒相应的切槽中,套筒松套在柱塞套上。在控制套筒上部有一个可调齿圈,用螺钉锁紧。可调齿圈与齿条相啮合。齿条的轴向位置由驾驶员或调速器控制。齿圈齿条式油量调节装置的特点是传动平稳,但制造成本较高。移动齿条时,齿圈连同控制套筒带动柱塞相对柱塞套转动,这就改变了柱塞的有效行程,从而达到了调节循环供油量和改变柴油机工况的目的。驾驶员踩下加速踏板,齿条向右移动,柱塞随之旋转,有效行程增加,供油量增加;反之则减少。

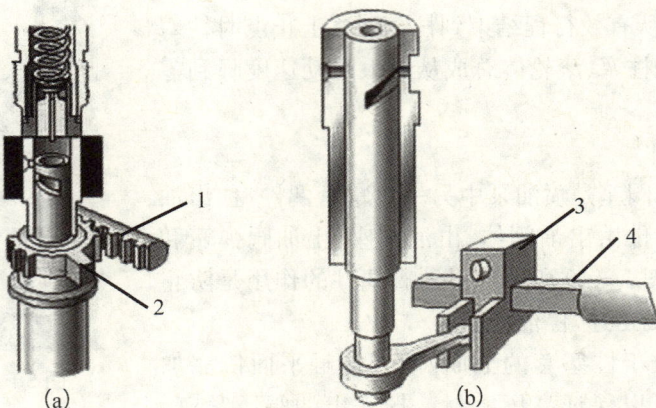

图5-20　柱塞式喷油泵的油量调节机构

(a)齿圈齿条式油量调节机构　(b)拨叉拉杆式油量调节机构

1—供油齿条;2—齿圈;3—供油拨叉;4—供油拉杆

　　各缸供油均匀性的调整,可以通过改变齿圈和控制套筒的相对位置来实现,即可松开齿圈,按调整的需要使套筒与柱塞一起相对于可调齿圈转过一定角度,再将可调齿圈锁紧在套筒上。注意,该调整需在高压油泵试验台上进行。

　　3. 传动机构

　　柱塞式喷油泵的传动机构的作用是通过滚轮挺柱将凸轮轴的旋转运动转变为柱塞的往复运动。传动机构由凸轮轴和滚轮传动部件组成,如图 5-21 所示。

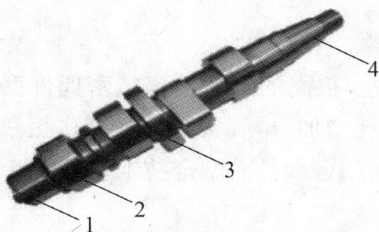

图 5-21 柱塞式喷油泵的传动机构

1—滚轮传动部件;2—凸轮轴

　　喷油泵凸轮轴的作用是将曲轴分配的部分动力传递给柱塞,使之往复运动,同时保证各分泵按各缸工作(发火)顺序和一定的供油规律向各缸喷油器输送高压燃油。喷油泵的凸轮轴,如图 5-22 所示,是由柴油机的曲轴通过齿轮驱动的。凸轮轴的两端支承在圆锥滚子轴承上,前端装有联轴器及机械离心式供油提前角自动调节器,后端与调速器相连。凸轮轴上设有与柴油机缸数相等的凸轮,当凸轮轴上的凸轮 2 凸起部分与滚轮接触时,便克服柱塞弹簧的弹力,推动柱塞向上运动。当凸轮的凸起部分转过后,柱塞便在弹簧的作用下回位。为保证在相当于一个工作循环的曲轴转角内,各缸都能喷油一次,四冲程柴油机的喷油泵凸轮轴的转速应等于曲轴转速的 1/2。当然,凸轮轴上与各缸相应的各个凸轮的相对角位置,还必须符合所要求的发动机发火次序。另外在凸轮轴中间还有驱动输油泵的偏心轮。

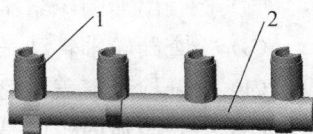

图 5-22 柱塞式喷油泵凸轮轴

1—后端;2—凸轮;3—偏心轮;4—前端

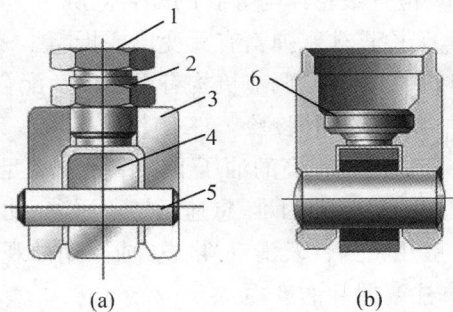

(a)　　　　　　(b)

图 5-23 滚轮挺柱结构型式

(a) 螺钉调整 (b) 垫片调整

1—调整螺母;2—锁紧螺母;3—滚轮支架;4—滚轮;
5—滚轮轴;6—垫片

　　常用的滚轮挺柱结构型式有两种,如图 5-23 所示。两者只是在调整挺柱有效高度的方式上有所不同:图 5-23(a)为螺钉调整,图 5-23(b)为垫片调整。挺柱的有效高度将影响各分泵的供油始点和各分泵之间的供油间隔角。带有衬套(内滚轮)的滚轮安装在滚轮轴上。轴又支承在滚轮架的座孔中。滚轮部件为了避免凸轮驱动时柱塞承受侧向力,减少运动件的摩擦和磨损,滚轮部件作为中间传动件将凸轮的旋转运动转变为柱塞的往复运动。滚轮在滚轮架孔内可做相对运动,滚轮、衬套与滚轮轴均可做相对运动,以达到磨损均匀的目的。滚轮靠凸轮轴甩油润滑,提高使用寿命。

5.3.3　柱塞式喷油泵的检修

1. 外部检查

（1）观察泵体有无裂纹或可能导致漏油的损伤。

（2）检查出油阀压紧座处有无漏油痕迹。

（3）检查凸轮轴转动是否灵活。

（4）拆开检查窗盖，检查喷油泵内部是否积水。

（5）检查泵体内机油是否被柴油严重污染或变质。

（6）检查柱塞套筒周围及输油泵与泵壳间是否漏油。

2. 喷油泵零件检查

（1）检查喷油泵壳体有无损坏或裂纹。

（2）出油阀偶件、出油阀弹簧、减容器有无损坏、磨损。

（3）柱塞偶件有无损坏、磨损。

（4）检查凸轮轴端锥面和螺纹有无毛糙或损坏。

（5）检查凸轮轴上的凸轮有无损伤、变形或严重磨损。

（6）检查凸轮轴的弯曲变形。

（7）检查凸轮轴轴向间隙。

（8）检查滚轮体和滚轮磨损或损坏情况。

（9）检查滚轮体与导孔的配合间隙。

（10）检查柱塞弹簧有无变形或折断。

（11）检查油量调节机构有无变形及配合情况。

3. 喷油泵偶件检验

柱塞偶件在很高的油压下工作要求有足够的密封性，很高的耐磨性。精密偶件磨损后会造成柴油机起动困难，怠速运转不平稳，功率不足、油耗增加、排气冒黑烟和工作粗暴等现象。一般用密封性及滑动性实验或采用外观目测法判断精密偶件的配合技术状况。

1）柱塞偶件的磨损

（1）柱塞和柱塞套是喷油泵的最主要的精密偶件，其圆度和圆柱度为 0.001 mm，配合间隙为 0.002～0.003 mm。

（2）造成磨损的原因：油料中的机械杂质、燃油以很高的压力和流速冲刷偶件表面。

（3）最大磨损部位：柱塞套进回油孔的上下边沿，柱塞的磨损在小过梁处。

（4）危害：造成高压燃油的泄露，是开始供油时间滞后，供油结束时间提早，造成供油量减少，功率下降。怠速时：供油量下降更多造成怠速不稳定，起动困难易熄火。由于各缸柱塞副磨损不均，燃油漏油量不同，使各缸供油不等，造成柴油机运转不平稳，特别在低速时更为明显。

2）出油阀偶件的磨损

（1）出油阀偶件是喷油泵的另一个主要的精密偶件，同样其配合间隙有严格的要求。

（2）出油阀座的磨损部位：与出油阀配合的锥形密封面，和座孔的内表面。

（3）危害：造成降压作用减小，高压管中的剩余压力提高，使喷油时间提前，断油不干脆发生滴油现象,喷油延续角增大,供油量增加,燃烧变坏,以致冒黑烟和有不规则的敲缸现象。

3) 柱塞偶件的检验方法

(1) 直观检验法。柱塞表面有严重磨损;柱塞端面、直槽斜槽等边沿有剥落锈蚀;柱塞套内表面有锈蚀和较深刮痕裂纹即为报废。

(2) 滑动性试验。如图 5-24(a)所示,在柴油中浸泡、清洗过的柱塞偶件,用手拿住柱塞套倾斜 60°左右,轻轻抽出柱塞 1/3,然后松开,柱塞应在自身的重力下自行下滑,落在柱塞套的支撑面上。再抽出转动任何角度其结果应该相同。

(3) 密封性试验。如图 5-24(b)所示,通常采用喷油器试验柱塞副的密封性,其方法是:将出油阀取出装好出油阀压紧座,放尽空气连接喷油泵,移动供油操纵杆使柱塞处于最大供油位置并转动凸轮轴,使柱塞上升到供油行程中间位置。使柱塞密封住进出油孔,操纵喷油器试验器使油压上升到 20 MPa,然后测定油压从 20 MPa 降到 10 MPa 所需要的时间,小于 12 s 为不合格。

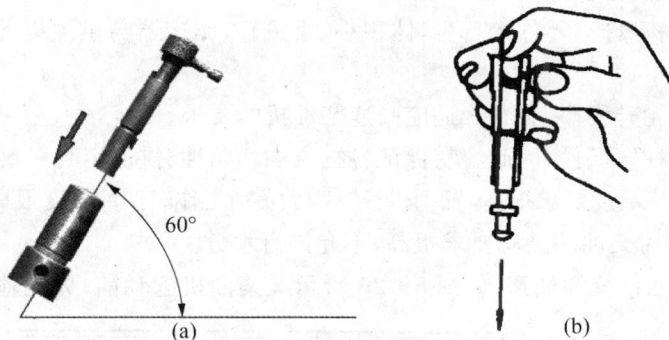

图 5-24 柱塞偶件的检验

(a) 滑动性试验 (b) 密封性试验

简易方法:用柴油将柱塞偶件洗干净,使柱塞处于中等或最大供油位置,用手堵住柱塞套上的端孔和进回油孔,将柱塞从最上位置往下拉,落下的距离以柱塞上边沿不露出套筒油孔为限,若感觉有真空吸力便迅速松开柱塞。若柱塞能迅速回到原位,则可以继续使用。

4) 出油阀偶件的检验方法

(1) 直观检验法。检查出油阀偶件表面有裂纹、表面剥落、密封带宽度和深度过大。减压环带磨损过甚、表面腐蚀者应报废。

(2) 滑动性试验。将清洗干净的出油阀偶件垂直放置,将阀体从阀座中抽出 1/3,松手后出油阀应能在自身重力的作用下缓慢均匀地下落到底。旋转任何角度,重复上述操作。

(3) 密封性试验。用手堵住出油阀座下端,出油阀下落到减压环带处应能停住。然后用手轻轻压入出油阀,松手之后,出油阀应能马上反弹到原位。下端放手,出油阀在自身的重力下完全落下,如图 5-25 所示。

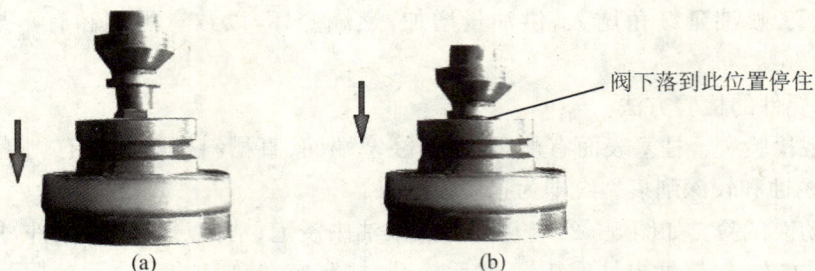

图 5 - 25　出油阀偶件的检验

（a）滑动性试验　（b）密封性试验

5.3.4　转子分配式喷油泵的构造

分配式喷油泵有两大类：轴向压缩式和径向压缩式。目前，单柱塞式的 VE 分配泵占据了车用高速柴油机的绝对份额，分配式喷油泵有如下特点：

（1）分配泵结构紧凑，零件数目少，体积小，重量轻，调速器与供油提前角自动调节器均装在泵体内。

（2）分配泵凸轮升程小，有利于适应高速柴油机的要求。

（3）仅需一副柱塞偶件，因此容易保证各缸供油均匀性、供油定时一致性的要求。

（4）对柴油的清洁度要求很高，发动机长时间大负荷工作时柴油温度很高，柱塞容易咬死。分配式喷油泵对柴油的品质要求很高，不允许有水分。

VE 分配泵喷油系统的油路，如图 5 - 26 所示。柴油机起动前，先用输油泵 2 手动泵泵

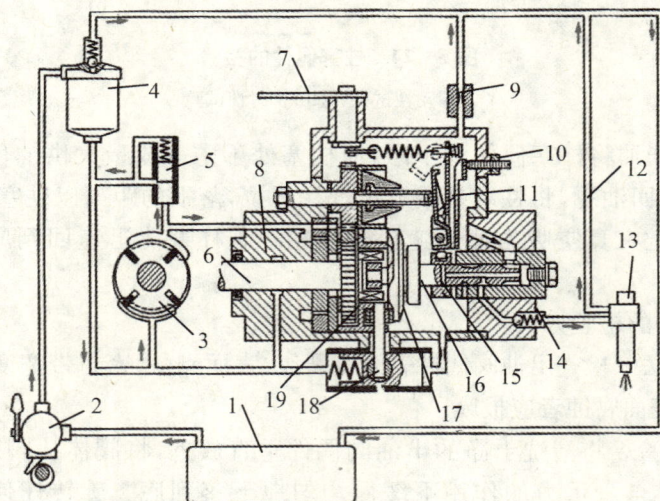

图 5 - 26　分配式喷油泵燃油供给系油路

1—燃油箱；2—一级输油泵；3—二级输油泵；4—燃油滤清器；5—调压阀；6—驱动轴；7—调速手柄；8—分配泵泵体；9—溢流节流孔；10—供油量调整螺钉；11—调速器；12—回油管；13—喷油器；14—出油阀及高压油管；15—油量调节套筒；16—柱塞；17—端面凸轮盘；18—喷油提前器；19—调速器传动齿轮

油,通过顶盖上的溢流阀排除柴油管路中的空气。柴油机运行时,由曲轴齿轮带动分配泵的传动轴6。其前端的滑片式输油泵3将柴油从油箱中抽出,经过柴油滤清器和油水分离器4,滤掉柴油中的杂质和水分后进入输油泵,使柴油压力升高。

然后进入分配泵泵体内,再经过电磁阀进入柱塞腔。当柱塞16向右运动时,压缩柴油产生高压,经柱塞中的油道和出油孔,分配到泵体上相应气缸的油道,再经过出油阀14、高压油管和喷油器13喷入对应的气缸。泵体内多余的柴油从顶盖上的溢流阀9返回油箱。柴油如此循环流动既可带走油路中的气泡和零件摩擦产生的热量,又可润滑各个运动零件。与此同时,泵体内的喷油提前器18,相应改变喷油提前角。

VE型分配泵是分配泵喷油系统中的核心部件,它主要由以下4部分组成:传动供油部分、二级滑片式输油泵和电磁式断油阀等部分组成。机械式调速器和液压式供油提前角自动调节器也装在分配泵体内,如图5-27所示。

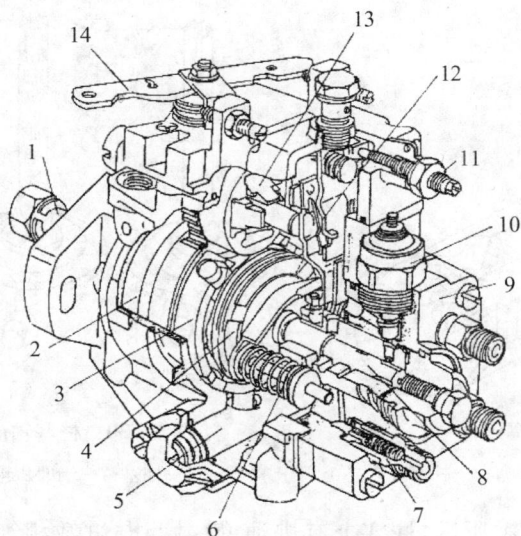

图5-27 分配式喷油泵总体结构

1—驱动轴;2—输油泵;3—滚轮座;4—端面凸轮盘;5—喷油提前器;6—柱塞弹簧;7—出油阀及高压油管接头;8—柱塞;9—分配头;10—电磁阀;11—最大供油量调整螺钉;12—调速杠杆;13—调速飞锤;14—调速控制手柄

1. 传动供油部分

如图5-28所示,VE型分配泵的传动供油部分主要包括:驱动轴2、端面凸轮盘6通过凸键与联轴器4连接,静止的滚轮架5内孔作为联轴器的轴承孔,滚轮架上有四副滚轮(四缸机),通过销轴与滚轮架连接。由于端面凸轮盘被柱塞复位弹簧10和弹簧座8压紧在滚轮架上,因此,端面凸轮迫使滚轮自转,端面凸轮盘与驱动轴同方向旋转,再带动柱塞7旋转。当端面凸轮盘凸起部分转到滚轮位置时使柱塞作轴向往复直线运动,如图5-29、图5-30所示。这样,柱塞腔中的柴油既被压缩产生高压,又通过柱塞中的出油孔分配到泵体上相应气缸的油道,经出油阀、高压油管和喷油器喷入对应的气缸。

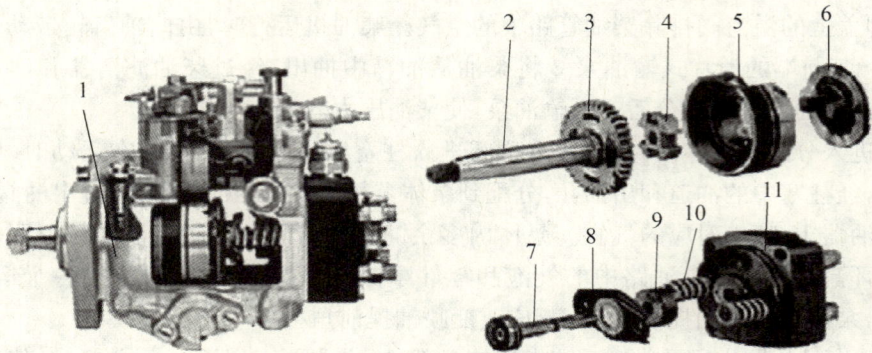

图 5-28　传动供油部分结构与组成

1—泵体；2—驱动轴；3—输油泵驱动齿轮；4—联轴器；5—滚轮架；6—端面凸轮盘；7—柱塞；8—柱塞弹簧座；9—油量调节套筒；10—柱塞弹簧；11—分配头

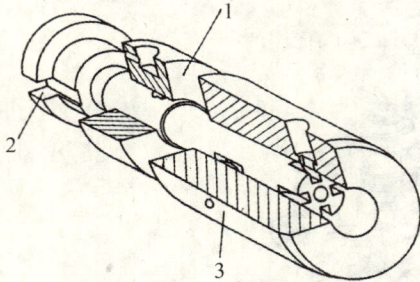

图 5-29　柱塞偶件

1—油量控制套筒；2—柱塞；3—柱塞套

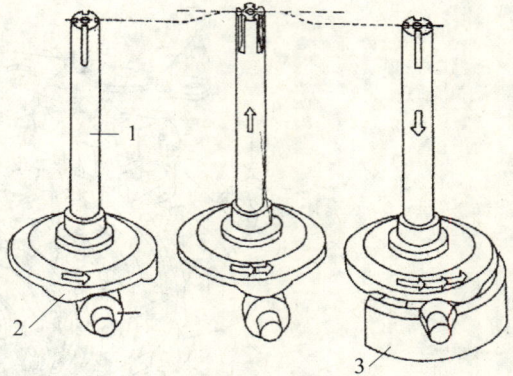

图 5-30　柱塞轴向运动示意图

1—柱塞；2—端面凸轮盘；3—滚轮座

柱塞偶件，如图 5-31 所示，柱塞上有进油槽（数目与缸数相等）、中心油孔、燃油分配孔、泄油孔、压力平衡槽等。当柱塞在弹簧的作用下向右移动时，进油槽与柱塞套进油孔相通，燃油进入柱塞腔。当柱塞向右移动时，柱塞腔压力升高，燃油通过中心孔、燃油分配孔压向出油阀、高压油管和喷油器喷入对应的汽缸。继续向右移动，泄油孔打开，燃油经中心孔、泄油孔进入低压油道，停止供油。供油结束后，柱塞继续旋转，当柱塞上的压力平衡槽与泵体上分配油路相通时，分配油路中油压与泵体内腔油压一致，使各缸喷油压力均匀。因此柱塞旋转运动完成进油、配油；柱塞轴向运动：进油、压油。

滚轮座部件，如图 5-32 所示，滚轮架部件由滚轮架、滚轮、滚轮销、滚轮衬套、滚轮球面垫片组成。安装在泵体当中，在端面凸轮盘的驱动下，滚轮在滚轮销上自转，当端面凸轮盘凸起部分转过来时，推动柱塞做轴向往复运动。

高压分配泵头，如图 5-33 所示，高压分配泵头的作用是：将泵腔内的低压柴油由柱塞套的进油孔进入柱塞腔和柱塞内部的中心油孔内，然后增压并经分配柱塞上的燃油分配槽、柱塞套上的出油孔、泵头上的分配油道及出油阀送入喷油器喷油。柱塞套上只有一个进油孔，而出油孔的数目与发动机的气缸数目相同。分配柱塞上只有一个与中心孔相通的燃油

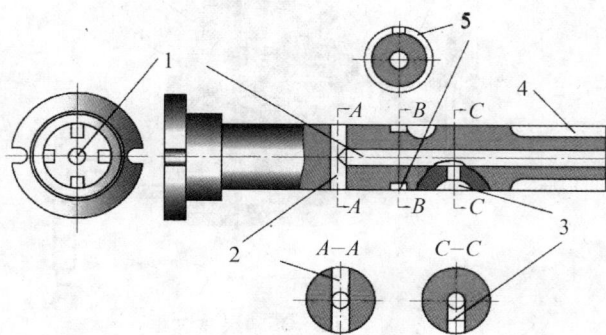

图 5－31 柱塞结构

1—中心油孔；2—泄油孔；3—燃油分配孔；4—进油槽；5—滚压力平衡槽

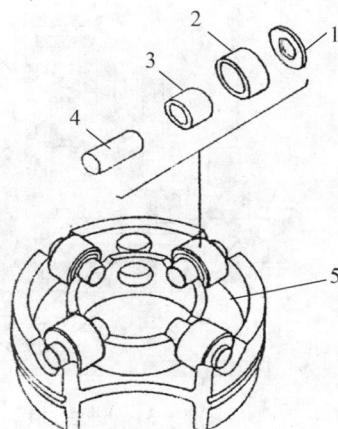

图 5－32 滚轮架部件

1—球面垫片；2—滚轮；3—滚轮衬套；4—滚轮销；5—滚轮架

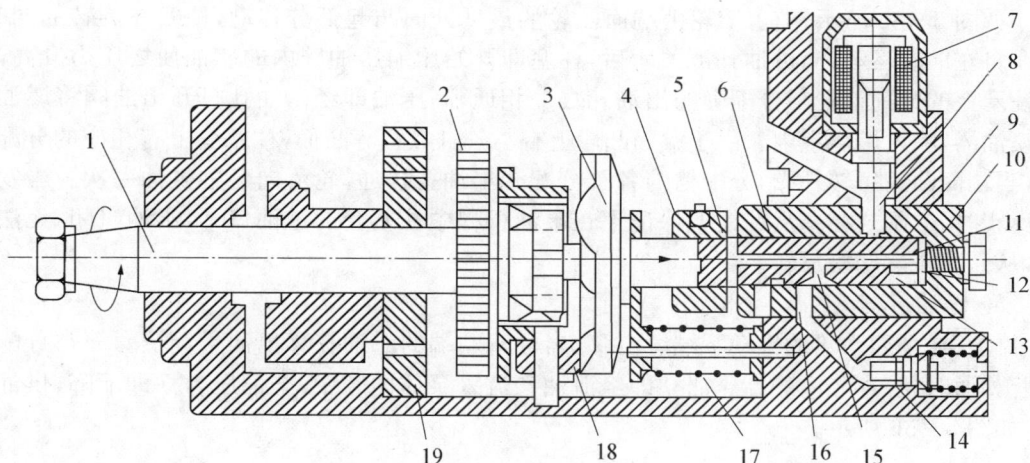

图 5－33   VE 分配泵高压分配泵头

1—驱动轴；2—调速器驱动齿轮；3—平面凸轮盘；4—油量调节套筒；5—泄油孔；6—压力平衡槽；7—电磁阀；8—进油孔；9—分配柱塞；10—柱塞套；11—中心油孔；12—柱塞腔；13—进油槽；14—出油阀；15—燃油分配槽；16—进油孔；17—柱塞弹簧；18—滚轮；19—滑片式输油泵

分配槽，而进油槽的数目与发动机的气缸数相同。在分配柱塞旋转一周的过程中，各进油槽分别与柱塞套上的进油孔相通一次（进油一次）；燃油分配槽也依次与柱塞套上的出油孔相通一次（泵油一次）。在结构上保证了当进油时柱塞套上的出油孔被分配柱塞的柱面封闭；当泵油时，柱塞套上的进油孔则被柱塞的柱面封闭。

2. 工作过程

1）进油过程

当平面凸轮盘的凹下部分转至与滚轮接触时，柱塞弹簧将分配柱塞向左推移，柱塞腔容积增大。进油槽与柱塞套上的进油孔相通，柴油经油道流入柱塞右端腔室和中心油道内，如图 5－34 所示。

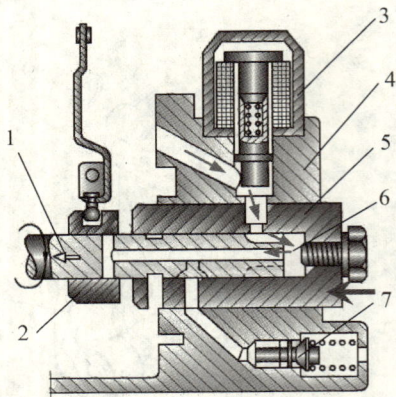

图 5-34　进油过程

1—柱塞；2—控制套筒；3—电磁阀；4—分配头；5—柱塞套；6—柱塞腔；7—出油阀

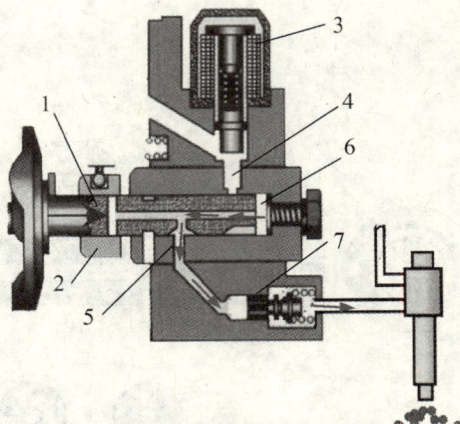

图 5-35　泵油过程

1—柱塞；2—控制套筒；3—电磁阀；4—进油口；5—燃油分配槽；6—柱塞腔；7—出油阀

2）泵油过程

如图 5-35 所示，随着滚轮由端面凸轮的最低处向凸起部分移动，柱塞在旋转的同时，也在自左向右运动，当进油孔被关闭后，柱塞即开始压缩压油腔内的燃油使之压力升高，此时柱塞上的分配槽孔与分配套的出油孔之一相通，高压油即经出油孔打开出油阀将燃油压到喷油器，喷入燃烧室内。由于端面凸轮上有与气缸数相等凸面，柱塞套上有相应的分配油路，当端面凸轮每转一圈，分配槽与各缸分配套出油孔接通，轮流向各缸供油一次。当发动机反转时，分配式柱塞从结构上保证了在泵油行程中柱塞套的进油口开，出油口闭，无法泵油，从而防止发动机反转。

3）停油过程

柱塞在平面凸轮的推动下继续右移，当柱塞左端的泄油孔移出油量调节套筒与分配泵内腔相通时，柱塞腔内的高压油立即经泄油孔流入泵体内腔中，柴油压力立即下降，供油停止，如图 5-36 所示。

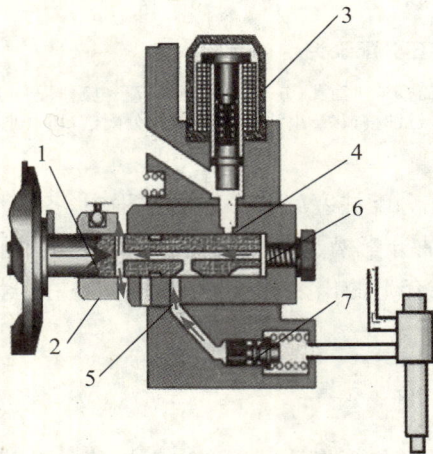

图 5-36　停油过程

1—柱塞；2—控制套筒；3—电磁阀；4—进油口；5—燃油分配槽；6—柱塞腔；7—出油阀

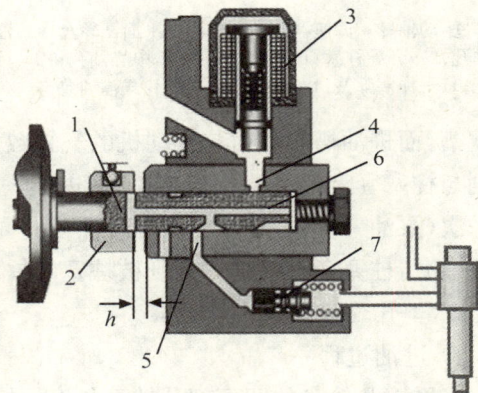

图 5-37　供油量调节

1—柱塞；2—控制套筒；3—电磁阀；4—进油口；5—燃油分配槽；6—柱塞腔；7—出油阀

　　4）供油量调节

　　从柱塞上的分配槽与出油孔相通起,至溢油孔与分配泵内腔相通为止,为有效供油行程 h,有效供油行程越长,供油量越大,控制套的移动可改变供油量,控制套向左移动,供油行程短,供油结束早,控制套向右移动,供油行程长,油量变大。这种采用移动控制套来调节供油量,通过改变停止供油时刻来实现的调节方法,称为断油计量,如图 5-37 所示。

　　5）均压过程

　　在某一缸泵油终止至柱塞泄油孔被重新封闭,停止泄油,这一极短的时间内,分配油道内的残余压力仍高于分配泵内腔中燃油的压力。为此在柱塞上设置有压力平衡槽,在柱塞工作过程中,始终保持与分配泵内腔相通。供油结束以后,柱塞已旋转到其压力平衡槽与分配套筒上的出油孔相通的位置上,出油孔与出油阀之间的分配油道通过柱塞上的压力平衡槽和环槽与泵体内腔接通,使各缸这一段分配油道之间的压力在喷射开始前保持一致,从而改善分配泵各缸之间的供油均匀性,如图 5-38 所示。

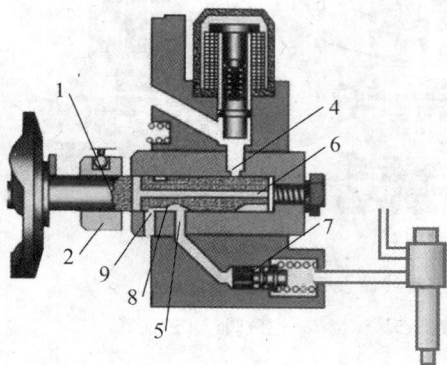

图 5-38　供油量调节

1—柱塞;2—控制套筒;3—电磁阀;4—进油口;5—燃油分配槽;6—柱塞腔;7—出油阀;8—压力平衡槽;9—环槽

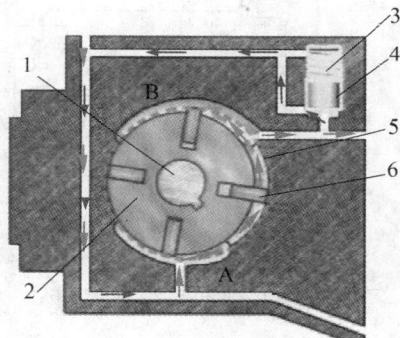

图 5-39　滑片式输油泵

1—驱动轴;2—转子;3—调压阀弹簧;4—调压阀;5—偏心环;6—滑片;A—进油侧;B—出油侧

　　3. 滑片式输油泵

　　在采用分配式喷油泵的柴油机燃油系统中有两个输油泵,即一级膜片式输油泵和二级滑片式输油泵,前者与汽油机燃油系统中的膜片式输油泵完全相同。分配泵燃油系统采用两级输油泵,是因为分配泵每次进油的时间很短,进油节流阻力较大。为了保证分配泵进油充分,需要提高输油压力,为此在分配泵内增设一个滑片式输油泵,如图 5-39 所示。

　　滑片式输油泵的转子的凹槽内装有可以滑动的滑片,当驱动轴驱动转子转动时,滑片在离心力的作用下向外甩开,使其外端压靠在偏心环的孔壁上,因而将输油泵转子与偏心环之间的空腔隔开,随着转子的转动,在进油侧 A 处两滑片间的空间增大,将油吸入;当转子转至出油侧 B 处时,两滑片间的容积减小,油压升高,柴油被压入高压分配泵头。转速升高,输油泵的供油压力也升高,当供油压力大于调压弹簧的弹力时,便将调压阀向上推开,部分柴油经过调压阀进入进油侧,以保证油压不会因转速升高而剧增。另外调压阀及其弹簧同时可以起到缓冲输油泵脉冲压力波、稳定供油压力的作用。

4. 电磁式停油装置

VE 型分配泵采用电磁阀控制停油,电磁阀装在柱塞套筒进油孔的上方口,控制线路图如图 5-40(a)所示,在开关板上设有 ST,ON,OFF 开关,用以操纵电磁阀打开或关断进入气缸的燃油通路。

起动时,将起动开关转至 ST 位置,蓄电池 1 的电流直接流经电磁线圈 4,可以上下移动的阀门 6 被磁力线圈吸起,并压缩弹簧 5,使进油道 7 开启,如图 5-40(b)所示。

柴油机起动后,开关转至 ON 位置,此时,由于电路中串入了电阻 3,使通过电磁线圈 4 的电流减小,但能使阀门保持在开启位置。

柴油机熄火时,开关转至 OFF 位置,电源被切断,电磁线圈 4 内磁力消失,阀门 6 在弹簧力的作用下下落,将进油道关闭,进油停止,柴油机即停止工作,如图 5-40(c)所示。

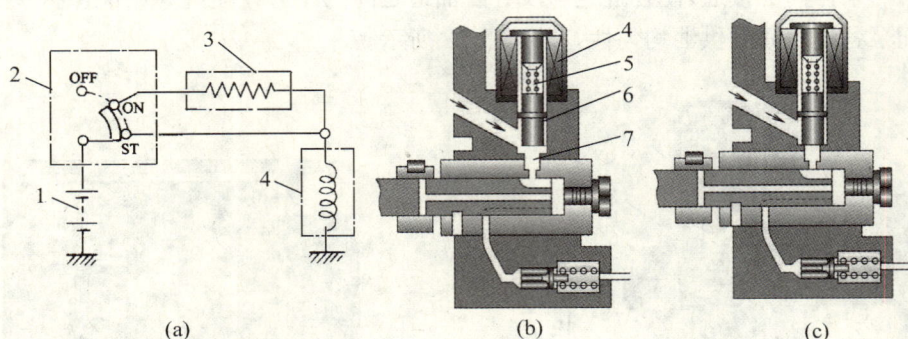

图 5-40 电磁式停油装置控制线路及工作原理

1—蓄电池;2—开关面板;3—电阻;4—电磁线圈;5—弹簧;6—电磁阀;7—进油道

VE 型分配泵的下部装有供油提前角自动调节装置,该装置为液压式调节器,与常见的机械离心式调节器不同,如图 5-41 所示。

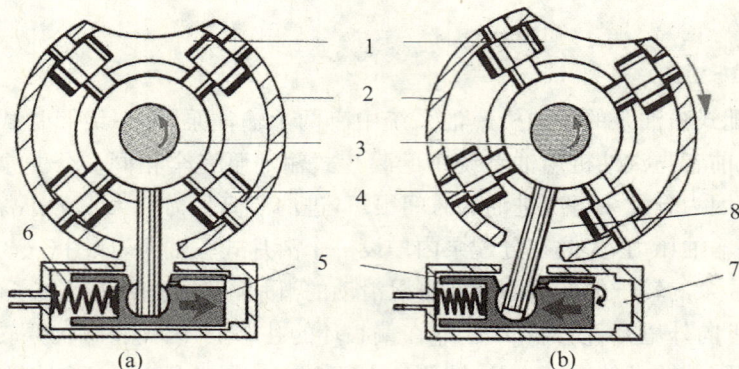

图 5-41 供油提前角自动调节装置

1—端面凸轮;2—滚轮架;3—驱动轴;4—滚轮;5—活塞;6—左腔弹簧;7—右腔;8—拨销

调节器内装有活塞 5,活塞左端有弹簧 6 压在活塞上,装弹簧的内腔(左腔)中的油压与二级输油泵的进油压力相等。活塞右端与分配泵油腔相通,其油压为二级输油泵的出油压力。调节器活塞 5 和滚轮圈 2 用拨销 8 连接。

在柴油机未工作时，由于分配泵内（右腔）无油压，活塞在弹簧 6 的作用下移至最右端，拨销 8 将滚轮圈 1 反时针方向转动到供油提前角最小的位置，如图 5-41(a) 所示。

柴油机工作后，二级输油泵的出油压力随转速增加而上升，活塞右端油压力上升使作用于活塞右端的力大于左端的弹簧力，活塞向左移动，带动拨销使滚轮圈顺时针转动，供油提前角加大，直到活塞左右端力相等，处于平衡位置。转速越高，油压越大，提前角也越大，如图 5-41(b) 所示。

当柴油机转速降低时，二级油泵的输出压力下降，在调速器弹簧力的作用下，活塞被推至右边，拨销使滚轮圈反时针转动，供油提前角减小，直到活塞处于平衡位置。供油提前角调节器的调整特性，可以通过改变弹簧 6 的预紧力和弹簧刚度来调整。

【技能训练】

1. 柴油机喷油泵的拆装

实训名称	柴油机喷油泵的拆装
实训目的	(1) 了解柴油机供给系的组成 (2) 熟悉喷油泵的拆装过程 (3) 掌握柴油机供给系中主要机件的名称、作用和连接关系
实训仪器	(1) A 型喷油泵 1 台 (2) 常用工具、专用工具（喷油泵凸轮轴柱塞弹簧拆卸器等）、常用量具各 1 套
实训过程	以 A 型泵为例（YC610SQC 选用） 1. 喷油泵的拆装 (1) 先堵住低压油路进出油口和高压油管接头：防止污物进入油路，用柴油、煤油、汽油或中性金属清洗剂清洗泵体外部。旋下调速器底部的放油螺钉，放尽机油 (2) 将油泵固定在专用拆装架或自制的 T 型架上，拆下输油泵总成、检视窗盖板、油尺等总成附件及泵体底部螺塞 (3) 转动凸轮轴，使 1 缸滚轮体处于上止点，将滚轮体托板（或销钉）插入调整螺钉与锁紧螺母之间（或挺柱体锁孔中），使滚轮体和凸轮轴脱离 (4) 拆下调速器后盖后固定螺钉，将调速器后壳后移并倾斜适当角度，拨开连接杆上的锁夹或卡销，使供油齿杆和连接杆脱离。用尖嘴钳取下启动弹簧、取下调速器后壳总成 (5) 用专用扳手固定住供油提前角自动调节器，在喷油泵另一端用专用套筒拆下调速飞块支座固定螺母，用拉器拉下飞块支座总成，用专用套筒拆下提前器固定螺母，用拉器拉下提前器 (6) 拆凸轮轴部件：拆卸前应先检查凸轮轴的轴向间隙(0.05~0.10 mm)。将测得值与标准值比较，即可在装配时知道应垫垫片的厚度。若不需要更换凸轮轴轴承，先测间隙也可减少装配时的反复调整。拆下前轴承盖，收好调整垫片，拆下凸轮轴支撑轴瓦。用木槌从调速器一端敲击凸轮轴，将轴和轴承一起从泵体前端取下。若需要更换轴承，可用拉器拉下轴承 (7) 将泵体检视窗一侧向上放平。从油底塞孔中装入滚轮挺柱顶持器，顶起滚轮部件，拔出挺柱托板（或销钉），取出滚轮体总成，按上述方法，依次取出各缸滚轮体总成。如果需对滚轮体解体，则应先测量记下其高度，取出柱塞弹簧、弹簧上下座、油量控制套筒，旋出齿杆限位螺钉，取出供油齿杆，旋出出油阀压紧座，用专用工具取出油阀偶件及减容器、出油阀弹簧、柱塞偶件，按顺序放在专用架上

笔记

	2. 喷油泵的装配 (1) 装配时应在清洁干净后的零件表面涂上清洁的机油 (2) 装供油齿杆:将供油齿杆上的定位槽对准泵体侧面上的齿杆限位螺钉孔,装复限位螺钉,检查供油齿杆的运动阻力,当泵体倾斜45°时,供油齿杆应能靠自重滑动 (3) 装柱塞套筒:柱塞套筒从泵体上方装入座孔中,其定位槽应恰好卡在定位销上,保证柱塞套完全到位。注意座孔必须彻底清理,防止杂物卡在接触面间,造成柱塞套筒偏斜和接触面不密封 (4) 将出油阀偶件、密封垫圈、出油阀弹簧、减容器体和出油阀压紧座依次装入泵体。必须注意出油阀座与柱塞套上端面之间的清洁,并保证密封垫圈完好。用35 N·m的扭矩拧紧出油阀压紧座,过紧会引起泵体开裂、柱塞咬死及齿杆阻滞、柱塞套变形,加剧柱塞副磨损。装配后应检查喷油泵的密封性 (5) 装复供油齿圈和油量控制套筒:油量控制套筒通过齿圈凸耳上的夹紧螺钉和齿圈固定成一体,两者不能相对转动。一般零件上有装配记号,没有记号时应使齿圈的固定凸耳处在油量控制套筒两孔之间居中位置。确定供油齿杆中间位置。将供油齿杆上的记号(刻线或冲点)与泵体端面对齐。或与齿圈上的记号对齐,如果齿杆上无记号,则应使供油齿杆前端面伸出泵体前端面达到说明书规定的距离。装上齿圈和油量控制套筒。左右拉动供油齿杆到极限位置时,齿圈上凸耳的摆动角度应大致相等,并检查供油齿杆的总行程 (6) 装入柱塞弹簧上座及柱塞弹簧,将柱塞装入对应的柱塞套,再装上下弹簧座。注意柱塞下端十字凸缘上有记号的一侧应朝向检视窗。下弹簧有正反之分不能装反 (7) 装复滚轮挺柱体,调整滚轮挺柱体调整螺钉,达到说明书规定高度或拆下时记下的高度。将滚轮体装入座孔,导向销必须嵌入座孔的导向槽内。用力推压滚轮体或用滚轮顶持器和滚轮挺柱托板支起滚轮挺柱。逐缸装复各滚轮体。每装复一个都要拉动供油齿杆,检查供油齿杆的阻力 (8) 装复凸轮轴和中间支撑轴瓦,装上调速器壳和前轴承盖。注意凸轮轴的安装方向,无安装标记时也可根据输出泵驱动凸轮位置确定安装方向。凸轮轴的中间支承应与凸轮轴一起装入泵体,否则凸轮轴装复后就无法装上中间支承 　喷油泵凸轮轴装到泵体内应有确定的轴向位置和适当的轴向间隙。凸轮轴装复后,应转动灵活,轴向间隙在0.05~0.10 mm之间;装复供油提前角自动调节器,转动凸轮轴,取下各滚轮体托板。拉动供油齿杆,阻力应小于15 N,否则应查明原因,予以排除 (9) 装复输出泵、调速器总成等附件
注意事项	(1) 喷油泵拆卸后的零部件应按原装配关系放置在清洁的工作台上,精密偶件要放在单独器皿内,用滤清过的轻柴油清洗或存放 (2) 进行清洗后用压缩空气吹干。柱塞偶件表面上刻有配偶编号及标记,不得错乱,必要时要补印识别标记

2. 喷油泵性能实验

实训名称	喷油泵性能实验
实训目的	(1) 掌握喷油泵总成供油特性的实验方法 (2) 测定喷油泵齿条位置不变时,每循环供油量随转速变化的特性曲线 (3) 了解喷油泵试验台和喷油器实验台的使用操作方法
实训仪器	(1)喷油泵试验台;(2)喷油泵;(3)标准喷油器;(4)数字转速表等

（续表）

实训过程	（1）喷油泵试验台主传动动力由电机直接输出，采用先进的变频调速技术，实现宽范围高精度无级调速，转速范围 0～3 000 r/min，主电机功率 7.5 kW （2）喷油泵各缸供油量由量油机构进行测量。它可绕工作台下面的轴左右旋转 180°，转动升降螺杆，可以升高或降低以适应不同型号喷油泵的要求，断油盘在电磁铁的带动下可以前后移动，打开和切断试验油进入量筒的通道，电磁铁由多功能数字表内的计数机构控制。量筒板可以翻转以便量油或倒空量筒内的试验油 （3）试验台还可以对试验燃油压力和温度进行调节，以保证试验安全和提高精度

5.3.5 喷油器的构造

喷油器是柴油机燃油供给系的重要部件之一。燃油的雾化质量和可燃混合气的良好形成均与喷油器有直接的关系。喷油器装在气缸盖上，头部伸入高温、高压的燃烧室里。

1. 喷油器功用与类型

1）喷油器功用

喷油器是柴油机燃油供给系中实现燃油喷射的重要部件，其功用是根据柴油机混合气形成的特点，将喷油泵输送来的高压柴油，以一定的压力经喷孔成雾状喷入柴油机燃烧室，和压缩空气形成均匀的混合气以利于燃烧。喷油器应满足不同类型的燃烧室对喷雾特性的要求，有一定的贯穿距离和喷雾锥角，喷射到燃烧室特定的部位。喷油器还能迅速地切断燃油供给，不发生燃油滴漏现象。

2）喷油器类型

喷油器分为开式喷油器和闭式喷油器。开式喷油器的高压油腔与燃烧室相通，结构简单，没有针阀控制喷油压力，一般在喷孔后装有止回阀以防止烟气进入喷油器。闭式喷油器的高压油腔与燃烧室隔断，依靠燃油本身的压力开启针阀后才开始喷射的，它广泛被采用在现代柴油机中。根据喷油嘴结构形式的不同，闭式喷油器又可分为孔式喷油器和轴针式喷油器两种，如图 5 - 42 所示。

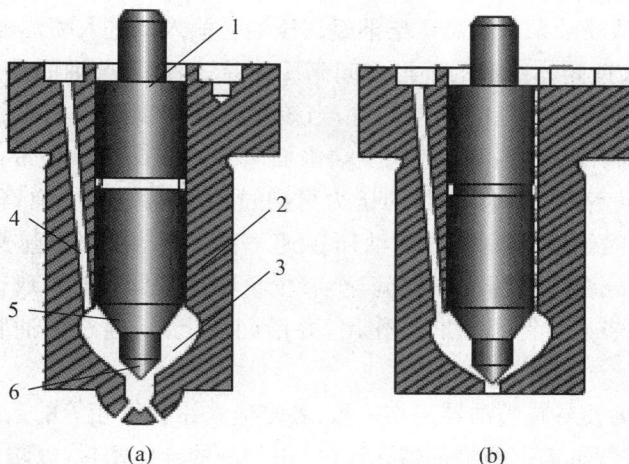

图 5 - 42 闭式喷油器结构形式

(a) 孔式喷油器 (b) 轴针式喷油器

1—针阀；2—针阀体；3—高压油腔；4—高压通道；5—承压锥面；6—密封锥面

2. 孔式喷油器

1) 孔式喷油器的构造

孔式喷油器的结构如图 5-43 所示,主要由喷油器体 1、针阀体 5、针阀 6、调压弹簧 2、锁紧螺母 4、调压螺钉 9 等组成。针阀 6 由弹簧 2 经顶杆 3 压紧在针阀体 5 的锥面阀座上,将高压油道腔与喷口嘴孔隔开。

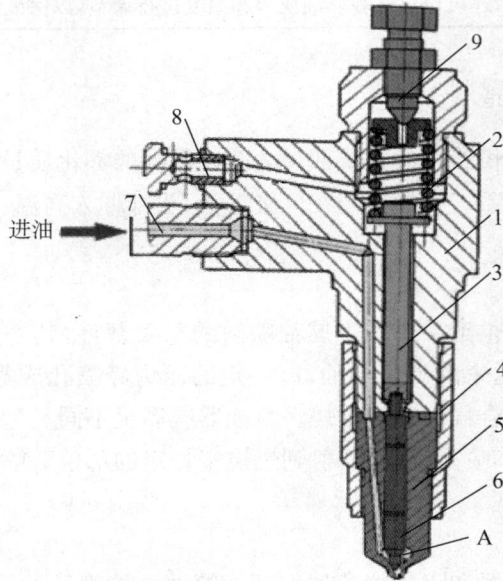

图 5-43   柴油机喷油器结构示意图

1—喷油器体;2—调压弹簧;3—顶杆;4—锁紧螺母;5—针阀体;6—针阀;7—进油接头;8—回油接头;9—调压螺钉;A—高压油腔

2) 孔式喷油器的工作原理

柴油机工作时,从喷油泵来的高压柴油经高压油管输入口进入喷油器,再经喷油器体和针阀体中的油道进入针阀体中部的环形空间高压油腔 A,高压柴油的油压作用在针阀的锥形承压环带面上,形成一个向上的轴向推力,当该轴向推力超过调压弹簧的预紧力和针阀偶件的摩擦力时,针阀即向上移动,针阀下端锥面离开针阀体锥形环带,打开喷孔,于是柴油即以高压喷入燃烧室中。针阀抬起的压力可通过调节螺钉改变弹簧的预紧力来调整。喷油泵停止供油时,喷油器进油道内的油压迅速下降,针阀在调压弹簧的作用下迅速回位,将密封锥面关闭。在喷油器工作期间,会有少量柴油从针阀与针阀体的配合表面之间的间隙漏出,这部分柴油对针阀起润滑作用,并沿间隙上升,通过回油管再经外回油管流回油箱。

对多缸柴油机,为使各缸喷油器工作一致,各缸应采用长度相等的高压油管。喷油器用两个固定螺钉固定在气缸盖上的喷油器孔座内,用铜制的锥体密封,以防止漏气。

3) 孔式喷油器偶件

孔式喷油器偶件是由针阀和针阀体组成的一对精密偶件,有长型和短型两种结构,如图

5-44所示。孔式喷油器的喷油器头部加工有1个或多个喷孔,有1个喷孔的称单孔喷油器,有两个喷孔的称双孔喷油器,有3个以上喷孔的称多孔喷油器,喷孔直径为0.2~0.5 mm。喷孔直径不宜过小,否则既不易加工,又在使用中容易被积炭堵塞。

3. 轴针式喷油器

1) 轴针式喷油器结构与原理

轴针式喷油器与孔式喷油器的工作原理相同,如图5-45所示,结构相似,只是喷油器头部的结构不同而已。在轴针式喷油器中,针阀密封锥面以下有一段轴针,它穿过针阀体上的喷孔且稍突出于针阀体之外,使喷孔呈圆环形的狭缝(轴针与孔的径向间隙为0.05 mm)。轴针可以制成圆柱形或截锥形,如图5-46所示。这样,喷油时的喷注将呈空心的锥状或柱形。圆柱形轴针其喷注的喷雾锥角较小,而截锥形轴针其喷注的喷雾锥角较大。喷孔通过端面与喷注锥角的大小取决于轴针的升程和形状,因此要求轴针的形状加工得很精确。因此,轴针制成不同形状,可以得到不同形状的喷注,以适应不同形状燃烧室的需要。

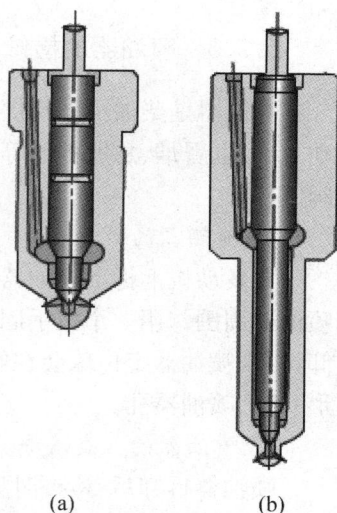

图5-44 孔式喷油器喷油嘴的结构形式

(a) 短针阀 (b) 长针阀

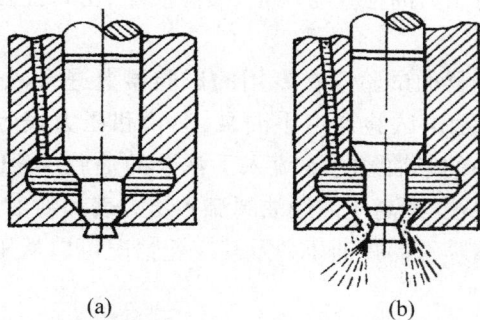

图5-45 轴针式喷油器喷油原理

(a) 轴针关闭 (b) 轴针开启

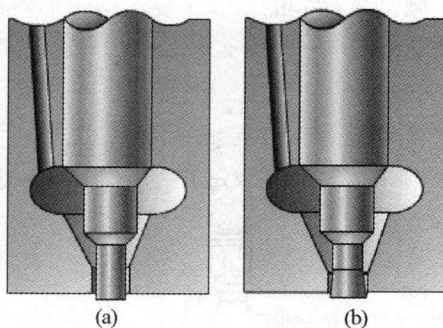

图5-46 轴针式喷油器的结构形式

(a) 圆柱形 (b) 截锥形

常见的轴针式喷油器只有一个直径1~3 mm的喷孔。由于喷孔直径较大,孔内有轴针上下运动,喷孔不易积炭,而且还能自行清除积炭。轴针式喷油器喷油压力较低(1~14 MPa),故比较易于加工。它适用于对喷雾要求不高的涡流室式燃烧室和预燃室式燃烧室。

2) 轴针式喷油器结构特点

轴针式喷油器不喷油时针阀关闭喷孔,使高压油腔与燃烧室隔开,燃烧气体不致冲入油腔内引起积炭堵塞。喷孔直径较大,便于加工且不易堵塞。针阀在油压达到一定压力时开启,供油停止时,又在弹簧作用下立即关闭。因此,喷油开始和停止都干脆利落,没有滴油现象,不能满足对喷油质量有特殊要求的燃烧室的需要。

5.3.6 喷油器的检修

喷油器是柴油机燃料供给系中的易损件,一般汽车每行驶 10~12 万公里或发动机产生动力不足、冒烟、怠速不稳等现象时,必须检查、校验喷油器的性能,并视需要修理或更换针阀偶件。

1. 喷油器的拆卸

在发动机上拆下喷油器之前,必须仔细清洁喷油器四周,最好的方法是用压缩空气吹清喷油器周围。用一个扳手固定喷油器本体,用开口扳手拧松固定螺母。严禁用一个扳手拆卸,否则喷油器定位珠会在缸盖孔中转动,损坏缸盖。拆下喷油器后,用干净内孔刷子(圆形)清洁喷油器孔。

2. 喷油器的检查清洗

喷油器拆卸后,检查时如发现磨损、损伤或其他异常情况,应根据具体情况进行修理或更换零件。

(1)用清洁柴油清洗喷油器偶件,检查其是否磨损、腐蚀、损伤和卡滞等情况,必要时更换。

(2)清除积炭,尤其是喷油器偶件的积炭。用木片清除针阀头部的积炭和针阀体头部外周的积炭。用专用通针清除针阀体头部喷孔的积炭。

3. 喷油器性能的检验

喷油器性能的检验主要包括喷油器开始喷射压力的检查与调整,喷雾质量、密封性能的检查等。

喷油器的试验应在专用的试验器上进行,如图 5 - 47 所示。试验器由手油泵、油箱和压力表等组成。油箱的柴油经过滤流入手油泵的油腔中,压动手油泵泵油时,高压油经油阀流入压力表和喷油器,使喷油器喷油。喷油压力及其变化情况可以从压力表上读出。

(1)喷油压力的检查与调整。将喷油器安装在测试器上,压动手柄排净系统内的空气,再快速压动手柄几次,清除喷油器内的积炭。然后慢慢压动手柄同时观察压力表,当喷油器喷射时,压力表指针会回落,指针刚开始回落时的压力值即为喷油压力,此值应符合标准。若油压太低,则拧入油压调节螺钉;反之,则退出油压调节螺钉。调整完后,须将锁止螺母锁紧后重试。有些喷油器无调节螺钉,则应分解喷油器,更换调整垫片。

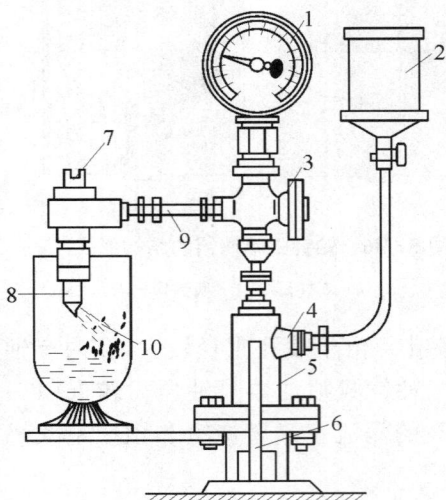

图 5 - 47 喷油器性能的检验

1—压力表;2—油箱;3—开关;4—放气螺钉;
5—手油泵;6—驱动手柄;7—压力调节螺钉;
8—喷油器;9—高压油管;10—油杯

(2)密封性能的检查。将压力保持在低于喷油压力 1~2 MPa 的状态下,保持 10 s,喷油器处不应有油滴流出。

（3）喷雾质量的检查。喷出的油束应细小均匀,不偏斜;各孔各自形成一个雾化良好的油雾束;喷射时可听到断续清脆的声音。

（4）喷油干脆程度的检查。喷油一次后看压力表指示压力下降是否超过 10%～15%,若压力下降过多,则喷雾质量和密封性能差。

4. 喷油器的修理

若试验喷油器不能满足上述试验要求,则应更换喷油器针阀偶件。

（1）首先将喷油器解体并在清洁的柴油中清洗干净,然后拔出喷油器体上的两个定位销,将喷油器壳体与针阀偶件的接触表面在 0 级研磨平板上用金刚石研磨膏或砂纸进行研磨,清除油迹,再将新的针阀偶件在柴油中清洗,去除油腊后重新安装,并以规定转矩拧紧紧固螺套。

（2）更换针阀偶件后的喷油器,必须重新试验,以检验安装质量及调整喷油压力。

（3）喷油器每次在发动机上拆下后,必须更换新的密封锥体（或垫片）才能安装,以防气缸漏气。修好后的喷油器,应在油管接头处和针阀端部用防污罩套上。

5. 喷油器的安装

安装喷油器时,必须使用新铜垫,并且只能装用一个新铜垫。安装时要将喷油器的定位珠与缸盖孔中相应的凹槽对准。用长套筒扳手将喷油器紧固螺母紧固,拧紧至规定力矩为止。注意必须使用深套筒,否则会损坏螺纹和回油口密封表面。

【技能训练】

柴油机喷油器的拆装:

实训名称	柴油机喷油器的拆装
实训目的	1. 了解喷油器的工作原理和喷油器的类型 2. 熟悉喷油器的拆装过程
实训仪器	①喷油器手泵试验台;②多孔喷油器;③常用工具;④专用工具
技术标准和要求	1. 针阀、针阀体螺母的拧紧力矩为 60～80 N·m 2. 紧固压板螺母拧紧力矩为 22～28 N·m
初检	检查喷油器是否有磨损、损伤或其他异常情况
实训过程	1. 喷油器的拆卸 (1) 喷油器的固定方式有压板固定、空心螺套固定和利用自身的凸缘固定三种。压板固定式喷油器在缸盖上正确的安装位置靠压板定位销固定。拆卸时首先拆下高压油管和固定螺母,然后用木槌振松喷油器,取出总成,视需要可用专用拉器拉出 (2) 从发动机上拆下喷油器总成后,应先清洗外部,然后逐一在喷油 5S 手泵试验台上进行检验,检查喷射初始压力、雾化质量和漏油情况,如质量良好就不必解体 (3) 分解时先分解喷油器的上部,旋松调压螺钉紧固螺帽,取出调压螺钉、调压弹簧和顶杆,将喷油器倒夹在台钳上,旋下针阀体紧固螺帽,取下针阀体和针阀 (4) 针阀偶件应成对浸泡在清洁的柴油里。如果针阀和针阀体难以分开,可用钳子垫上橡胶片夹住针阀尾端拉出

（续表）

	2. 喷油器零件的清洗 (1) 用钢丝刷清理零件表面的积炭和脏物,喷油器体和针阀体的油道可用通针或直径适当的钻头(cP0.7 mm)疏通 (2) 针阀体偶件应单独清洗。零件表面积垢的褐色物质也可用乙醇或丙酮等有机溶剂浸泡后再仔细擦除。最后将喷油器偶件放在柴油中来回拉动针阀清洗,堵塞的喷孔用直径0.3 mm的通针清理,清理时注意避免损伤喷孔 (3) 清洗过的零件,用压缩空气吹去孔道中遗留的杂质,最后用汽油浸洗吹干备用 3. 喷油器的装配 (1) 将针阀、针阀体、紧固螺母装到喷油器体上,螺母的拧紧力矩60～80 N·m (2) 从喷油器体上部装入顶杆、调压弹簧、调压螺钉、拧上调压螺钉紧固螺帽 (3) 安装进油管接头。总成调试完毕后,安装护帽 4. 喷油器在发动机上的安装 (1) 安装到气缸盖上的喷油器应检查喷油器伸出气缸盖底面的高度,玉柴YC 6105QC为3.5～3.7 mm。安装高度不符合规定时,可拆下锥形垫圈,在喷油器紧固螺套与锥形垫圈体之间加垫片调整,或更换锥形垫圈 (2) 锥形垫圈与汽缸盖安装孔接触不严密时,可拆下锥形垫圈,加热后冷却减小其硬度后再安装。安装前用专用铰刀清除座孔内的积炭、污垢 (3) 喷油器体上的定位销(或定位块)安装时要嵌入座孔的定位槽内。紧固压板螺母拧紧力矩为22～28 N·m
注意事项	(1) 分解过程中应注意保护针阀的精加工表面 (2) 在分解后,喷油器垫片应与原配喷油器体放置在一起保存好,喷油器与座孔间的锥形垫圈也应与原喷油器体放置在一起,装配时注意针阀体和定位销钉对准 (3) 喷油器零件经清洗吹干检验合格后,必须在高度清洁的场所进行装配

任务5.4　调速器的构造与检修

【任务描述】

　　柴油发动机在运转过程中,极易导致发动机超速而出现排气管冒黑烟、发动机过热等不良现象,严重时出现飞轮飞脱等机件损坏、伤人事故;当发动机转速低于最低稳定转速时,发动机极易熄火,其原因何在? 本任务主要介绍调速器的功用及分类,调速器的基本构造及工作原理,调速器和喷油泵的使用与调整等内容。

【知识准备】

5.4.1　调速器的功用和分类

1. 柱塞式喷油泵速度特性

　　喷油泵每个工作循环的供油量主要取决于调节齿杆的位置,此外,还受到发动机转速的影响。喷油泵的泵油原理指出:在油量调节齿杆位置不变(柱塞没有转动)时,随着发动机转速增大,进、回油孔的节流作用增大,实际供油开始时刻提前,实际供油结束时刻推迟,导致柱塞的实际有效行程略有增加,供油量也略微增大;反之,供油量便略微减少。这是柱塞式喷油泵的速度特性。

由于柱塞式喷油泵具有这样的速度特性,给柴油机的正常工作带来了一系列的不良后果:当发动机在高转速运转时若因负荷减少使转速升高时,喷油泵供油量增大,更促使发动机转速进一步升高,极易导致发动机超速而出现排气管冒黑烟、发动机过热等不良现象,严重时出现飞轮飞脱等机件损坏、伤人事故;当发动机转速因负荷增加而低于最低稳定转速时,喷油泵供油量也减少,转速继续下降,发动机熄火。即:突然卸载会引起柴油机"飞车";突然加载可能引起柴油机自动熄火。

因此,柴油机必须设置有效的自动调节装置,使它在将要"飞车"时自动减少供油量,在将要熄火时自动增加供油量,使柴油机稳定在某一选定的转速范围内工作,这种装置就是柴油机的调速器。

2. 调速器的功用

调速器的功用是根据发动机的工况控制喷油泵的供油量,稳定发动机怠速及防止发动机超速。当负荷变化时,自动地改变供油量的多少,以维持发动机的稳定转速。一般情况下,多用于限制柴油机的最高转速和保持稳定的最低转速。

(1) 限制最高转速。当发动机转速超过额度转速时,调速器开始自动减油,直到转速恢复稳定,以防止发动机飞车。

(2) 保持平稳怠速。由于各种原因而引起动力的变化,使怠速升高或降低。当发动机怠速转速降低时,调速器开始自动加油,直到转速恢复稳定;当怠速转速升高时,调速器又自动减少供油,使怠速保持稳定。

3. 调速器的分类

1) 按功能可分

(1) 两极式调速器。此类调速器只控制最低和最高转速。在最低与最高转速之间,调速器不起作用,此时柴油机转速是由驾驶员通过加速踏板直接操纵喷油泵油量调节机构来实现的。汽车柴油机一般都装用两速调速器,以保持怠速运转稳定及防止高速运转时超速飞车。

(2) 全速调速器。此类调速器不仅能控制柴油机的最低和最高转速,而且能控制从怠速到最高限制转速范围内任何转速下的喷油量,以维持柴油机在任一给定转速下稳定运转。

(3) 综合调速器。此类调速器构造与全速调速器相似,调速器只控制最低和最高转速,但亦兼备全速调速器的功能。

2) 按控制的动力形式分

(1) 机械离心式调速器。它是利用喷油泵凸轮轴的旋转,使飞块产生离心力来实现调速作用的调速器。此种调速器,结构复杂,但工作可靠,性能良好,故在各种柴油机上得到广泛应用。

(2) 真空膜片式调速器。用膜片感知进气管真空度的变化自动调节供油量。

(3) 复合式调速器。利用膜片感知进气管真空度的变化来自动调节供油量,通过机械离心力来防止发动机超速。

5.4.2　RQ 型两极调速器构造及工作过程

RQ 型两极调速器属于机械离心式调速器,它只能自动稳定最低转速、限制柴油机的最高转速,而在中间转速范围内则由驾驶员控制。

1. RQ 型两极调速器构造

如图 5-48 所示,两极式调速器主要由发动机转速的感应部件、传动部件等组成。感应部件是用来感知柴油机转速的变化,并发出相应的信号。它主要由飞锤 3 等组成。传动部件的作用是根据感应部件提供的信号,进行供油量的调节。它主要由角形杠杆、调速套筒、调速杠杆和连接杆等组成。附加装置的作用是使供油量变化缓和、稳定,发动机转速的变化也就缓和、稳定。调速器用螺钉固定在喷油泵后端。喷油泵凸轮轴通过半圆键连接一个轴套,轴套上固定两个双头螺柱,在每个螺柱上套装一个飞锤。飞锤通过角形杠杆、调速套筒、调速杠杆和连接杆与喷油泵的供油量调节齿杆连接。飞锤内装有内、中、外三个弹簧,其外端均支承在外弹簧座上。外弹簧的内端支承在飞锤的内端面上,称怠速弹簧;中间弹簧和内弹簧的内端支承在内弹簧座上,称它们为高速弹簧。当把弹簧安装在弹簧座上时,应有一定的预紧力,预紧力的大小可以调整。摇杆的一端与调速手柄连接,另一端与圆柱形的滑块铰接,滑块在调速杠杆的长孔中滑动。为保证滑动销能灵活的移动,设有导向销为滑动销导向。在调速器壳体的侧面装有停油臂,在连接杆上固定有挡销,转动停油臂,拨动挡销,使其向左拉动供油量调节齿杆直至停油。控制手柄通过摇杆与调速杠杆连接,操作控制手柄使调速杠杆摆动,从而带动了控制齿条的移动,改变喷油泵的供油量。

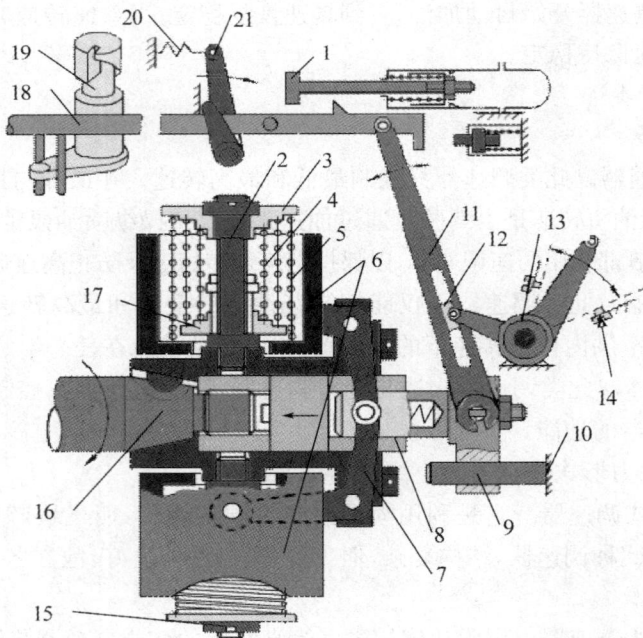

图 5-48 RQ 两极调速器结构

1—冒烟限制器;2—双头螺柱;3—外弹簧座;4—高速弹簧;5—怠速弹簧;6—飞锤;7—角形杠杆;8—调速套筒;9—轴销;10—调速器壳体;11—调速杠杆;12—滑块;13—摇杆;14—油量限位螺钉;15—预紧调整螺母;16—凸轮轴;17—高速弹簧内座;18—供油拉杆;19—柱塞;20—启动弹簧;21—停油臂

　　驾驶员踩下加速踏板时,可通过摇杆 13、滑块 12、调速杠杆 11 与供油调节拉杆 18 连接,调节拉杆左移加大油门,增加供油量。松开油门踏板时,上述杆件在油门弹簧的作用力下,供油拉杆右移,减少供油量。两极式调速器只有当踏板处于怠速和高速时,飞锤随着发动机的转速的变化向内或向外运动,改变供油量,起到稳定怠速和高速的作用。

　　2. RQ 型两极调速器的工作过程

　　1) 发动机的起动控制

　　如图 5-49 所示,在起动前,首先接通起动电磁阀电源,电磁阀连接杆将吸向加油方向,调速手柄从停车挡块移至最高速挡块上,使摇杆 11 与最大负荷螺钉 13 接触为止。在此过程中,由于飞锤 6 尚未移动,调速杠杆 10 以其下端处于最右端。调速手柄带动摇杆 11,摇杆带动滑块 14,使调速杠杆 10 以其下端的铰接点 A 为支点向左摆动,并推动喷油泵供油量调节齿杆 15 克服供油量限制弹性挡块 16 的阻力,向左移到起动油量的位置。起动油量多于全负荷油量,旨在加浓混合气,以利于柴油机低温起动。发动机一旦起动,飞锤 6 的离心力增加,怠速弹簧 3 压缩,飞锤 6 向外移动,从而带动调速套筒 8 左移,调速套筒通过调速杠杆 10 带动供油齿杆右移,供油量就会减少。

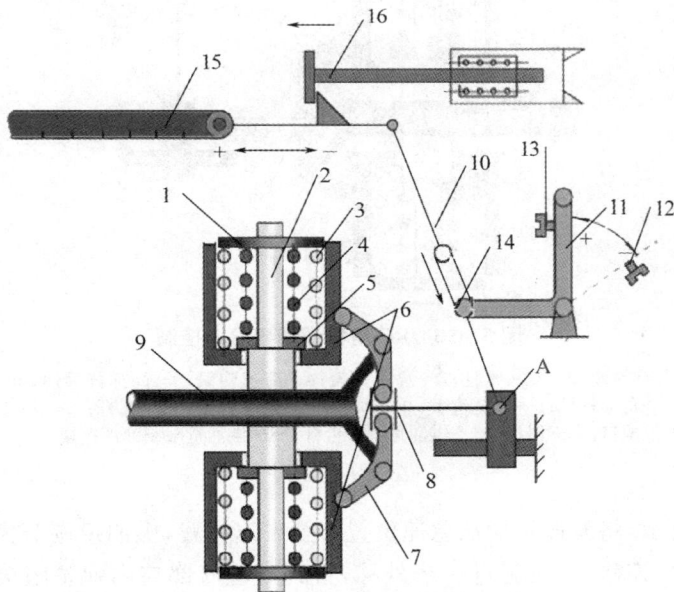

图 5-49　RQ 两极调速器起动控制

1—外弹簧座;2—双头螺柱;3—怠速弹簧;4—高速弹簧;5—高速弹簧座;
6—飞锤;7—角形杠杆;8—调速套筒;9—轴套;10—调速杠杆;11—摇杆;
12—最小负荷限位螺钉;13—最大负荷限位螺钉;14—滑块;15—供油量调
节齿杆;16—供油量限制弹性挡块

　　2) 怠速控制

　　如图 5-50 所示,柴油机起动之后,将调速手柄置于怠速位置,这时调速器开始起控制作用。调速手柄通过摇杆 11、滑块 13 使调速杠杆 10 仍以其下端的铰接点 A 支点向左摆动,并拉动供油量调节齿杆 7 左移至怠速油量的位置。怠速时柴油机转速很低,飞锤 6 的离心力较小,只能与怠速弹簧 3 力相平衡,飞锤处于内弹簧座 5 与安装飞锤的轴套 9 之间的某

笔记

一位置。若此时柴油机由于某种原因转速降低,则飞锤离心力减小,在怠速弹簧的作用下,飞锤移向回转中心,同时带动角形杠杆 7 和调速套筒 8,使调速杠杆下端的铰接点 A 以滑块 13 为支点向右移动,调速杠杆 10 则推动供油量调节齿杆 14 向左移,增加供油量,使转速回升。反之,当转速增高时,飞锤的离心力增大,飞锤便压缩怠速弹簧远离回转中心,同样通过角形杠杆和高速套筒使调速杠杆下端的铰接点以滑块为支点向左移动,而供油量调节齿杆则向右移动,减小供油量,使转速降低。可见,调速器可以保持怠速转速稳定。

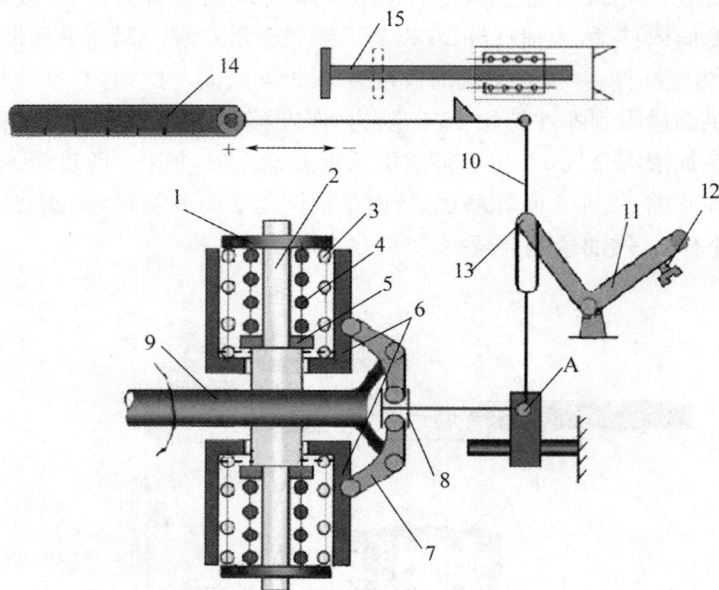

图 5-50　RQ 两极调速器怠速控制

1—外弹簧座;2—双头螺柱;3—怠速弹簧;4—高速弹簧;5—高速弹簧座;6—飞锤;7—角形杠杆;8—调速套筒;9—轴套;10—调速杠杆;11—摇杆;12—最小负荷限位螺钉;13—滑块;14—供油量调节齿杆;15—供油量限制弹性挡块

3）正常运转

如图 5-51 所示,将调速手柄从怠速位置移至中速位置,供油量调节齿杆处于部分负荷供油位置,柴油机转速较高,飞锤进一步外移,直到飞锤底部与内弹簧座接触为止。柴油机在中等转速范围内工作时,飞锤的离心力不足以克服怠速弹簧和高速弹簧的共同作用力,飞锤始终紧靠在内弹簧座上而不能移动,即调速器在中等转速范围内不起调节供油量的作用。但此时驾驶员可根据汽车行驶的需要改变调速手柄的位置,使调速杠杆以其下端的铰接点 A 为支点转动,并拉动供油量调节齿杆增加或减少供油量。

4）限制最高转速

如图 5-52 所示,不管发动机是在部分负荷还是在全负荷下工作,只要外界负荷变化引起发动机转速超过最大的规定转速时,飞锤 6 离心力就能克服调速弹簧 3,4 的张力,飞锤开始向外张开,使飞锤连同内弹簧座一起向外移到一个新的位置,在此位置,飞锤离心力与弹簧作用力达到新的平衡。调速套筒和调速杠杆 10 下端的铰接点 A 以滑块 14 为中心向左移

笔 记

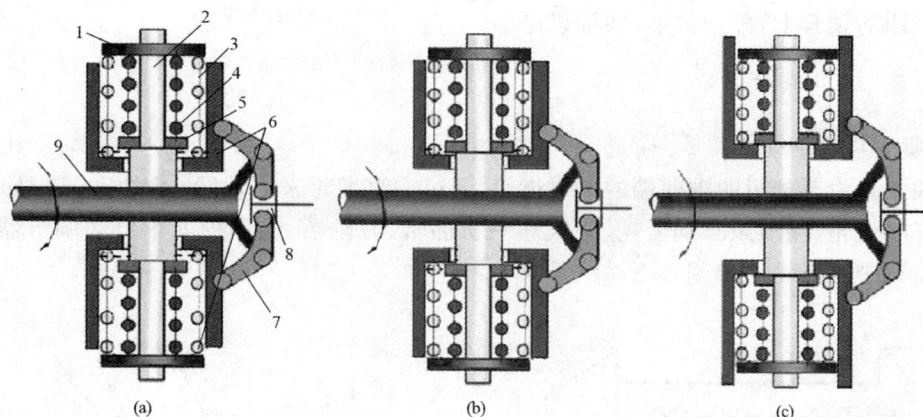

图 5 - 51 RQ 两极调速器飞锤的位移

（a）怠速 （b）中速 （c）高速

1—外弹簧座；2—双头螺柱；3—怠速弹簧；4—高速弹簧；5—高速弹簧座；6—飞锤；7—角形杠杆；8—调速套筒；9—轴套

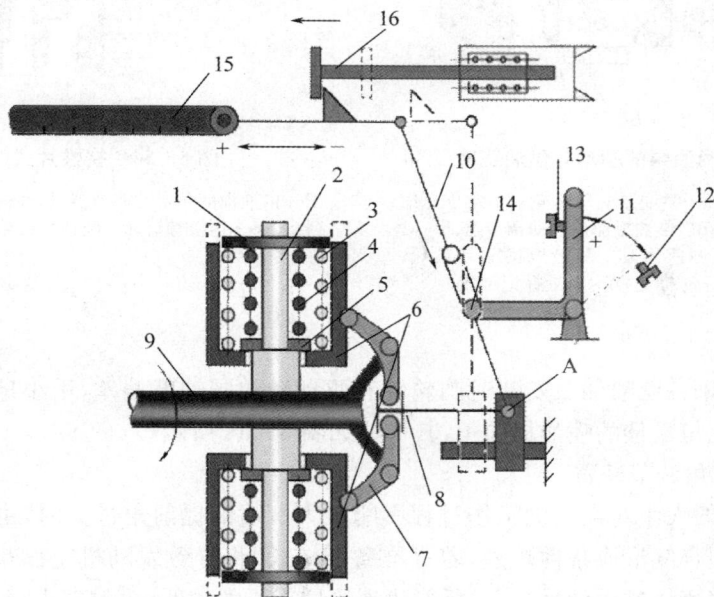

图 5 - 52 RQ 两极调速器限制最高转速控制

1—外弹簧座；2—双头螺柱；3—怠速弹簧；4—高速弹簧；5—高速弹簧座；6—飞锤；7—角形杠杆；8—调速套筒；9—轴套；10—调速杠杆；11—摇杆；12—最小负荷限位螺钉；13—最大负荷限位螺钉；14—滑块；15—供油量调节齿杆；16—供油量限制弹性挡块

动,控制齿杆 15 被拉往减油方向（向右），使发动机转速下降，使转速不超过规定的最高转速。

5）停机

若发动机停机，将调速手柄置于停车挡块上，此时调速杠杆以其下端的铰接点 A 为支点向右摆动，并带动供油量调节齿杆向右移到停油位置，调速器飞锤在调速弹簧的作用下抵靠

笔记

在安装飞锤的轴套上,停止供油,柴油机停车。

5.4.3　喷油泵的驱动

1)喷油泵的驱动

喷油泵是由柴油机曲轴前端的正时齿轮,通过一组齿轮来驱动的,如图5-53所示。主要曲轴正时齿轮、喷油泵驱动齿轮、空气压缩机曲轴、联轴器、供油提前角自动调节器等,各驱动齿轮和中间齿轮上都刻有正时记号。

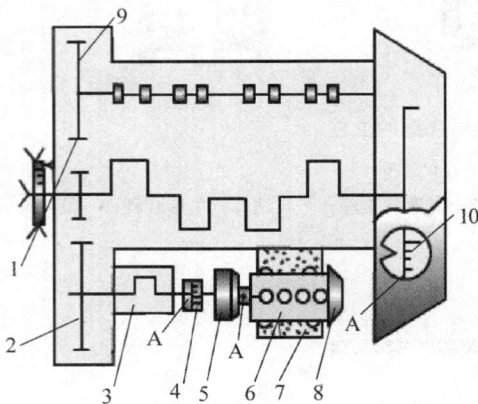

图5-53　喷油泵的驱动与供油正时

1—曲轴正时齿轮;2—喷油泵驱动齿轮;3—空气压缩机曲轴;4—联轴器;5—供油提前角自动调节器;6—喷油泵;7—托板;8—调速器;9—配气机构驱动齿轮;10—飞轮上的喷油正时标记;A—各处标记位置

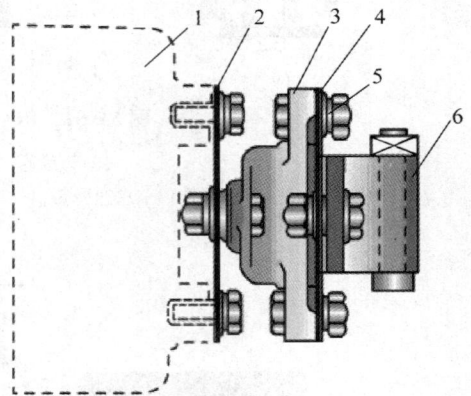

图5-54　挠性片式联轴器

1—供油提前角自动调节器;2,4—弹簧钢片;3—连接叉;5—连接螺钉;6—喷油泵凸轮轴

2)联轴器

联轴器使用来补偿喷油泵安装时凸轮轴和驱动轴的同轴度偏差,用小量的角位移调节供油提前角,以获得最佳的喷油提前角,其构造如图5-54所示。

3)喷油提前角调节装置

喷油提前角的大小对柴油机工作过程影响很大。喷油提前角过大时,由于喷油时缸内空气温度较低,混合气形成条件较差,着火准备期较长,将导致发动机工作粗暴。而喷油提前角过小时,将使燃烧过程延后过多,所能达到的最高压力较低,热效率也显著下降,且排气管中常有白烟冒出。一般车用柴油机直喷式燃烧室的确定喷油提前角为28°～35°;分隔式燃烧室确定约为15°～20°。将喷油泵安装到发动机上时予以调好,称为初始喷油提前角。

最佳喷油提前角即是在转速和供油量一定的条件下,能获得最大功率及最小燃油消耗率的喷油提前角。供油量愈大,转速愈高,则最佳喷油提前角也愈大;反之愈小。目前生产的柴油机多装有供油提前角自动调节器,即喷油提前器。

喷油提前器的构造,如图5-55所示,是机械离心式供油提前角自动调节器。它是一个密封体,内腔充满润滑油。喷油提前器装于喷油泵凸轮轴的前端,用联轴器来驱动,实际上是在由曲轴正时齿轮驱动的喷油泵联轴节与喷油泵凸轮轴之间再加上一个可自动随发动机转速变化改变相对安装角度位置的联轴节。由主动部分、从动部分和离心件三部分组成。

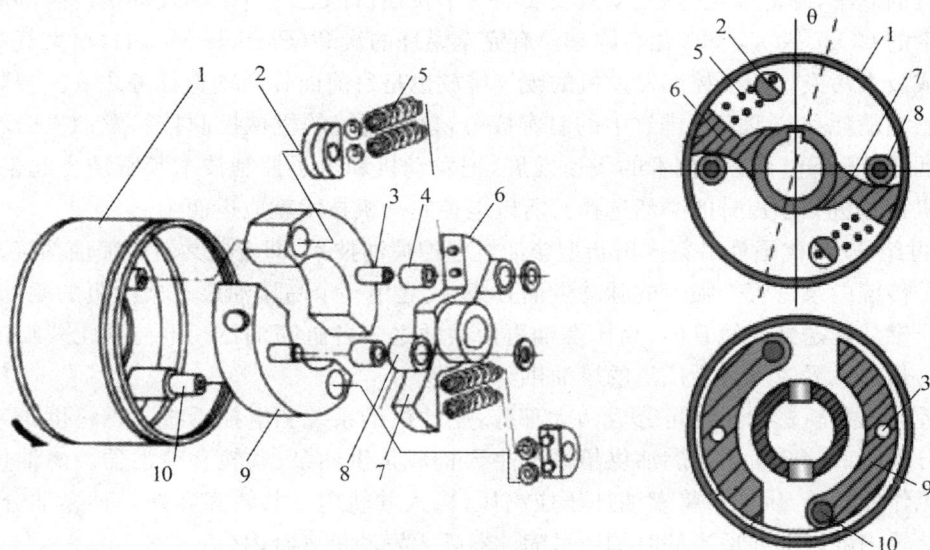

图 5－55　供油提前角自动调节器的工作原理图

1—主动盘；2—弹簧座片；3—飞块销钉；4—滚轮内座圈；5—弹簧；6—从动盘臂；7—从动盘曲面；8—滚轮；9—飞块；10—主动盘销轴

（1）主动部分。主动盘 1 由喷油泵正时齿轮轴驱动的联轴节驱动，是提前器的主动件。其腹板上压装着两个销轴 10，销轴 10 上各套装有飞块 9，和弹簧片 2，飞块的另一端有销钉 3，在销钉上松套着滚轮内座圈 4 和滚轮 8。

（2）从动部分。从动盘臂 6 松套在主动盘 1 内孔中，其外圆面与主动盘的内圆面滑动配合，以保证主动盘与从动盘的同轴度。从动盘的毂用半圆键与喷油泵凸轮轴连接，臂的一侧做成平面，其与固定在轴销上的弹簧座片 2 之间装有弹簧 5，臂的另一侧做成弧形面，滚轮 8 紧压在弧形面上。

（3）离心件。飞块 9 安装在主动部分的销轴 10 上，通过滚轮 8 和从动部分 6 靠接，利用弹簧 5 的预紧力迫使飞块 9 收拢于滚轮 8 上（原始位置），以保证静止或者急速时初始的喷油提前角不变。

喷油提前器的工作原理　当柴油机转速达到设定值时，两个飞块 9 在离心力的作用下绕其轴销 10 向外甩开，滚轮 8 迫使从动盘带动凸轮轴沿旋转方向向前转动一个角度 $\Delta\theta$，直到弹簧 5 的张力与飞块 9 的离心力平衡为止，这时主动盘便又与从动盘同步旋转。此时，喷油提前角等于初始角加上 $\Delta\theta$。当柴油机转速再升高时，飞块进一步张开，从动盘相对于主动盘又沿旋转方向向前转动一个角度，这样，随转速的升高，提前角不断增大，直到最大转速。当柴油机转速降低时，飞块收拢，从动盘便在弹簧力的作用下相对于主动盘后退一个角度，喷油提前角便相应减小。

［知识拓展］

1. 电控柴油机喷油系统

在世界能源消耗中，车用发动机是能源消耗的大户。在当今能源紧缺的情况下，提高车用发动机的效率,降低油耗,是发动机发展的一个长期目标之一。柴油发动机产生的废气中包含大量的 CO_2,NO_X,HC 化合物和没有完全燃烧的炭烟(Particle Metal),给大气和生活环境造成极大污染。所以控制发动机的废气排放也是目前面临的紧迫任务之一。要降低发动机的燃油消耗和减少废气排放中的有害成分,单靠传统的机械控制技术发动机已经不足以解决问题,随着电子控制技术的飞速发展,把发动机和电子控制技术紧密结合起来,是造就发动机技术进一步提升的必然选择。所以电控发动机技术就应运而生。

20 世纪 90 年代国外最新推出新型柴油机电控喷油技术,即电控共轨式喷油系统。该系统摒弃了传统的泵—管—喷嘴的脉动供油方式,代之用一个高压油泵在柴油机的驱动下,连续将高压燃油输送到共轨管内,高压燃油再由共轨送入各缸喷油器。电控共轨式喷油系统已经成为目前世界应用最为广泛的燃油供给系统。

电控高压共轨燃油系统可分成两大部分:燃油供给系统和电控系统。燃料供给系统的组成部分如图 5-56 所示。燃油供给系的主要构成是供油泵、共轨和喷油器。燃油供给系的基本工作原理是:供油泵将燃油加压成高压,供入共轨内。共轨实际是一种燃油分配管。储存在共轨内的燃油在适当的时刻通过喷油器喷入发动机气缸内。

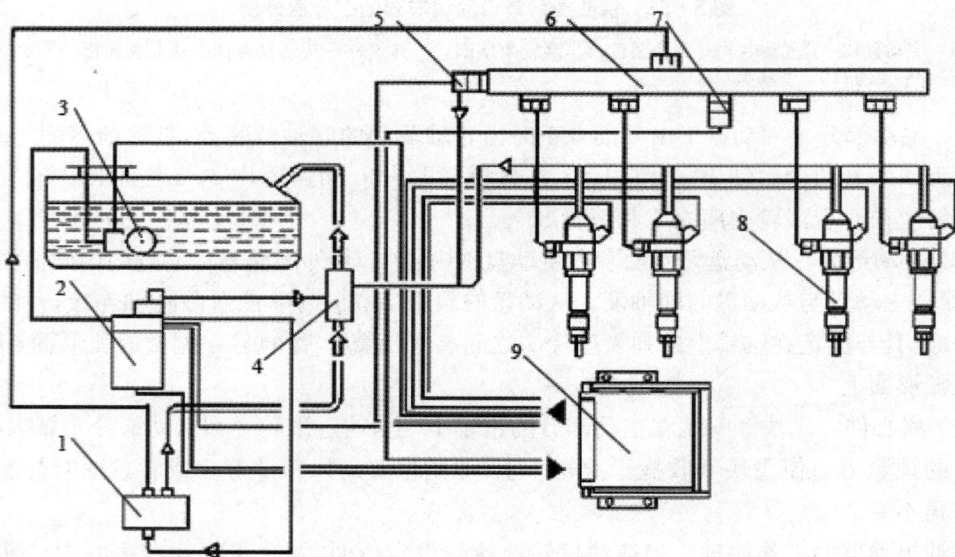

图 5-56 柴油机电控高压共轨系统管路布置

1—供油泵;2—精滤器;3—带初级过滤器的电动燃油泵;4—温控回油阀;5—油量限制器;6—共轨;7—油压传感器;8—带电磁阀的喷油器;9—电控单元

1.1 燃油供给系统

供油系统由以下零部件组成:燃油箱、输油泵、燃油滤清器、供给泵、共轨管、油量限制阀、喷油器总成、燃油温度传感器、燃油压力限制阀、燃油压力传感器、过流阀等。

1.1.1 低压油泵

低压油泵有带有前置过滤器的电动燃油泵和转子式燃油泵两种,如图 5-57 所示。低压油泵从油箱抽取燃油,然后不断地向高压泵输送定量的燃油。

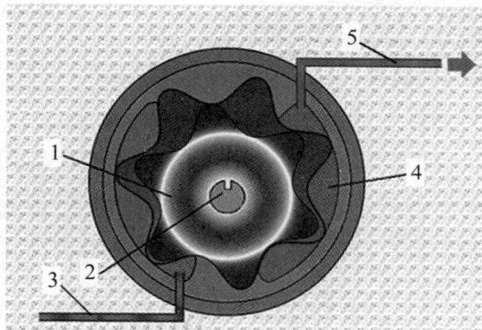

图 5-57　低压油泵结构

1—内转子；2—转子轴；3—进油连接管；4—压油腔；
5—出油连接管

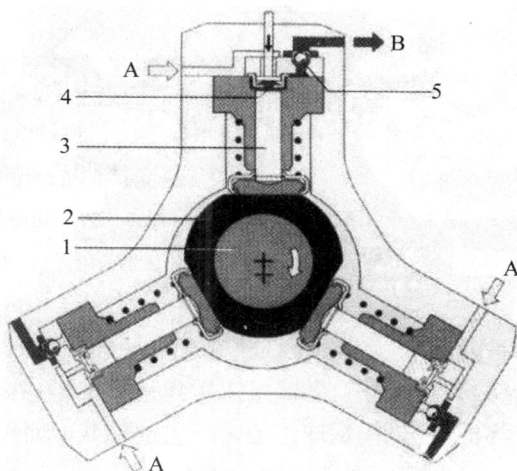

图 5-58　高压油泵横剖面图

A—进油孔（接燃油滤清器）；B—出油孔（接共轨）　1—驱动轴；2—偏心凸轮；3—带泵油柱塞的分泵；4—电磁进油阀；5—出油阀

1.1.2　高压油泵

高压油泵功用是产生高压油和控制向共轨的供油量。常用的高压油泵为三作用型凸轮直列柱塞式油泵，其结构如图 5-58 所示。高压油泵由柴油机通过正时齿轮传动，二者之间有一初始相位要求，供给泵在工作时利用其本身的柴油来进行润滑和冷却。

燃油是由高压油泵内 3 个相互呈 120°径向布置的柱塞压缩的，带偏心凸轮的驱动轴，根据凸轮形状相位的变化而将油泵柱塞推上或压下。高压油泵的工作过程：

a. 柱塞下行，控制阀开启，低压燃油经控制阀流入柱塞腔；

b. 柱塞上行，但控制阀中尚未通电，处于开启状态，低压燃油经控制阀流回低压腔；

c. 在达到供油量定时时，控制阀通电，使之关闭，回流油路被切断，柱塞腔中的燃油被压缩，燃油经出油阀进入高压油轨。利用控制阀关闭时间的不同，控制进入高压油轨的油量的多少，从而达到控制高压油轨压力的目的；

d. 凸轮经过最大升程后，柱塞进入下降行程，柱塞腔内的压力降低，出油阀关闭，停止供油，这时控制阀停止供电，处于开启状态，低压燃油进入柱塞腔进入下一个循环。供油量由 PCV 阀关闭的持续时间来控制。

1.1.3　共轨管

共轨管的功用是将供油泵提供的高压燃油经稳压、滤波后，分配到各喷油器中，起蓄压器的作用。它的容积应削减高压油泵的供油压力波动和每个喷油器由喷油过程引起的压力震荡，使高压油轨中的压力波动控制在 5 MPa 之下。但其容积又不能太大，以保证共轨有足够的压力响应速度以快速跟踪柴油机工况的变化。其结构如图 5-59 所示。共轨管利用两螺栓固定在机体上。

1）油量限制器

油量限制器功用是和高压油管相连，将高压燃油送入喷油器中，并在非常规状态下用于

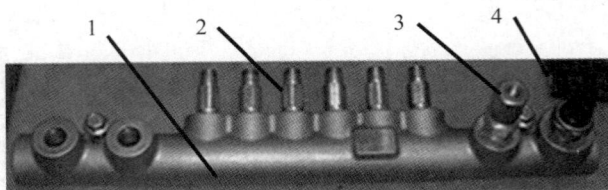

图 5 - 59　柴油机电控高压共轨管

1—共轨管;2—流量限制器;3—燃油压力限制器;4—燃油压力传感器;5—油量限制器

保护发动机。安装于共轨管上。平常状态下,从共轨管出来的燃油通过活塞推动钢球,但不会密封出油通道,燃油可正常到达喷油器;在非常规状态下,如压力过大时而油压限制器又损坏的情况下,钢球将会密封出油的截面而停止向缸内供油。

2)燃油压力限制阀

燃油压力限制阀用于保证共轨管内的压力恒定。安装于回油管路内,位置在气缸盖前端回油孔处。当共轨管内的压力一旦超出设定压力,则从此阀处泄掉一部分油到回油管内,从而保证共轨管内压力的恒定。

1.1.4　高压油管

高压油管是连接共轨管和电控喷油器的通道,它应有足够的燃油流量减小燃油流动时的压降,并使高压管路系统中的压力波动较小,能承受高压燃油的冲击作用,且起动时共轨中的压力能很快建立。

1.1.5　喷油器总成

1)电控喷油器结构

喷油器主要由控制柱塞、喷油嘴针阀和电磁阀等组成。燃油从高压接头经进油通道送往喷油嘴,经进油节流孔送入控制室。控制室通过由电磁阀打开的回油节流孔与回油孔连接。回油节流孔在关闭时,作用在控制活塞上的液压力大于作用在喷油嘴针阀承压面上的力,因此喷油嘴针阀被压在座面上,燃油没有进入燃烧室。

电磁阀动作时,打开回油节流孔,控制室内的压力下降,当作用在控制活塞上的液压力低于作用在针阀承压面上的作用力时,针阀立即开启,开始喷油。由于电磁阀不能直接产生迅速关闭针阀的所需的力,因此,经过一个液压力放大系统实现针阀的这种间接控制。

2)喷油器的工作原理

喷油器关闭如图5-60(a)所示。电磁阀在静止状态不受控制,因此是关闭的。回油节流孔关闭时,电枢的钢球通过弹簧压在回油节流孔的座面上。控制室内建立公共的高压,同样的压力也存在与喷油嘴的内腔容积中。共轨压力在控制柱塞端面上施加的力及喷油器调压弹簧的力大于作用在针阀承压面上的液压力,针阀处于关闭状态。

喷油器开启(喷油开始)如图5-60(b)所示。当电磁阀通电后,在吸动电流的作用下迅速开启。当电磁铁的作用力大于弹簧作用力时,回油节流孔开启,在极短的时间内,升高的吸动电流成为较小的电磁阀保持电流。随着回油节流孔的打开,燃油从控制室流入上面的空腔,并经回油通道回到油箱控制室的压力下降,于是控制室的压力小于喷油嘴内腔容积的压力。控制室中减小了的作用力引起作用在控制柱塞上的作用力减小,从而针阀开启,开始喷油。

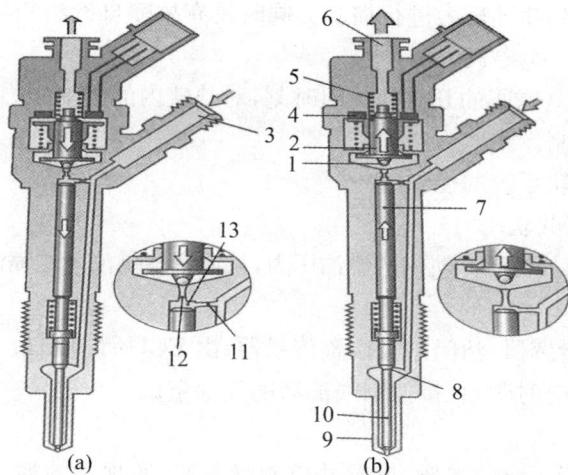

图 5 - 60　喷油器的结构及工作原理

1—球阀；2—电枢轴；3—高压燃油连接管；4—线圈；5—回位弹簧；6—回油管；7—针阀控制活塞；8—承压腔；9—喷油嘴；10—针阀；11—进油口；12—泄油孔；13—针阀控制腔

针阀开启速度决定于进、回油节流孔之间的流量差。控制柱塞达到上限位置，并定位在进、回油节流孔之间。此时，喷油嘴完全打开，燃油以近乎共轨压力喷入燃烧室。

喷油器关闭（喷油结束）。如果不控制电磁阀，电枢在弹簧的作用力下向下压，关闭回油节流孔。

电枢设计成两部分组合式，电枢板经一拨杆向下引动。但它可用复位弹簧向下回弹，从而没有向下的力作用在电枢和钢球上。回油节流孔关闭，进油节流孔进的油使控制室中建立起与共轨中相同的压力。这种升高了的压力使作用在控制柱塞上端的压力增加。这个来自控制室的作用力和弹簧力超过了针阀下方的液压力，于是针阀关闭。

1.2　电控系统

电控系统由传感器、ECU、执行器三部分组成。

1.2.1　传感器

采集发动机实际运行状态信息参数，传给 ECU。主要传感器有：

（1）发动机转速传感器（曲轴转速传感器、凸轮轴转速传感器）。曲轴转速传感器检测发动机转速信号，凸轮轴转速传感器确定工作顺序。

（2）加速踏板位置传感器。检测加速踏板位置信号（驾驶员的要求）。

（3）空气流量传感器（进气压力传感器）。检测发动机空气流量信号。

（4）增压压力传感器。检测增压器增压压力。

（5）冷却液温度传感器、进气温度传感器。ECU 根据温度传感器的数值对喷油始点、喷油率及其他参数进行最佳匹配。

（6）共轨压力传感器。采集共轨内燃油压力，进行反馈，控制共轨内的燃油压力。

1.2.2　ECU

根据各种传感器传来的发动机实际运行状态信息，进行计算、分析、发出控制指令，对喷油时间、喷油量、喷油率、喷油压力进行控制。同时具有故障自诊断和故障应急功能。

1.2.3　执行器——电磁阀

由 ECU 控制各种电磁阀的开启和关闭时刻,对共轨内的喷油压力,喷油器的喷油时间、喷油量、喷油率进行控制。

1.3　电控高压共轨系统的控制

1）调节喷油压力（共轨压力）

利用共轨压力传感器检测共轨内的燃油压力,从而调整供油泵的喷油量,控制共轨压力。

2）调节喷油量

根据发动机转速传感器、油门踏板位置传感器,由 ECU 计算出最佳喷油量,通过控制喷油器电磁阀的通电、断电时刻,直接控制喷油器的喷油量。

3）调节喷油率

根据发动机的运行工况的需要,设置并控制喷油率,实现预喷射、主喷射、后喷射、多段喷射等。

电控高压共轨系统的喷射方式有三种:

一次喷射——在发动机的一个工作循环中,每缸喷油器只有一次喷射,即主喷射。应用于早期的电控高压共轨系统中。

两次喷射——在主喷射之前,进行一次喷油量很小的预喷射,即预喷射＋主喷射。

预喷射的目的:使燃烧噪声明显降低。

注意点:预喷射会导致 PM(碳烟)排放增加。因此,预喷射应尽量靠近主喷射。

多次喷射——将每一个工作循环中的喷油过程分成若干段进行,每段喷油相互无关,各自独立。多次喷射一般包括引导喷射、预喷射、主喷射、后喷射、次后喷射等多段。

多次喷射的目的:控制燃烧速度。

注意点:在多次喷射过程中,喷油器电磁阀必须完成多次开启和关闭,能量消耗大。

4）调节喷油时间

根据发动机转速和负荷,由 ECU 计算出最佳喷油时间,通过控制喷油器电磁阀的通电、断电时刻,从而准确控制喷油器的喷油时间。

【学后测评】

1. 名词解释

（1）备燃期。

（2）闭式喷油器。

（3）喷油泵速度特性。

（4）柴油机"飞车"。

（5）最佳喷油提前角。

（6）高压共轨喷油系统。

2. 问答题

（1）柴油机的主要特点有哪些?

（2）叙述柴油机燃料供给系的功用、组成以及柴油机的燃烧过程?

<<<< --

（3）改善柴油机混合气的形成，采取哪些措施？

（4）柴油机燃烧室的分类有哪些？

（5）描述活塞式输油泵工作原理？

（6）柱塞式喷油泵的基本构造与工作原理是什么？

（7）孔式喷油器的工作原理是什么？

（8）叙述 RQ 型两极式调速器的工作过程。

项目 6　发动机冷却系的构造与检修

【情境导入】

一部 2006 年的桑塔纳 2000GSi 轿车,行驶里程约 12 万 km,最近水温表常常指示温度过高,特别是高速行驶一段时间后,容易出现水箱开锅现象,并且要经常补充冷却液。水温过高,机油警告灯怠速时会点亮。

【学习目标】

(1) 掌握冷却系统的功用、组成及工作原理。

(2) 掌握水冷系统主要机件的构造和工作原理,掌握水冷循环路线。

(3) 学会对水冷系统的一般故障进行诊断并予以排除。

发动机在工作时,燃料的燃烧以及各运动零件的相互摩擦会产生大量的热量,使零件强烈受热,特别是直接与燃烧气体接触的气缸、气缸盖、活塞和活塞环等零件温度更高,如果没有适当的冷却,发动机不能正常工作,因此发动机均设有冷却系,以维持发动机在最佳温度下工作。

任务 6.1　冷却系概述

【任务描述】

发动机是将热能转变为机械能的动力机械,在燃料燃烧时,瞬时温度可达 2 000 ℃。若发动机过热,则机件的机械强度降低,正常的配合间隙被破坏,严重时会使发动机不能正常工作。发动机过冷,会引起汽油雾化不良,油耗增加,功率下降,磨损加剧。发动机必须通过冷却系统将发动机温度保持在正常的温度范围内。本任务重点介绍发动机冷却系统的功用和类型,以及水冷系统的组成。

【知识准备】

6.1.1　冷却系统的功用与分类

1. 冷却系统的功用

冷却系统的功用是使发动机在所有工况下都保持在适当的温度范围内。冷却系统既要防止发动机过热,也要防止冬季发动机过冷。在发动机冷起动之后,冷却系统还要保证发动机迅速升温,尽快达到正常的工作温度。

发动机在工作过程中,气缸与燃烧室内的气体温度高达 $2\,500\,℃$。直接与这些气体接触的缸体、活塞、缸盖与气门等,在高温的条件下因热膨胀而破坏正常的工作间隙,导致运动件运动受阻甚至卡死各机件。因此,在发动机工作中对高温机件进行冷却,使发动机在所有工况下都保持在适当的温度范围内。冷却系统虽不参与发动机的功能转换,但却是发动机正常工作必不可少的保证。

冷却系统的冷却强度调节是否合适,对发动机的工作影响很大。冷却不足,会造成发动机过热,导致发动机充气量下降而影响发动机功率输出。对于汽油机来说,还可能会造成早燃、爆燃和表面点火等不正常燃烧;同时,过高的温度会使润滑油黏度降低,导致机件磨损加剧。冷却过度,会使发动机过冷,导致燃料蒸发困难,可燃混合气形成条件变差。燃烧不完全不但会造成发动机功率下降、油耗量增大;同时还引起废气排放污染物增加。

2. 冷却系统的分类

发动机的冷却系统按照冷却方式的不同,分为水冷和风冷两种类型。

1) 水冷系统

水冷系统(见图 6-1)是以冷却液为冷却介质,把高温零件的热量传给冷却液,然后再散入大气而进行冷却的装置。该系统具有冷却强度大、效果好、噪声小等优点,在发动机上得到广泛应用。

图 6-1 水冷系统

图 6-2 风冷系统

2) 风冷系统

风冷系统(见图 6-2)是利用高速空气流将发动机中高温零件的热量直接散入大气而进行冷却的装置。该系统构造简单、使用和维修方便。但冷却不可靠,冷却强度不容易调节和控制,噪声大,仅在小型发动机和一些大型柴油机上使用。

[知识链接]

风冷系统

1. 风冷系的结构

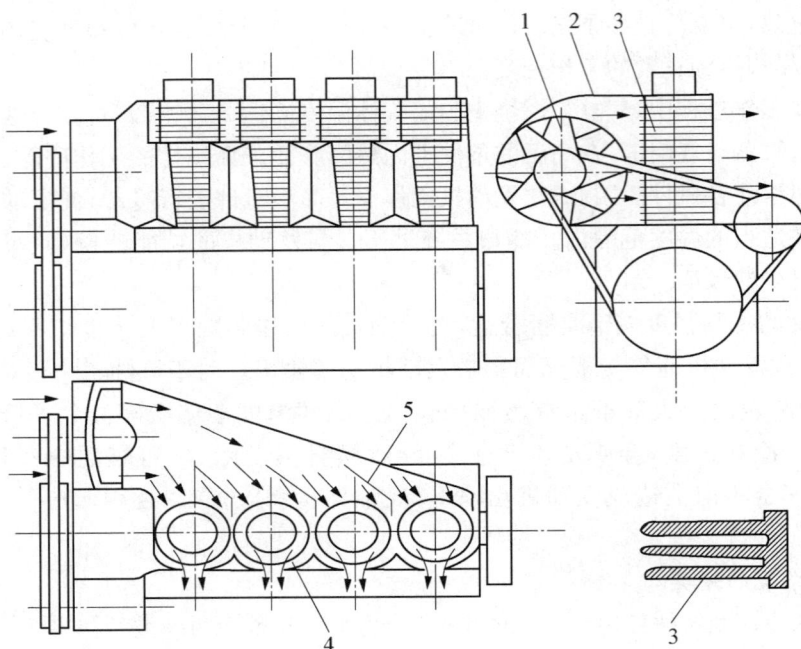

图 6 - 3　风冷系统示意图

1—风扇；2—气缸盖倒流罩；3—散热片；4—气缸导流罩；5—分流板

2. 风冷系的特点

风冷系具有结构简单、重量轻、故障少、无需特殊保养等优点，但由于其材料质量要求高、冷却不够均匀和可靠。

6.1.2　水冷系统的组成

1. 水冷系统的组成

汽车发动机上采用的水冷系统都是用水泵强制地使冷却液在冷却系中进行循环流动的，故称为强制循环水冷系统。这种系统的组成如图 6 - 4 所示，其中包括冷却装置（水泵、风扇、散热器等）、冷却强度调节装置（节温器、风扇离合器、百叶窗等）和冷却液循环通道（补偿水箱、缸体和缸盖及进气歧管的水套、进出水软管等）等部分。

2. 冷却循环

冷却液在冷却系统中的循环路径如图 6 - 5 所示。冷却液在水泵中增压后，经分水管 10 进入发动机水套 9。冷却液从水套壁周围流过并从水套壁吸热而升温，然后向上流入气缸盖水套 7，从气缸盖水套壁吸热之后经节温器 6 及散热器进水软管流入散热器 2。在散热器中冷却液向流过散热器周围的空气散热而降温，最后冷却液经散热器出水软管返回水泵，如此循环不止。

［知识链接］

1. 有些发动机的水冷系，其冷却液的循环流动方向与上述相反，可称其为逆流式水冷系。在这种水冷系中，温度较低的冷却液首先被引入气缸盖水套，然后才流过机体水套。由

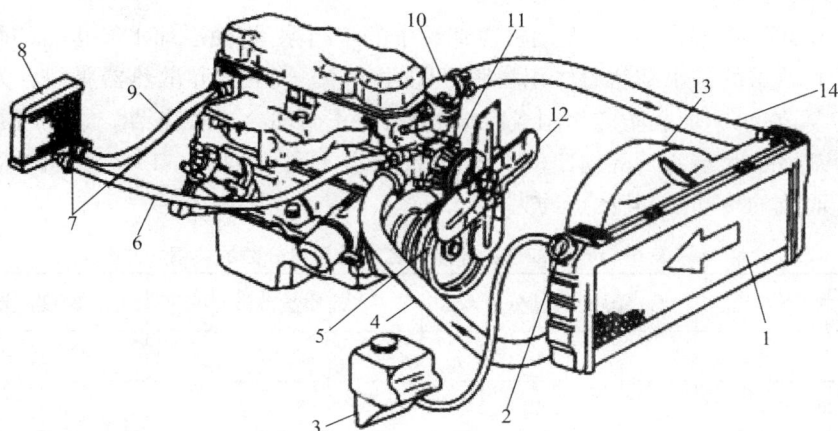

图 6 - 4 汽车发动机水冷系统的组成

1—散热器;2—散热器盖;3—补偿水桶;4—散热器出水软管;5—风扇传送带;6—暖风机出水软管;7—管箍;8—暖风机芯;9—暖风机进水软管;10—节温器;11—水泵;12—冷却风扇;13—护风圈;14—散热器进水软管

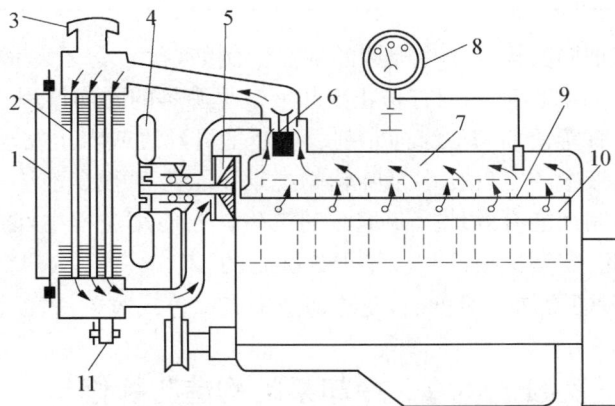

图 6 - 5 冷却液在强制循环水冷却中的流动

1—百叶窗;2—散热器;3—散热器盖;4—风扇;5—水泵;6—节温器;7—气缸盖水套;8—水温表;9—机体水套;10—分水管;11—放水阀

于它改善了燃烧室的冷却而允许发动机有较高的压缩比,从而可以提高发动机的热效率和功率。

2. 大多数汽车装有暖风系统。暖风机是一个热交换器,也可称作第二散热器。在装有暖风机的水冷系中,热的冷却液从气缸盖或机体水套经暖风机进水软管流入暖风机芯,然后经暖风机出水软管流回水泵。经暖风机芯的空气被冷却液加热之后,一部分送到风窗玻璃除霜器,一部分送入驾驶室或车厢。

6.1.3 冷却液

冷却液是水和防冻剂的混合物,冷却液用水最好是软水,否则将在发动机水套中产生水垢,使传热受阻,易造成发动机的过热现象。

纯净水在0℃时结冰。如果发动机冷却系中的水结冰,将使冷却水终止循环而引起发动机过热。尤其严重的是水结冰时体积膨胀,可能将机体、气缸盖和散热器胀裂。为了适应冬季行车的需要,在水中加入防冻剂制成冷却液,以防止循环冷却水冻结。最常用的防冻剂是乙二醇。冷却液中水与乙二醇的比例不同,其冰点也不同(见表6-1)。50%的水与50%的乙二醇混合而成的冷却液,其冰点约为-35.5℃。

表6-1　冷却液的冰点与乙二醇质量分数的关系

冷却液冰点/℃	乙二醇的质量分数/%	水的质量分数/%	密度/(kg/m³)
-10	26.4	73.6	1.034 0
-20	36.4	63.8	1.050 6
-30	45.6	54.4	1.062 7
-40	52.6	47.7	1.071 3
-50	58.0	42	1.078 0
-60	63.1	36.9	1.083 3

在水中加入防冻剂同时提高了冷却液的沸点。例如,含50%乙二醇的冷却液在大气压力下的沸点是103℃。因此,防冻剂有防止冷却液过早沸腾的附加作用。

防冻剂中通常含有防锈剂和泡沫抑制剂。防锈剂可延缓或阻止发动机水套壁及散热器的锈蚀或腐蚀。冷却液中的空气在水泵叶轮的搅动下会产生很多泡沫,这些泡沫将妨碍水套壁的散热。泡沫抑制剂能有效地抑制泡沫的产生。在使用过程中,防锈剂和泡沫抑制剂会逐渐消耗殆尽,因此,定期更换冷却液是十分必要的。

在防冻剂中,一般还要加入着色剂,使冷却液呈蓝绿色或黄色,以便识别。

任务6.2　冷却系的构造与检修

【任务描述】

发动机冷却系统由膨胀水箱、散热器、散热器盖、软管、风扇、水泵、节温器、缸体和缸盖及进气歧管的水道等组成。本任务重点介绍发动机冷却系统主要零部件的构造与维修。

【知识准备】

6.2.1　水冷系主要零部件的构造

1. 散热器

散热器通常由上水室、散热器芯和下水室等组成(见图6-6),安装在发动机前的车架横梁上。其作用是将冷却水在水套中所吸收的热量散发到大气中,使水温下降。

冷却液在散热器芯内流动,空气在散热器芯外通过。热的冷却液由于向空气散热而变冷,冷空气则因为吸收冷却液散出的热量而升温,所以散热器是一个热交换器。

1)上水室

顶部有加水口,冷却水由此加注入整个冷却系统并用散热器盖盖住。在上水室和下水室分别装有进水管和出水管,进水管和出水管分别用橡胶软管和气缸盖的出水管和水泵的进水管相连,这样既便于安装,在发动机和散热器之间产生少量位移时又不致漏水。

2)散热器芯

散热器芯由许多冷却管和散热片组成。散热器芯

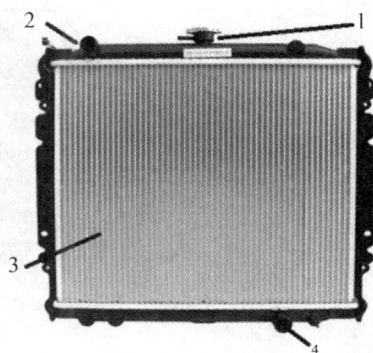

图 6-6　散热器

1—散热器盖;2—上水室;3—散热器芯; 4—下水室

的作用是应该有尽可能大的散热面积,采用散热片是为了增加散热器芯的散热面积。

按照散热器中冷却液流动的方向可将散热器分为纵流式和横流式两种(见图 6-7)。纵流式散热器芯竖直布置,上接进水室,下连出水室,冷却液由进水室自上而下地流过散热器芯进入出水室。横流式散热器芯横向布置,左右两端分别为进、出水室,冷却液自进水室经散热器芯到出水室横向流过散热器。大多数新型轿车均采用横流式散热器,这可以使发动机罩的外廓较低,有利于改善车身前端的空气动力性。

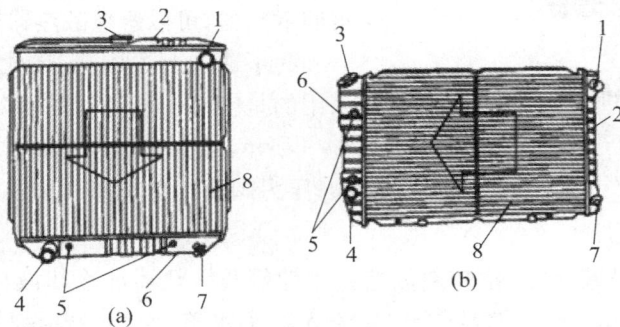

图 6-7　散热器的结构

(a)纵流式散热器　(b)横流式散热器

散热器的结构形式有多种,常用的有管片式和管带式两种(见图 6-8)。管片式散热器芯由散热管和散热片组成。散热管是焊在进、出水室之间的直管,作为冷却液的通道。散热管有扁管也有圆管。扁管与圆管相比,在容积相同的情况下有较大的散热表面。铝散热器芯多为圆管。在散热管的外表面焊有散热片以增加散热面积,增强散热能力,同时还增大了散热器的刚度和强度。管片式散热器的优点是散热面积大、气流阻力小、结构刚度好及承压能力强等。

管带式散热器芯由散热管及波形散热带组成。散热管为扁管并与波形散热带相间地焊在一起。为增强散热能力,在波形散热带上加工有鳍片。与管片式散热器芯相比,管带式的散热能力强,制造简单,质量轻,成本低,但结构刚度差。

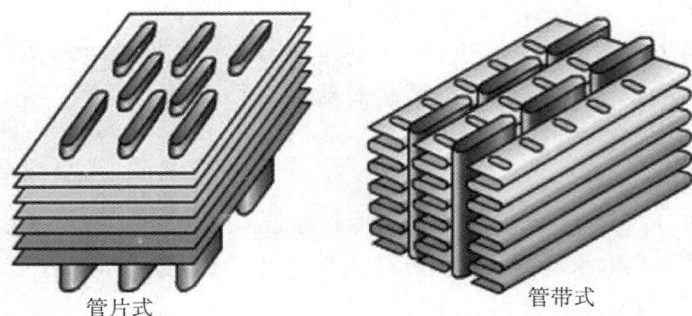

图 6 - 8　散热器芯的结构

2. 散热器盖

冷却系散热器上的加水口平时用散热器盖严密盖住,以防冷却水溅出。散热器盖的作用是密封水冷系并调节系统的工作压力。当发动机工作时,冷却液的温度逐渐升高。由于冷却液容积膨胀使冷却系统内的压力增高。当压力超过预定值时,压力阀开启,一部分冷却液经溢流管流入补偿水桶,以防止冷却液胀裂散热器。当发动机停机后,冷却液的温度下降,冷却系内的压力也随之降低。当压力降到大气压力以下出现真空时,真空阀开启,补偿水桶内的冷却液部分地流回散热器,可以避免散热器被大气压力压坏。

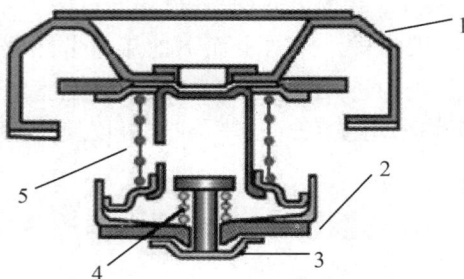

图 6 - 9　散热器盖的构造

1—散热器盖;2—压力阀;3—真空阀;4—真空阀弹簧;5—压力阀弹簧

为了适应上述构造,现代轿车散热器上广泛采用的是空气—蒸汽阀的散热器盖,其构造如图6 - 9所示。这种散热器盖上主要由加水口、真空阀、压力阀及真空阀弹簧和压力阀弹簧组成。

3. 膨胀水箱

膨胀水箱又称补偿水箱,由塑料制造并用软管与散热器加冷却液口上的溢流管连接。其作用当冷却液受热膨胀时,部分冷却液流入膨胀水箱;而当冷却液降温时,部分冷却液又被吸回散热器,所以冷却液不会溢失。膨胀水箱内的液面有时升高,有时降低,而散热器却总是为冷却液所充满。在膨胀水箱的外表面上刻有两条标记线:"低"线和"高"线,膨胀水箱内的液面应位于两条标记线之间。若液面低于"低"线时,应向水箱内补充冷却液。在向水箱内添加冷却液时,液面不应超过"高"线。膨胀水箱还可消除水冷系中的所有气泡。

4. 散热器百叶窗

有些货车和大客车发动机在散热器前面装有百叶窗,其作用是通过改变吹过散热器的空气流量来调节发动机的冷却强度,以保证发动机经常在适当的温度范围内工作。在发动机冷起动或暖车期间,冷却液的温度较低,这时将百叶窗部分或完全关闭,以减少吹过散热器的空气流量,使冷却液的温度迅速升高。百叶窗可由驾驶人通过驾驶室内的手柄来操纵其开闭,也可用感温器自动控制,如图6 - 10所示。

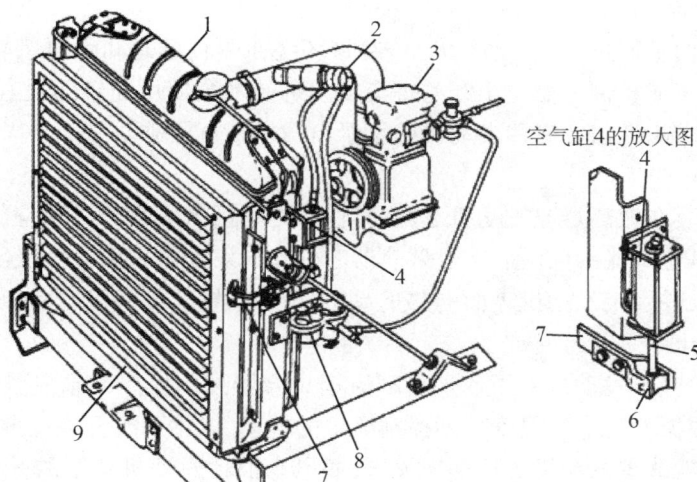

空气缸4的放大图

图 6‑10　百叶窗自动控制系统

1—散热器；2—感温器；3—制动空气压缩机；4—空气缸；5—调整杆；6—调整螺
母；7—杠杆；8—空气滤清器；9—百叶窗

5. 水泵

1) 水泵的作用

水泵泵送冷却液，使冷却液在发动机的冷却水道内快速流动，以带走发动机工作时产生的热量，保持发动机正常工作温度。水泵的泵水量很大，例如一台 V8 发动机的水泵，怠速时的泵水量大约是 750 L/h。

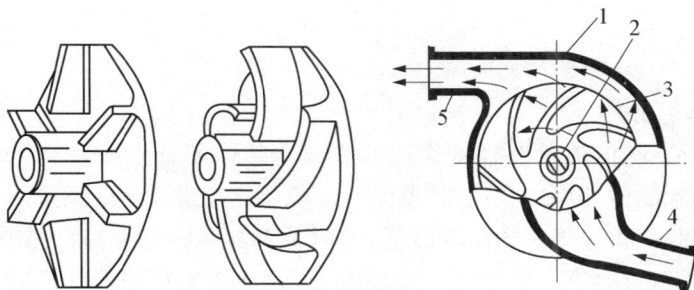

图 6‑11　离心式水泵的工作原理

1—水泵壳体；2—水泵轴；3—叶轮；4—进水管；5—出水管

2) 水泵的基本结构及工作原理

汽车发动机广泛采用离心式水泵(如图 6‑11)。当水泵叶轮旋转时，水泵中的冷却液被叶轮带动一起旋转，并在离心力的作用下被甩向水泵壳体的边缘，同时产生一定的压力，然后从出水管流出。在叶轮的中心处由于冷却液被甩出而压力下降，散热器中的冷却液在水泵进口与叶轮中心的压差作用下经进水管流入叶轮中心。叶轮由铸铁或塑料制造，叶轮上通常有 6~8 个径向直叶片或后弯叶片。水泵壳体由铸铁或铝铸造，进、出水管与水泵壳体铸成一体。

笔记

3）水泵的驱动

水泵一般由曲轴通过 V 形带驱动。传动带环绕在曲轴带轮和水泵带轮之间，因此水泵转速与发动机转速成比例。奥迪 100 型轿车发动机的水泵即由曲轴通过 V 形带驱动，水泵转速为曲轴转速的 1.6 倍。有些发动机的水泵由凸轮轴直接驱动。

6. 冷却风扇

风扇通常安装在散热器与发动机之间，其作用是利用风扇旋转时对空气产生的吸力，并使之沿轴向流动，空气流由前向后穿过散热器芯并吹向发动机表面，使流经散热器芯的冷却液加速冷却，吸收并带走发动机表面的热量，加强冷却系统对发动机的冷却作用。

1）风扇离合器

目前，有不少汽车发动机采用各种自动风扇离合器控制风扇的扇风量以及改变冷却强度，这种方法是根据发动机的温度自动控制风扇的转速，以达到改变通过散热器的空气流量的目的。这不仅能减少发动机的功率损失（普通风扇消耗发动机功率的 5%～10%，而在汽车行驶需要风扇工作的时间不到 10%），节省燃油，而且还能提高发动机的使用寿命，降低噪声。风扇离合器的构造形式有硅油式、电磁式和机械式三种，其中硅油式应用最多。

2）电动风扇

很多轿车发动机的水冷系采用电动风扇，尤其横置发动机前轮驱动的汽车更是如此。电动风扇由风扇电动机驱动并由蓄电池供电，所以风扇转速与发动机转速无关。在有些电控系统中，电动风扇由电脑控制。冷却液温度传感器向电脑传输与冷却液温度相关的信号。当冷却液温度达到规定值时，电脑使风扇继电器搭铁，继电器触点闭合并向风扇电动机供电，风扇进入工作。电动风扇的优点是结构简单，布置方便，不消耗发动机功率使燃油经济性得到改善。此外，采用电动风扇不需要检查、调整或更换风扇传动带，因而减少了维修的工作量。

7. 节温器

1）节温器的功用

节温器是控制冷却液流动路径的阀门。节温器的作用是根据发动机冷却水温度的高低，自动改变冷却水的循环路线和流量，以使发动机始终在最适合的温度下工作。

当发动机冷起动时，冷却液的温度较低，这时节温器将冷却液流向散热器的通道关闭，使冷却液经水泵入口直接流入机体或气缸盖水套，以便使冷却液能够迅速升温。如果不装节温器，让温度较低的冷却液经过散热器冷却后返回发动机，则冷却液的温度将长时间不能升高，发动机也将长时间在低温下运转。同时，车厢内的暖风系统以及用冷却液加热的进气管系统都在长时间内不能发挥作用。

2）节温器结构及工作原理（见图 6-12）

当冷却液温度低于规定值时，节温器感温体内的石蜡呈固态，节温器阀在弹簧的作用下关闭发动机与散热器间的通道，冷却液经水泵返回发动机，进行小循环。当冷却液温度达到规定值后，石蜡开始熔化逐渐变成液体，体积随之增大并压迫橡胶管使其收缩。在橡胶管收缩的同时对推杆作用以向上的推力。由于推杆上端固定，因此，推杆对胶管和感温体产生向下的反推力使阀门开启。这时冷却液经由散热器和节温器阀，再经水泵流回发动机，进行大循环。冷却液大、小循环路线如下。

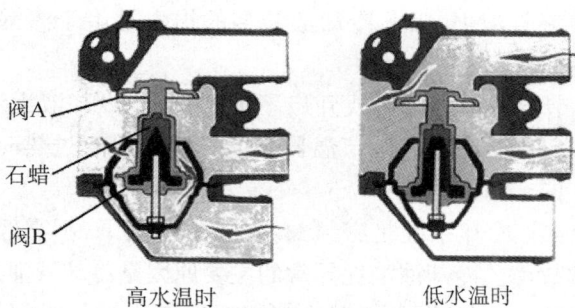

图 6-12　蜡式节温器工作原理示意图

阀A
石蜡
阀B

高水温时　　　　　　低水温时

小循环路线：当发动机水温低于 76℃ 时，节温器主阀门关闭，副阀门打开。气缸盖至散热器的冷却液通道被切断。冷却液由气缸盖水套流出，经节温器副阀门座、旁通管进入水泵，并经水泵送入气缸体水套。由于冷却液不经散热器散热，可使发动机温度迅速提高。这种循环方式称为小循环。

大循环路线：当发动机水温高于 80℃ 时，节温器主阀门打开，副阀门关闭。冷却液全部由主阀门座处进入散热器散热，水温迅速下降，然后再由水泵送入汽缸体水套。这种循环方式称为大循环。

当温度在 76~86℃ 之间时，大小循环是同时存在的。

[知识链接]

节温器的布置：一般水冷系统的冷却液都是由发动机的机体流进，从气缸盖流出。因此大多数节温器布置在气缸盖出水管路中。这种布置方式的优点是结构简单，容易排除冷却系统中的气泡。其缺点是节温器在工作时会产生振荡现象。例如，在冬季起动冷发动机时，由于冷却液温度低，节温器阀关闭。冷却液在进行小循环时，温度很快升高，节温器开启。与此同时，散热器内的低温冷却液流入机体，使冷却液又冷了下来，节温器阀重新关闭。等到冷却液温度再度升高，节温器阀又再次打开。直到全部冷却液的温度稳定之后，节温器阀才趋于稳定不再反复开闭。节温器在短时间内反复开闭的现象称作节温器振荡。当出现这种现象时，将增加汽车的燃油消耗量。节温器也可以布置在散热器的出水管路中。这种布置方式可以减轻或消除节温器振荡现象，并能精确地控制冷却液温度，但其结构复杂，成本较高。多用于高性能的汽车及在冬季经常高速行驶的汽车上。奥迪 100 型轿车发动机的节温器即布置在散热器出口的管路中。

6.2.2　水冷系统的常见故障及维修

1. 常见故障及原因

(1) 水温过高。运行中的汽车，在百叶窗完全打开的情况下，冷却液温度表指针经常指在 100℃ 以上，且散热器伴随有"开锅"现象；燃烧室内出现"炽热点"。

(2) 水温过低。百叶窗不能完全关闭，或冬季保温装置不良引起冷却系水温过低。

(3) 冷却液泄漏。冷却系统在工作时应充满冷却液。如果冷却系统缺少 5%~7% 容积的冷却液，冷却循环将停止。行驶时发动机会很快因过热而受到损坏。通常，蒸发仅是冷却液损失的一少部分，所有冷却液损失中至少有一半是渗漏掉，其余的一半中的大部分是沸腾和发泡沫通过散热器溢流管流失,因此冷却液最多的损失是由于渗漏或通过溢流管流失。冷却液渗漏主要有两种形式:外渗和内渗。

(4)节温器损坏。节温器不能开启或开启不灵活,会使冷却液无法经过散热器形成大循环,造成温度过高,或时高时正常。因节温器不能开启而引起过热时,散热器上下两水管的温度和压力会有所不同。

(5)冷却液消耗异常。冷却系统是密封的,在正常情况下,不需经常添加冷却液,否则说明有冷却液消耗异常故障。冷却液消耗异常的主要原因是冷却液泄漏。

(6)发动机过热。发动机在运行中,若冷却液温度表指针长时间指向高温(90℃以上)范围,并出现冷却液沸腾(俗称"开锅"),即为发动机过热。发动机过热可分为运行中突然过热和经常过热。突然过热是发动机工作中突然出现过热现象,一般是风扇传动带断裂或风扇电路故障、水泵轴与叶轮脱转、节温器主阀门脱落或冷却液严重泄漏。经常过热是发动机工作中经常出现过热现象,其原因可归纳为两方面:一是冷却系统冷却强度不足;二是发动机传热损失过大。由冷却系统的组成和各部分的功能不难分析得出导致冷却强度下降的原因:缺少冷却液、风扇传动带打滑、风扇叶片角度调整不当、散热器堵塞或散热片倾倒过多、节温器故障或水泵故障致使冷却液循环不良、水套积垢严重等。

(7)发动机工作温度过低。在汽车行驶中,若冷却液温度表长时间指示在发动机正常工作温度以下,即可判定为发动机工作温度过低。对一定的发动机而言,不可能因发生故障而导致冷却强度增大或传热损失减少,从而使发动机工作温度过低。发动机工作温度过低,通常是自然因素或冷却系统的冷却强度调节装置失效所致。

2. 水泵的检查与维修

1)水泵总成的外部检查

将水泵从车上拆下,并对其外部进行清洁。

(1)检查有无渗漏:水封失效时会有大量的冷却水从泄水孔处流出。水泵壳体如有裂纹,也会发生渗漏。

(2)检查带轮的转动和轴向、径向窜动量:用手转动带轮,应运转灵活,无卡滞现象。否则,泵轴可能弯曲或轴承浸水锈蚀。带轮的轴向和径向窜动量如果过大(轴向大于 0.30 mm,径向大于 0.15 mm),说明轴承或水泵壳体上的轴承座孔有较大的磨损。如发现问题,应拆检修理或更换总成。

2)水泵的维护

(1)水泵的分解:

① 拆下水泵盖和密封垫。

② 拆下风扇带轮。

③ 拆下凸缘盘、半圆键和轴承卡环。

④ 拆下水泵叶轮。

⑤ 取出水封密封垫圈和水封总成。

⑥ 自右向左将水泵轴及轴承组件压出。

⑦ 取下水泵轴上的卡环和抛水圈,支承水泵轴承内圈端面,压出水泵轴。

（2）水泵零件的检修：

① 水泵壳体和带轮的检修。水泵壳体与水泵盖接合面变形大于 0.05 mm，应予修平；水泵壳体裂纹应更换或焊修；轴承座孔磨损应予报废；V 形带轮的带槽底部如发现被带磨亮，应更换带轮。

② 水泵轴的检修。风扇 V 形带张紧力过大会造成水泵轴弯曲，当弯曲度大于 0.05 mm 时，应冷压矫直；水泵轴与轴承配合处轴颈磨损，应予报废；轴端螺纹损坏应予修复或更换。

③ 球轴承的检修。轴承烧蚀或轴承的轴向间隙大于 0.03 mm，径向间隙大于 0.15 mm，应予更换。

④ 水泵叶轮的检查。叶轮轴孔磨损或叶片等处"穴蚀"严重时，应予更换。

⑤ 水封的更换。水封是水泵中的易损件，一般在拆修水泵总成时，都应换用新水封。

（3）水泵的装配：水泵的装配按照与其拆卸时相反的顺序进行。装配时，各部螺栓、螺母应按规定的力矩拧紧，并对水泵轴承加注规定牌号的润滑脂。

3. 散热器的检查与维修

1）清堵

散热器的内部会因冷却液结垢而堵塞，散热器的外部，特别是散热片之间的缝隙处，会因杂物和尘土而堵塞。堵塞会使散热能力下降，影响发动机的正常工作。

（1）散热器外部堵塞的清理：散热器外部一般采用机械疏通或用压缩空气、高压水流冲洗的方法清理。

（2）散热器内部堵塞的清理：为避免水箱内部结垢，要求使用"软水"作为冷却液。如条件不具备，应尽量使用雨水或河水，而不要使用含矿物质较多的井水，否则，极易在水箱内部形成结垢。

清洗水垢采用化学法，即利用酸或碱类物质与水垢的化学反应，使水垢变成可溶于水的物质而被清除。清洗时，最好采用循环法，即先用酸性溶液洗涤，然后再用碱性溶液冲洗中和。清洗时，清洗液以一定的压力（一般为 10 kPa），在水套和散热器内循环，时间一般为 3～5 min。如果散热器内严重积垢，应拆去上、下水室，用通条进行机械疏通。

2）散热器渗漏的检修

（1）检查：将散热器灌满水，用手推测试器，使压力达到 100 kPa，观察压力是否下降及散热器外部有无漏水现象。

（2）维修：散热器的渗漏大多发生在冷却管及其与上下储水室的接合处。若渗漏严重，应到专业维修点进行焊修。若渗漏不严重时，可用高性能丙烯酸酯结构胶黏剂或冷却系统止漏剂就车进行修补。

3）散热盖的检查

将散热器盖旋装到压力测试仪上，用手推泵把手，直到蒸汽阀打开为止，记下压力读数。蒸汽阀应在压力 260～370 kPa 时打开，如压力低于规定值，则应更换散热器。

4）膨胀水箱冷却液液面高度的检查

膨胀水箱外壳表面刻有标示冷却液液面高度的刻线。检查时，冷却液液面不应低于"LOW"或高于"FULL"，否则，应添加或倒掉部分冷却液。

4. 节温器的检查

蜡式节温器的安全寿命一般为 5 万 km 汽车行驶里程。因此要求按照其安全寿命定期更换。节温器的检查方法：温度可调式恒温加热器主阀门的开启温度、全开温度及升程，其中有一项不符合规定值，则应更换节温器。桑塔纳轿车发动机的节温器，其主阀门的开启温度为 87℃±2℃，全开温度为 102℃±3℃，全开升程大于 7 mm。

5. 风扇 V 形带张紧度的检查调整

发动机工作了一个时期后，风扇 V 形带因伸长而松弛，结果发生 V 形带打滑现象，使水泵、风扇和发电机的转速均降低，影响发动机的散热，且增大了风扇 V 形带的磨损。但是，风扇 V 形带又不应过紧，以防止增加轴承和 V 形带的磨损。因此，应定期检查调整风扇 V 形带的张力。调整时移动发电机的定位螺栓位置，以此改善 V 形带的张力。用拇指施加约 98 N 的力于风扇 V 形带的中央，V 形带挠度为 10～15 mm。否则，应调整发电机的固定螺栓，以调整 V 形带的张紧度，使之达到规定值。检查风扇 V 形带有无断裂现象，如果不合适应检查风扇 V 形带有无断裂现象，如果不合适应予以更换。皮带装入 V 形带轮上，应保证良好的接触。

6. 电动冷却风扇的检修

（1）检查冷却风扇热敏开关。当冷却液温度达到 95℃时，热敏开关应将风扇电路接通，否则，应更换热敏开关。

（2）检查风扇叶片有无破损、变形、弯曲等，若有则应更换。

（3）检查风扇电动机电枢线圈、磁场线圈有无断路、短路及搭铁。把风扇电动机的正极与蓄电池的正极相连，把风扇电动机的负极与蓄电池的负极相连。如风扇电动机旋转，表明工作正常，否则，应更换风扇电动机。

（4）检查热敏开关。将温控开关放入水中，把万用表选为电阻档，将两个表笔分别接在温控开关的接线端和外壳上，改变水的温度，观察万用表指针的变化。当水温达到 92℃左右时，温控开关开始导通，万用表指针指示接通。当冷却水温开始下降时，温控开关仍然导通，冷却水温降至 87℃时，万用表指针应指示断开。

【任务实施】

冷却系各零部件检修任务工单

姓名：		学号：		班级：		组别：	
评价等级：			教师签字：			成绩：	
			日期：			学时：	
任务名称		发动机冷却系拆装检查					
能力目标		1. 能够对照实物说出冷却系各部件名称 2. 能够说出冷却系的功用 3. 会正确拆装各部件 4. 会正确使用工具检测各部件					
工具、设备的准备		发动机常规拆装工具、散热器密封性检测仪，节温器检测仪					

（续表）

信息获取	1. 发动机冷却方式分为_____ 2. 发动机冷却液温度为_____℃时正常 3. 冷却水的小循环路线_____ 4. 冷却水的大循环路线_____ 5. 结合图叙述节温器的工作过程_____
任务操作与要点	1. 水泵的检修 　① 外部检修包括：_____ 　② 维护内容包括：_____ 2. 散热器的维修内容：_____ 3. 散热器密封性检测步骤：_____ 4. 节温器的检测步骤：_____ _____ _____

【技能训练】

1. 检查、更换冷却液

实训名称	检查、更换冷却液
实训目的	1. 了解更换发动机冷却液的重要性 2. 熟悉 AJR 型发动机冷却系统的组成和工作原理 3. 熟悉发动机冷却液的各项指标 4. 掌握更换发动机冷却液的操作要领
实训仪器	桑塔纳 2000GSi 型轿车、水箱检漏仪、冷却液冰点检测仪、举升机、鲤鱼钳、漏斗、冷却液、磁力护裙、驾驶室内保护罩、防护手套

笔 记

（续表）

实训要求	1. 车辆停驻在平坦地面上,常温下更换冷却液 2. 冷却液的更换间隔为车辆行驶 40 000 km 或两年 3. 冷却液的液位应位于膨胀箱的 MIN 和 MAX 刻度线之间 4. 根据当地气温选配冷却液牌号,冷却液冰点要低于当地最低气温 5℃ 以上 5. 冷却液有毒,使用中严禁嘴吸和接触皮肤。若溅入眼中要立即用水冲洗,必要时到医院进行处理
实训过程	**第一步　事前准备** 1. 车辆进入工位前,参训学生将工位卫生清理干净,排除障碍物,准备好相关的工具、物品等 2. 将车辆停驻在举升机平台的中央位置 3. 拉紧驻车制动器或变速器至 P 档位。打开并可靠支撑发动机舱盖 4. 粘贴翼子板和车头部护裙。安装转向盘套、换档手柄套、座套、铺设地板垫 **第二步　预热发动机** 1. 观察膨胀箱中冷却液的液面高度,应不得低于下刻度线 MIN 提示 发动机启动前,检查冷却系统中的冷却液的存量,主要目的是避免发动机在无冷却液的情况下运转,加剧机件磨损 2. 确认变速器处于空档位置。打开点火开关,起动发动机并保持急速运转 提示 将发动机预热,提高发动机的温度,使节温器开启,冷却液大循环,有利于发动机内的冷却液排放彻底 3. 打开暖风开关并拨至最大档位置。观察组合仪表中水温表的指针变化情况。当水温表显示 93℃ 以上时,关闭点火开关,停止发动机运转 提示 水温达到发动机正常工作温度后,节温器打开,有利于冷却液的彻底排放。AJR型发动机冷却系统采用的节温器开启温度为 87℃±2℃,全开温度为 102℃±3℃ **第三步　检漏** 检查冷却系统的软管是否有鼓包,裂纹和接口泄漏;散热器,暖风水箱、水泵、膨胀箱、汽缸垫、汽缸体和汽缸盖的水堵是否泄漏 提示 当发动机工作温度达到常温后,冷却系统中的压力升高,此时一些泄漏点会暴露出来 **第四步　排放冷却液** 1. 用手缓慢旋松冷却液膨胀箱盖,并施加一定的下压力,当感觉到系统压力释放殆尽后,重新旋紧膨胀箱盖 2. 操纵举升机,将车辆举升到目标高度后,可靠停驻,确认车辆可靠停驻后,方可进入车下作业 3. 接水盆放置于散热器的下方,正对于水管与散热器出水口接口处 4. 使用鲤鱼钳将下水管的卡箍张开,并拉离水管和接口的接触部位,取下鲤鱼钳,使卡箍保留在下水管上 5. 用手握住下水管靠近散热器进水接口处,上下左右摆动水管,待水管与进水接口松动后,转动并向后拉出水管 6. 将车辆平稳降落地面后,旋下膨胀箱盖,冷却液急速流入储液桶内 7. 进入驾驶室,打开点火开关,急速运转发动机 30～60 s 之后,关闭点火开关,停止发动机运转 **第五步　安装下水管** 1. 举升车辆可靠停驻后,检查下水管与散热器接口部分的内橡胶层是否损坏。是,则更换下水管;否,继续使用 2. 检查散热器接口外圆面是否有腐蚀或黏结物,如出现腐蚀并影响到密封,应更换新的接口;或清除黏结物,保持接口清洁 3. 观察卡簧是否出现歪扭变形,是,更换新卡簧;否,检验其弹力。使用鲤鱼钳夹住卡簧的卡口,握紧钳柄,使卡簧张开,如感到弹力较大,则继续使用;否,则更换新卡簧

（续表）

| | 4. 在水泵进水口的外圆上涂抹少许冷却液,然后双手握住水管靠近水泵接口部分,将水管对准水泵接口部分,将水管对准水泵进水接口,上下晃动水管的同时向前施加推力,直到进水口全部装入为止
5. 使用鲤鱼钳卡牢卡簧的卡口,握紧手柄,使卡簧张开,当卡簧的内圈大于水管的外圈时,向前移动卡簧至水管和进水接口相配合段的前端位置。取下工具,卡簧压紧在水管上
6. 操纵举升机将车辆平稳降落到地面上
第六步　冷却液冰点检测
1. 使用吸管吸取少量冷却液,滴到冰点测试仪的棱镜上,合上盖板并轻轻按压
2. 将棱镜对向明亮处,旋转目镜使市场内刻线清洗,读出明暗分界线在分划板上相应标尺上的数值,并报告冰点数值
3. 测试完毕,使用柔软绒布擦净棱镜和盖板,清洗吸管后,将冰点测试仪放置于包装盒内
第七步　加注冷却液
1. 旋下冷却液桶盖,一手握住桶上的手柄,一手托住桶的底部,对准膨胀箱加注口,稍稍倾斜冷却液桶,缓缓地将冷却液倒入膨胀箱内
提示　加注冷却液时,动作要舒缓,液流不要过急,防止液体洒到膨胀箱的外面,同时要注意观察膨胀箱内的液面,避免液体溢出,造成浪费
2. 当冷却系统的液量不足,膨胀箱中的液面下降缓慢或停止下降时,用手反复捏压散热器的上下水管。液面下降后,继续加注,如此反复进行,直到膨胀箱内的液面位于上下刻度线的中间位置不再变化为止
第八步　冷却系统加压检漏
1. 将凸缘盘旋紧在膨胀箱的加水口上。将检漏仪和凸缘盘连接起来。反复推动真空泵手柄,向冷却系统施加压力
2. 在向冷却系统施加压力的同时,注意观察检漏仪上压力表指示数值的变化。当压力值显示为 0.2 MPa 时,停止加压。观察压力表指针的变化情况
第九步　发动机运转检漏
1. 起动发动机,保持怠速运作,打开暖风开关并开至最大档。观察仪表中水温表指针的变化情况。观察冷却风扇是否转动
提示　当水温达到 93~98℃ 时,冷却风扇应低速旋转,当水温达到 105℃ 时,冷却风扇应高速旋转
2. 关闭点火开关,停止发动机运转。观察膨胀水箱中冷却液的存量是否适当。否,补充添加冷却液至上下刻度线中间位置。最后,旋紧膨胀箱盖
第十步　清理工位
作业项目完成后,要搞好公共的清洁、整理和整顿工作 |
| 考核分数 | |

2. 检查、更换节温器

实训名称	检查、更换节温器
实训目的	1. 了解检查、更换发动机冷却系统中节温器的重要性 2. 熟悉 AJR 型发动机冷却系统的组成 3. 熟悉 AJR 型发动机冷却系统中节温器的工作原理 4. 掌握检查、更换 AJR 型发动机冷却系统中节温器的操作技能
实训仪器	桑塔纳 2000GSi 型轿车、鲤鱼钳、16~17 mm 开口扳手,6 mm 内六角扳手,接水盆。测温计、检漏仪、∅8 mm 套筒及扳手、∅13 mm 套筒及扳手、∅6 mm 开口和∅8 mm 内六角扳手

笔记

实训要求	1. 安装与 AJR 型发动机配套使用的节温器 2. AJR 型发动机冷却系统中的节温器的性能参数 开启温度为 87℃±2℃，全开温度为 102℃±3℃，最大升程大于 7 mm 3. 节温器的安装方向要正确 4. 节温器盖螺栓的规定力矩为 20 N·m
实训过程	**第一步　事前准备** 1. 车辆进入工位前，参训学生将工位卫生清理干净，排除障碍物，准备好相关的工具、物品等 2. 将车辆停驻在举升机平台的中央位置 提示 车辆停驻于举升平台的中央位置，为车辆的安全举升做好准备 3. 拉紧驻车制动器或变速器至 P 档位。打开并可靠支撑发动机舱盖 4. 粘贴翼子板和车头部护裙。安装转向盘套、换档手柄套、座套、铺设地板垫 **第二步　发动机预热** 1. 进入驾驶室，确认驻车制动器已拉紧。确认变速器处于空档位置 2. 打开点火开关，起动发动机并保持怠速运转 3～5 min。期间注意观察水温表指示数值的变化，当水温到 90℃左右时，关闭点火开关，停止发动机运转 **第三步　排放冷却液** 1. 操纵举升机，将车辆举升到目标高度后，可靠停驻。确认车辆可靠停驻后，方可进入车下作业 2. 将接水盆放置于散热器的下方，正对于下水管与散热器出水接口处。使用鲤鱼钳将下水管的卡箍张开并拉离水管和接口的接触部位，取下鲤鱼钳，使卡箍保留在下水管上 3. 用手握住下水管靠近散热器进水接口处，上下左右摆动水管，待水管与进水接口松动后，转动并向后拉出水管。待冷却液不再流出时，将下水管安装到出水接口上 **第四步　拆卸发电机** 1. 将扳手的 17 mm 开口端卡住发电机传动带张紧机构上的调整凸块，用力向发电机侧板扳动扳手使张紧机构顺时针转动一定角度，当张紧机构上的定位孔与其支架上的挡块对齐时，将定位销插入定位孔中，定位销被支架上的挡块阻挡，张紧机构被固定在该位置 2. 使用工具拧松蓄电池负极线的固定螺栓，然后从极柱上取下负极线，并使负极线可靠离开蓄电池极柱 提示 断开蓄电池与电气系统的电路，目的是防止在拆卸发电机的过程中，导线搭铁产生的断路电流损坏微机控制单元（ECU） 3. 使用 ∅6 mm 内六角扳手拧松发电机支架上端的 1 条螺栓。使用 ∅8 mm 内六角扳手拧松发电机支架下端的 1 条螺栓。用手取下两条固定螺栓。将螺栓摆放到零件车上 4. 将木质锤柄插入发电机和支架间的空隙中，撬动发电机 5. 从支架上取出发电机后，用 ∅13 mm 套筒、棘轮扳手拧松发电机后端盖上的 B 接线柱上的固定螺母。取下螺母后，将导线脱离 B 接线柱 6. 使用 ∅10 mm 套筒、棘轮扳手拧松发电机后端盖上的励磁导线固定螺母。取下螺母后，将导线脱离接线柱 7. 将发电机具摆放到零件车上 **第五步　拆卸节温器** 1. 使用工具拧松节温器盖的两条固定螺栓。取出螺栓后，将螺栓、工具摆放到零件车、工具车上

（续表）

	2. 确认节温器的安装方向后将其取下 **第六步 相关检查** 1. 节温器的性能检查 （1）检查节温器的开启性能 　　将节温器置于水中加热，用温度计检测水温，当水温达到87℃±2℃时，阀门开始 　　开启；水温达到102℃±3℃时，阀门全开达到最大升程；阀门最大升程大于7 mm （2）检查节温器的关闭性能 　　方法一：停止对水加热，使水自然冷却，阀门应逐渐关闭，当水温降至87℃±2℃ 　　时，阀门应全闭 　　方法二：将节温器从水中取出，使之自然降温，阀门应逐渐关闭，直至全关 　　如果节温器的开闭温度不符合规定要求，说明节温器有故障，应更换节温器 2. 检查冷却系统分水管有无橡胶老化、裂纹、脱层起包等现象。有，更换分水管 3. 检查节温器盖是否有变形、裂纹 **第七步 清洁节温器座及盖** 使用刮刀清洁节温器座上的腐蚀物、胶质和节温器盖上的胶质等，保持节温器及盖的接触面清洁、平整 **第八步 安装节温器** 1. 按照正确的安装方向将节温器安放在座孔中 2. 用手在密封垫圈上均匀涂抹一薄层机油后将其套装在节温器盖上 3. 将节温器盖按照正确的方向安装到汽缸体的结合面上。对齐节温器盖和汽缸体上的螺栓孔，使用工具拧紧节温器盖上的两条固定螺栓 **第九步 加注冷却液** **第十步 检查正时齿带** **第十一步 安装发电机** **第十二步 安装发电机传动带** 1. 将发电机传动带安装到曲轴、发电机的皮带轮、导向轮、张紧轮上。并确认传动带的安装走向是否正确并按照到位。若否，重新安装调整 2. 将开口扳手的17 mm端卡住传动带张紧机构上的凸块，用力扳动扳手使张紧机构转动微量角度，松动定位销，然后取出定位销 3. 缓缓放松张紧机构，使张紧轮压向传动带，直到张紧机构不再下降为止 4. 用手按压传动带，检查传动带的松紧度 **第十三步 安装蓄电池负极桩柱接线** **第十四步 发动机运行检查** **第十五步 使用测温仪检测节温器性能** 使用测温仪检测节温器工作情况，可从3个阶段进行检测：节温器开启前（低于85℃）；节温器全开前（85～99℃）；节温器全开时（99～105℃） 使用测温仪测量发动机进出水口处水温状况分别是：发动机水温低于85℃，水温差最大；发动机水温在85～99℃，水温差逐渐减小；发动机水温在99～105℃，水温差基本稳定，变化不大 1. 使用测温仪测量发动机进水口的水温 2. 使用测温仪测量发动机出水口的水温 3. 将测温仪放置于包装盒中 **第十六步 整理工位**
考核分数	

【案例分析】

案例 1

故障现象	行车中,驾驶员观察水温表经常停留在100度的位置,只偶尔指针会停留在90度位置。且仪表显示100度时,散热风扇没有启动。停车查看发现散热器上水管温度较高而下水管温度较低
故障分析	故障现象为水温较高,但此时风扇没有启动。并且上水管烫手而下水管凉。说明冷却液没有进行大循环,很可能是节温器阀门不能开启。应对节温器开启情况进行检查
故障排除步骤	(1) 汽车运行10 min后,用手触摸散热器上的水管,如果感觉不到散热器上水管有冷却液流动,表明节温器损坏 (2) 看水温表。如果暖机时,冷却液温度上升得很快,水温表显示80℃后升温缓慢,说明节温器工作正常 (3) 按照技能训练2的实施步骤拆卸节温器,并将节温器放在烧杯中,加水加热(在加热时,要不断进行搅拌,以保证水温的均匀),用温度计测量水温,当水温达到82℃左右时,查看节温器是否已经开始开启,当水温达到95℃左右时,观察节温器是否已经全开,升程应大于8 mm
维修处理意见	更换有问题的节温器

案例 2

故障现象	普通行车及正常使用过程中,水温表显示正常。但是增大用电之后(如打开前照灯、雨刮等),水温表指针显示冷却液温度达到120℃。空调立即自动关闭。但用测温仪测得散热器上水管的温度却正常
故障分析	正常使用时水温正常,而增大用电后显示冷却液温度到120℃,说明实际上冷却液温度并没有上升。可能是由于搭铁不良或电阻增大造成冷却液温度传感器的输出电压信号过高而产生的假象
故障排除步骤	对冷却液温度传感器输出信号进行检测
维修处理意见	将搭铁线连接位置清理干净,重新紧固搭铁线,或者更换成导电率好的扁平搭铁线,故障会自动排除

[知识拓展]

双循环冷却系统介绍

双循环冷却系统在大众2009款高尔夫A6、奥迪1.4TSI发动机上已应用。该系统有两个独立的冷却循环系统:增压空气冷却系统和主冷却系统。这种形式的双循环冷却系统也可理解为内外双循环冷却系统。

1) 增压空气冷却系统

主要用于冷却涡轮增压器、增压空气。该系统主要由冷却液循环泵、增压空气冷却器、节流阀、止回阀、附加散热器及冷却液罐等组成。因为增压空气冷却后与未冷却的温度和压力都是不同的,通过节流阀将两个循环冷却系统分开,两边的冷却液混合减至最小,两边的温差最大可以达到100℃。增压空气冷却系统冷却液循环路线如图6-13所示。

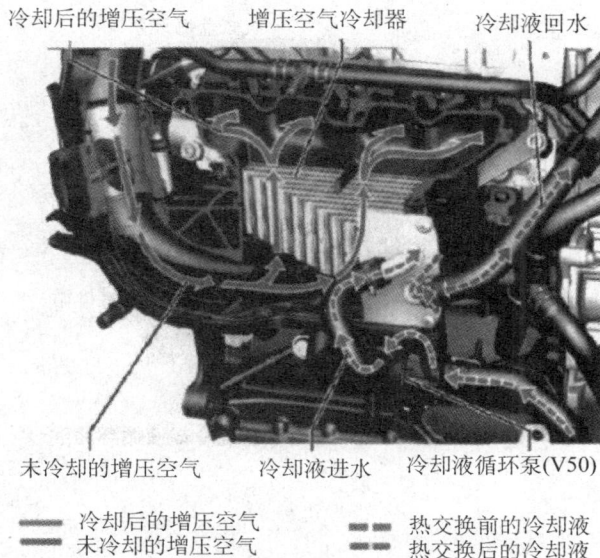

图 6 - 13 增压空气冷却系统冷却液循环路线

2) 主冷却循环系统

主冷却循环系统用于发动机冷却。由于主冷却系统又分成了两个循环系统，一个循环系统在气缸体，一个循环系统在气缸盖。所以主冷却系统又被称为独立双位分层冷却系统。独立双位分层冷却系统与发动机传统冷却系统基本相同，主要特点是该系统设置有双节温器。

通过前面对冷却系统学习，我们知道，发动机燃料完全燃烧产生的热量没有全部转化为有用功。只有约 1/3 热量参与推动活塞、带动曲轴旋转，而其余热量一部分被发动机冷却系带走，一部分以排气方式排放到大气中。提高发动机的热效率十分重要。如果提高冷却液的温度，就可以减少热量的损失，提高热效率。

传统发动机气缸体和气缸盖中的冷却液使用同一个冷却水套回路，两处冷却液温度相同。而双位分层冷却方式分用于冷却气缸体的冷却回路与用于冷却气缸盖的冷却回路是不同的两条回路。这两条回路中的冷却液温度不相同。

设计两条不同回路的原因是：气缸盖上因燃烧室和排气门座而受热严重，为加强散热，应该采用更低的冷却温度。并且气缸盖温度较低有利于更充分的充气、减少爆燃和提高排气门座寿命。而气缸体处受热强度要小，如果冷却液温度较高，有利于燃气膨胀又减少了摩擦和气体传热损失。独立双位分层冷却方式能使两处各自保持最佳的温度。独立双位分层冷却系统的循环路线如图 6 - 14。

采用独立双位分层冷却系统的优点如下：

（1）气缸体的温度可以升高得更快，因为冷却液在温度达到 105℃ 之前，会一直在气缸体内循环。

（2）由于气缸体温度较高，降低了曲柄连杆机构的摩擦，使机油的黏度降低。

（3）由于气缸盖的温度稍低一些，燃烧室的温度也就低一些，好处是增加充气效率，同时减小爆震倾向。

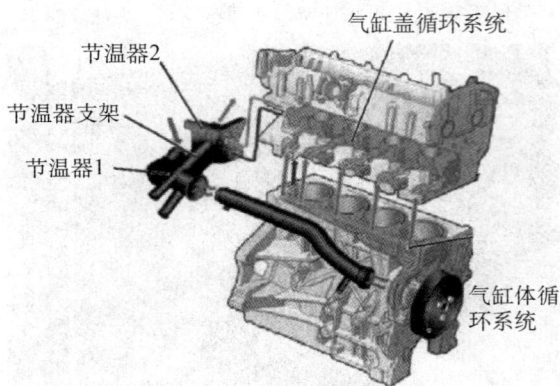

图 6 - 14　独立双位分层冷却系统冷却液循环路线

【学后测评】

1. 名词解释

（1）水冷系统。

（2）风冷系统。

（3）节温器。

（4）大循环。

（5）小循环。

2. 问答题

（1）发动机为什么要进行冷却？最佳的冷却液温度是多少？

（2）节温器的功用是什么？

（3）散热器盖的功用是什么？

（4）冷却系统何时进行小循环？何时进行大循环？

（5）发动机冷却系统由哪几部分组成？各部分的功用是什么？

（6）发动机冷却系统常见的故障有哪些？

（7）发动机冷却系统中水温过高的现象由什么原因引起？水温过低的现象由什么引起？

（8）冷却系统水泵的作用是什么？

（9）冷却系统风扇的作用是什么？

项目 7　发动机润滑系的构造与检修

【情景导入】

维修店来了一辆桑塔纳轿车,具体故障现象是:发动机怠速运转后,油压报警灯闪烁;发动机转速达到 2 150 r/min 以后,油压报警灯闪烁,警报蜂鸣器同时发响警报。该故障属于发动机润滑系常见现象,经诊断该车发动机缺少机油。

【学习目标】

(1) 掌握润滑系的作用、润滑方式、类型与组成。
(2) 了解发动机机油的选用。
(3) 了解润滑系的润滑油路。
(4) 掌握润滑系主要部件的结构、工作原理与检修。
(5) 熟悉润滑系的维护及常用的工具。

任务 7.1　润滑系概述

【任务描述】

按机油的储存方法,常把润滑系统分成湿式油底壳润滑系统和干式油底壳润滑系统。这里只介绍湿式油底壳润滑系统。

本任务主要介绍润滑系的作用、润滑方式、润滑系组成、润滑系油路。通过学习,要能够对润滑系有一个基本的认识。

【知识准备】

7.1.1　润滑系的作用

润滑系的作用就是不断地将清洁的、具有一定压力的润滑油输送到各运动件的摩擦表面,以减小零件的摩擦和磨损。此外,由于润滑油的循环流动,还具有对摩擦面清洁、冷却、密封、减振和防锈作用等。发动机润滑油简称发动机机油,俗称机油。

1. 润滑

将清洁的、一定压力的和适当温度的机油不断地输送到运动件的摩擦表面,用以减少零件的摩擦阻力和磨损。

2. 冷却

发动工作中会产生大量的热量,这些热量中的大部分通过发动机冷却系统的循环带走,少部分通过润滑油从气缸、活塞、运动件等发动机内部表面吸收热量后带到油底壳中散发。

3. 清洗

发动机的内部工作环境十分恶劣,通过进气系统吸入发动机的灰尘和混合气未完全燃烧后产生的物质会在气门、气缸壁形成积炭,润滑油在发动机内部被不断氧化,氧化物也容易形成油腻和积炭。积炭对发动机的工作影响很大,不仅影响混合气的充分燃烧,而且会造成发动内部温度过高,大量的胶质会使活塞环卡滞,导致发动机不能正常运转。因此,必须及时地清理这些污物,这个清洗过程是靠润滑油在机体内循环流动来完成的。润滑油中含有清除积炭的清洁剂和分散剂,能够清洁金属表面,分散污垢,保持发动机内部清洁。当更换润滑油时,这些杂质随同润滑油一起排出,因此润滑油会呈现较深的颜色。

4. 密封

发动机的气缸与活塞、活塞环与环槽、气门与气门座之间均存在一定间隙,这样才能保证各配合件之间运动时不会卡滞,但这些间隙又容易造成燃烧室内的混合气窜入曲轴箱,结果不仅加速了润滑油的变质,还会降低气缸压力和发动机的输出功率。润滑油可以在各配合件的间隙中形成一定厚度的油膜,这些油膜可以起到密封的作用,保证了气缸的密封性。

5. 缓冲

润滑油在运动件表面形成油膜,吸收冲击并减小振动,起到减震缓冲的作用。

6. 防锈

发动机在运转或停放时,进气中的水分、燃烧产生的酸性气体等都会对活塞环、轴瓦等金属部件造成腐蚀。润滑油中含有的防锈剂等具有防锈性能的多效添加剂,这些添加剂在金属表面形成致密吸附层,有效地抵制了各种腐蚀物质的侵入。

7.1.2　发动机的润滑方式

由于发动机各运动件的工作条件不同,所要求的润滑强度也不同,因此采取的润滑方式也不同。发动机的润滑方式主要包括:压力润滑、飞溅润滑和定期润滑。

1. 压力润滑

压力润滑是利用机油泵,将具有一定压力的润滑油源源不断地送到零件的摩擦表面,形成具有一定厚度并能承受一定机械负荷的油膜,尽量将两个相互摩擦的零件完全隔开,实现可靠润滑。相对速度较高、机械负荷大的零件,都采用这种润滑方式,如曲轴各轴颈与轴承之间、凸轮轴颈与轴承之间、摇臂轴与摇臂之间等部位。压力润滑工作可靠,润滑效果好,具有一定净化和冷却润滑油的作用,但必须设有机油泵和专门的润滑油道。

2. 飞溅润滑

飞溅润滑是指利用发动机工作时运动件飞溅起来的油滴或油雾来润滑零件表面。这种润滑方式可润滑裸露在外面的载荷较轻的气缸壁、相对滑动较小的活塞销以及配气机构的凸轮轴表面等。

3. 定期润滑

对于负荷较小的发动机辅助装置则只需定期、定量加注润滑脂进行润滑。例如:水泵、

发电机轴承等。它不属于润滑系的工作范畴。近年来在发动机上采用含有耐磨润滑材料
（如尼龙、二硫化钼等）的轴承来代替加注润滑脂的轴承。

7.1.3　润滑系的基本组成

润滑系的主要部件有机油泵、机油集滤器、机油滤清器、各种阀、机油散热器以及检视装
置等。

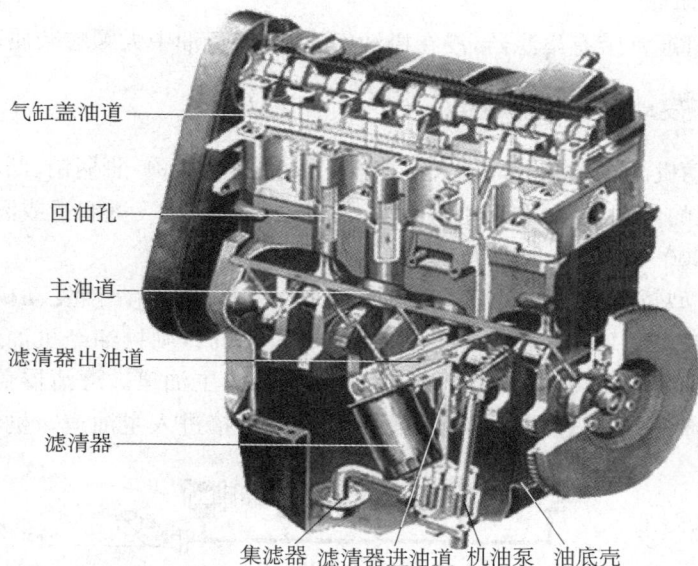

气缸盖油道

回油孔

主油道

滤清器出油道

滤清器

集滤器　滤清器进油道　机油泵　油底壳

图 7-1　发动机润滑系统组成

1. 油底壳

油底壳用来储存润滑油。在大多数发动机上，油底壳还起到为润滑油散热的作用。

2. 机油泵

它将一定量的润滑油从油底壳中抽出经机油泵加压后，源源不断地送到各零件表面进
行润滑，维持润滑油在润滑系统中的循环。机油泵大多装于曲轴箱内，在有些柴油机上将机
油泵装于曲轴箱外。机油泵大都采用齿轮驱动方式，通过凸轮轴、曲轴或正时齿轮来驱动。

3. 机油滤清器

机油滤清器用来过滤润滑油中的杂质、磨屑、油泥及水分等杂物，使送到各润滑部位的
都是干净清洁的润滑油。机油滤清器分为粗机油滤清器和细机油滤清器，它们并联在油道
中。机油泵输出的绝大多数机油通过粗机油滤清器，只有很少部分通过细机油滤清器，但汽
车每行驶 50 km，机油被机油滤清器滤清一遍。粗机油滤清器用来滤掉机油中粒度较大的
杂质，其流动阻力小，串联安装于机油泵出口与主油道之间。细滤器能滤掉机油中的细小杂
质，但流动阻力大，故多与主油道并联，只有少量的润滑油通过细机油滤清器。目前多数轻
型汽车的发动机只安装一个机油滤清器。

4. 机油集滤器

它多为滤网式，能滤掉润滑油中粒度较大的杂质，其流动阻力小，串联安装于机油泵进

油口之前。

5. 主油道

它直接在缸体与缸盖上铸出,用来向各润滑部位输送润滑油。

6. 限压阀和旁通阀

限压阀用来限制机油泵输出的润滑油压力,用来泄压。旁通阀与机油滤清器并联,当机油滤清器发生堵塞时,旁通阀打开,机油泵输出的润滑油直接进入主油道。

7. 机油泵吸油管

机油泵吸油管通常带有集滤器,浸在机油中,用于避免油中大颗粒杂质进入润滑系统。

7.1.4　典型发动机润滑系油路

现代汽车发动机润滑系统的油路大致相同。曲轴的主轴颈、曲柄销、凸轮轴颈及中间轴(分电器和机油泵的传动轴)颈均采用压力润滑,其余部分采用飞溅润滑或润滑脂润滑。

1. 桑塔纳2000型轿车发动机润滑系油路

桑塔纳2000型轿车发动机润滑系油路布置如图7－2所示。当发动机工作时,机油从油底壳经集滤器被机油泵送入机油滤清器。如果油压太高,则机油经机油泵上的限压阀返回机油泵入口。全部机油经滤清器滤清之后进入发动机主油道。滤清器盖上设有旁通阀,当滤清器堵塞时,机油不经过滤清器滤清而由旁通阀直接进入主油道。机油经主油道进入

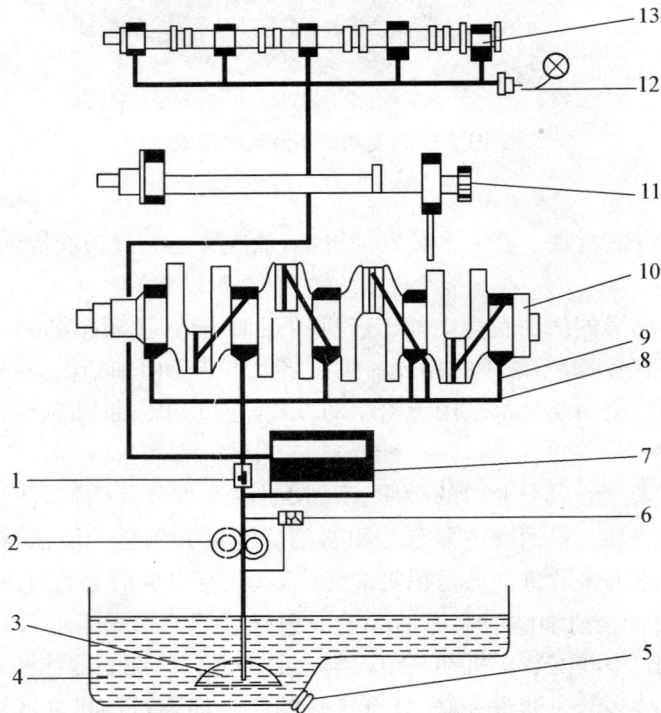

图7－2　桑塔纳2000型轿车发动机润滑系油路

1—旁通阀;2—机油泵;3—粗集油器;4—油底壳;5—放油塞;6—安全阀;7—机油滤清器;8—主油道;9—油道;10—曲轴;11—中间轴;12—压力开关;13—凸轮轴

五条分油道,分别润滑五个主轴承。然后,机油经曲轴上的斜油道,从主轴承流向连杆轴承润滑连杆轴颈。主油道中的部分机油经第六条分油道进入中间轴的后轴承。中间轴的前轴承由机油滤清器出油口的一条油道供油润滑。主油道的另一条分油道直通凸轮轴轴承润滑油道的后端,也就是整个压力润滑油路的终端装有最低机油压力报警开关。发动机起动后机油压力较低,最低油压报警开关触点闭合,油压指示灯亮。当机油压力超过 31 kPa 时,最低油压报警开关触点断开,指示灯熄灭。另外,在机油滤清器上也装有机油压力开关,当发动机转速超过 2 150 r/min 时,机油压力若低于 180 kPa,这时开关触点闭合,报警灯亮,同时蜂鸣器鸣响报警。

2. EQ6100 型汽油机润滑油路

如图 7 - 3 所示,由油底壳、集滤器、机油泵、粗机油滤清器、细机油滤清器、机油散热器、主油道、分油道、限压阀、旁通阀等组成。发动机曲轴的主轴承、连杆轴承、凸轮轴轴承、摇臂孔、空气压缩机、正时齿轮和机油泵驱动轴等采用压力润滑,活塞、活塞环、活塞销、气缸壁、气门、挺杆和凸轮等采用飞溅润滑。

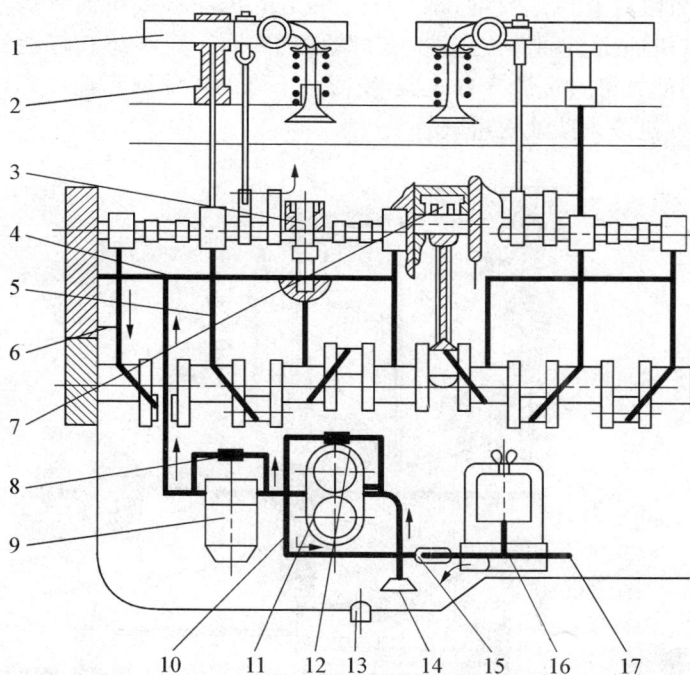

图 7 - 3　EQ6100Q 型汽油机润滑油路

1—摇臂轴;2—上油道;3—机油泵传动轴;4—主油道;5—横向油道;6—喷油嘴;7—连杆小头油道;8—旁通阀;9—机油粗滤器;10—油管;11—机油泵;12—限压阀;13—磁性放油螺栓;14—固定式集滤器;15—机油细滤器进油限压阀;16—机油细滤器;17—油底壳

发动机工作时,机油经固定式集滤器初步过滤后进入机油泵,由机油泵输出的油分两路:大部分(90%)的机油经粗机油滤清器后进入纵向主油道,并由此流向各运动零件的工作表面;另一小部分经限压阀流入到细滤器,滤去细小杂质后流回油底壳。进入主油道的润滑油由曲轴上的七条并联的横向油道流到曲轴主轴承中,然后经曲轴上的油道流入连杆轴颈

笔记

处。其中第一、二、四、六、七横向油道里的部分润滑油流向凸轮轴轴承。流入第五道凸轮轴轴承中的机油,从轴颈上的泄油孔流出,以防止机油从后油堵盖压出。第三条横向油道里部分润滑油流向机油泵和分电器驱动轴。用油管从主油道前端引出部分润滑油到空气压缩机曲轴中心油道,润滑空气压缩机的曲轴和连杆轴承处,然后经空气压缩机下方的回油管流回到发动机的油底壳中。在曲轴箱前端拧入一个喷油嘴,通过油道与主油道相连,以润滑正时齿轮。凸轮轴的第二、四轴颈上有两个不通的半圆形节流槽,润滑油经该槽间歇地通过摇臂轴的第一和第四支座上的油道输送到两根中空带孔的摇臂轴内,润滑摇臂孔。凸轮轴轴颈上的节流槽对润滑油的节流作用能防止摇臂轴过量润滑,避免多余的油顺气门流入气缸。

3. 斯太尔 WD615 系列柴油机润滑油路

如图 7-4 所示,油底壳中的机油经集滤器、机油泵、机油滤清器、机油散热器进入主油道。主油道中的机油通过各支油道分别流向增压器(若柴油机为自然吸气,则无增压器)、压气机、喷油泵、摇臂轴、凸轮轴轴颈、曲轴主轴颈和连杆轴颈等处进行压力润滑。为了保证对活塞的冷却,对应各缸处有机油喷嘴,来自于主油道的机油直接喷到活塞内腔。此外,润滑系统主油道中装有机油压力过低传感器,能自动报警;油底壳底部有磁性放油螺栓;窜入曲轴箱及气缸体内的油气可通过油气分离器,使凝结下来的机油回到油底壳,分离出来的气体则通过增压器、压气机进入柴油机进气管。

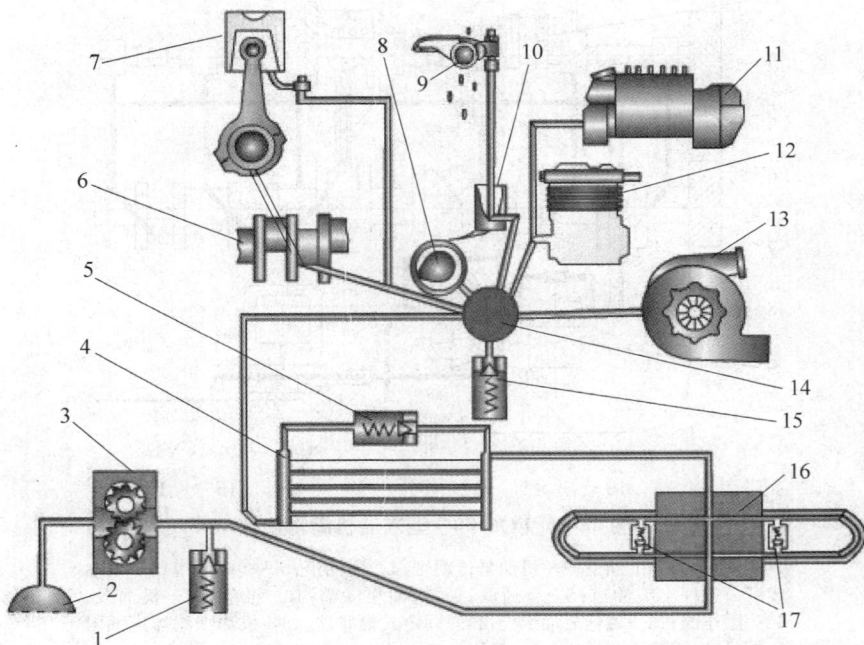

图 7-4　斯太尔 WD615 系列柴油机润滑油路

1—机油限压阀;2—集滤器;3—机油泵;4—机油散热器;5—机油散热器限压阀;6—曲轴;7—活塞;8—凸轮轴;9—摇臂轴;10—挺柱;11—喷油泵;12—压气机;13—增压器;14—主油道;15—限压阀;16—机油滤清器;17—滤清器旁通阀

[知识拓展]

发动机润滑剂

汽车发动机润滑剂包括机油和润滑脂两种。发动机要按规定加入一定量的性能指标满足要求的发动机润滑油。机油具有润滑、冷却、密封、清洁和防锈等作用。我国发动机机油按发动机的类型分为汽油发动机机油和柴油发动机机油两大类。

1. 发动机机油的使用性能

1) 黏度

黏度是发动机机油的主要性能之一。对于同一种发动机油来说,黏度不是常数,温度降低,黏度增大;温度升高,黏度减小。发动机机油因温度变化而黏度改变的性质称为黏温性能。黏温性能好的油料,温度升降引起的黏度变化小。根据发动机机油在发动机中的作用不同,对于黏度的要求也各有不同。用于冷却和洗涤,要求油料黏度小;用于密封,则要求黏度大;起动时要求黏度小;在大负荷、高速行驶时,要求黏度大一些。因此,在使用中必须全面考虑润滑油的黏度。下面就发动机油黏度过小或黏度过大进行分析。

发动机机油黏度对发动机工作的影响如下:

黏度过小:①密封作用差。发动机油黏度过小,不能在气缸壁与活塞之间的缝隙中形成足够厚的油膜,这样没有完全燃烧的可燃混合气和废气将渗入曲轴箱,污染发动机油并使其变质。②油膜容易破坏,油耗增大。发动机油黏度过小,易从摩擦表面流失,同时悬浮在油内的碳粒,灰尘等杂质易沉积在摩擦机件的表面,致使机件磨损。同时,油料黏度过小,在高温下发动机油蒸发性加大,容易使气缸壁上的发动机油窜入燃烧室而烧掉,加大了发动机机油的消耗。

黏度过大:①降低发动机有效功率。高黏度的发动机机油可以增加发动机油膜的厚度,增强液体润滑的可靠性。但是黏度过大时,克服发动机机油内摩擦上的功率消耗也越大,因而发动机可利用功率相应减小,燃料消耗会增大。②冷却和洗涤作用差。黏度过大的发动机机油,单位时间内流过摩擦表面的油量减少,从摩擦机件中传导出的热量相应减少,冷却作用减弱,从而易造成发动机过热。同时,由于发动机油的循环速度慢,也减弱了把金属屑、炭粒、灰尘等从摩擦表面清洗出去的能力。

由此可见,发动机油必须具有适当的黏度,并且在机油中要加各种性能良好的抗氧化剂。

2) 抗氧性

抗氧性是指油料在储存和使用中抵抗氧化的能力。发动机机油在储存和使用中,与空气中的氧气接触,会发生氧化反应,引起发动机机油变质。常温下,氧化速度比较缓慢,但在高温时氧化速度明显加快,尤其是在曲轴强烈的搅拌下,飞溅的油滴蒸发成油雾,增大了与氧的接触面积,在金属催化作用下,使氧化反应变得非常激烈,并生成氧化物。油中生成的氧化物,不仅会使油的外观和理化性能发生变化,如颜色变暗、黏度增加、酸度增大等,还会引起机件磨损,破坏发动机正常工作,加速润滑油老化变质。因此,要求发动机机油具有良好的抗氧化能力,特别是在高温下的抗氧化能力,又称为热氧化稳定性。为减缓发动机油氧化变质,延长使用寿命,通常在机油中要加各种性能良好的抗氧化剂。

3) 抗腐蚀

发动机油在氧化过程中会产生酸性物质,如各种有机酸等,这些物质在高温、高压下,在含有水分时对金属有很强的腐蚀性。

由于发动机的轴承合金对腐蚀性物质很敏感,特别是高速柴油机使用的铜铅、镉银、镉镍轴承,其耐蚀性很差,在发动机机油中含有微量的酸性物质就会引起严重腐蚀,使其表面出现斑点、麻坑,甚至剥落。因此要求发动机机油具有良好的抗腐蚀性能。

发动机机油的防腐蚀性常用轴瓦腐蚀试验来评定,在发动机机油规格中,要求各级发动机机油的轴瓦失重量不得大于其规定值。为提高发动机机油抗腐蚀性,通常采用的方法有:一是加深发动机机油的精炼程度,以减少酸值;二是添加防腐剂。常用的防腐剂多为硫、磷有机盐,他能在轴承表面形成防腐保护膜,同时减少机油中的氧化物,使轴承不受腐蚀。

4)清净分散性

发动机机油在使用过程中,因受到废气、燃气、高温和金属催化作用会生成氧化物,他们与金属磨屑等机械杂质混合在一起,在油中形成胶状沉积物。这些沉积物黏附在活塞、活塞环槽上,形成积炭和漆膜,或沉积下来形成油泥,堵塞油孔,从而使发动机散热不良、活塞环黏着、供油不畅、润滑不良,加剧机件磨损以及油耗增大和功率增大和功率下降等,因此发动机机油应有良好的清净分散性。所谓清净分散性,是指能将发动机机油生成的胶状物、积炭等不溶物悬浮在机油中,使其不易沉积在机件表面,同时能将已沉积在机件上的胶状物洗下来的性能。

发动机机油的清净分散性通常的是通过在油中添加清净分散剂来提高的。目前,常用的有金属型清净分散剂和无灰型清净分散剂,它们不仅具有良好的清净分散效果,同时还有良好的抗氧化性能。

5)抗泡沫性

发动机机油消除泡沫的性质,叫做发动机机油的抗泡沫性。当发动机机油受到激烈搅动,将空气混入机油中时就会产生泡沫。泡沫如果不及时消除,会产生气阻,造成供油不足等故障。因此,要求发动机机油具有良好的抗泡沫性,在出现泡沫后能及时消除,以保证正常工作。

2. 发动机油的分类

1)国外发动机油的分类

目前,国际上许多国家发动机机油采用 API 质量分类和 SAE 黏度分类法。

API 质量分类法:根据发动机机油的用途和使用性能的高低,分为汽油发动机机油的 S 系列,具有 SA,SB,SC,SD,SE,SF,SG,SH,SJ 九个等级;柴油发动机机油的 C 系列,具有 CA,CB,CC,CD,CE,CF4,CG4 7 个等级。

SAE 黏度分类法:按机油黏度大小,将发动机机油分为 0W,5W,10W,15W,20W,25W,20,30,40,50,60 共十一个等级。

2)我国发动机机油的分类

我国发动机机油按其使用性能分成若干质量等级,每个质量等级又按机油黏度大小分成若干黏度等级。

质量等级。参照美国 API(美国石油协会简称)质量分类法,国家标准 GB/T 7631.3—1995 内燃机机油分类规定,汽油发动机机油分为 SC,SD,SE,SF,SG,SH 六个等级;柴油发动机油分为 CC,CD,CD-Ⅱ,CE,CF-4 五个等级。质量等级越靠后,其使用性能越优良。除上述分类外,国家标准还规定了汽油发动机与柴油发动机上均可通过的机油质量等级,这类机油成为通用油。如 SD/CC,SE/CC,SF/CD 级等。

黏度等级 GB/T 14906—1994 内燃机油黏度分类确定了发动机油的黏度等级,它是参照美国 SAE(美国汽车工程师协会简称)黏度分类法制定的。我国发动机机油分为 0W,5W,10W,15W,20W,25W,20,30,40,50,60 共 11 个黏度等级,等级越往后,适应的气温越高,其中带字母 W 的代表冬季用油,其余为夏季用油。此外,为增宽机油对季节和气温的适应范围,还规定了冬夏两季均可使用的多级油。我国目前该等级机油有 5W/20,5W/30,10W/40,15W/40,20W/40 等。

3)牌号

发动机油的牌号由质量等级和黏度等级两部分组成。如 SC30 表示质量等级为 SC 级,黏度等级为 30 的汽油发动机机油;SE/CC30 表示汽油发动机和柴油发动机上通用的机油,质量等级符合 SE 级汽油发动机机油和 CC 级柴油发动机机油,黏度等级为 30。

3.发动机机油的选用原则

注意:发动机机油的选用,首先根据车辆使用说明书或发动机的工作条件确定发动机机油的质量等级。

1)质量等级的选用

发动机机油质量等级的选用必须严格按照汽车使用说明书的规定。在无车辆使用说明书的情况下,可根据发动机工作条件的苛刻程度,选用合适质量等级的润滑油。具体方法参照如下:

汽油发动机机油质量等级的选用。汽油发动机工作条件的苛刻程度与发动机进、排气系统中有无附加装置及其类型有关。由此,可按附加装置选用机油质量等级,如装有 PCV 装置的汽车可选用 SD 级,解放 CA1091 型汽车和红旗轿车等就要求使用该级别润滑油;装有 EGR 装置的汽车可选用 SE 级润滑油;装有废气催化转换装置的汽车可选用 SF 级润滑油;采用电喷油系统的汽车要求使用 SF 级以上的润滑油,如桑塔纳 2000 型轿车等。

柴油发动机油质量等级的选用。柴油发动机工作条件的苛刻程度可用柴油发动机强化系数表示。强化系数越高,表示润滑油工作条件越苛刻,要求选用的润滑油质量等级越高。强化系数小于 50 的柴油发动机应选用 CC 级,如黄河 JN1171 型柴油发动机等;强化系数大于 50 的柴油发动机应选用 CD 级以上的润滑油,如南京依维柯等。

2)黏度等级的选用

黏度等级的选用是根据车辆使用地区和季节气温来选择的,我国发动机润滑油的黏度等级与适用温度范围见表 7-1。由于单级油不可能同时满足低温及高温的要求,因此只能根据当地季节气温适当选用;而多级油的优越性是它的黏温性能好、适用温度范围宽,特别是在严寒地区、短途运输、低温起动较多时,其优越性更为明显,故应尽量选用多级油。

表7-1　发动机润滑油黏度等级与使用温度范围

SAE 黏度级别	适用气温/℃	SAE 黏度级别	适用气温/℃
5W/30	-30～30	20/20W	-15～20
10W/30	-25～30	30	-10～30
15W/30	-20～30	40	-5～40 以上
15W/30	-20～40 以上		

3）发动机机油的选用实例

部分汽油发动机要求选用的机油规格如表7-2所示，部分柴油车发动机要求选用的机油规格如表7-3所示。

表7-2　部分汽油车发动机要求选用的机油规格

发动机型	机油规格
AJR	VW 标准 50000 或 APISJ 级以上，机油黏度等级（SAE）标准根据环境温度选择
ANQ	VW 标准 50000 或 50101，机油黏度等级（SAE）标准根据环境温度选择
ATX/APS	API SF 级或 API SG 级，机油黏度等级（SAE）标准根据环境温度选择
L46W	API SJ 级以上，润滑油黏度等级（SAE）标准根据环境温度选择
K20A7/K24A4/J30A4	API SG 级以上，润滑油黏度等级（SAE）标准根据环境温度选择
CA48	SF10W/30
CA610	SD30 或 SD10W/30
IUZFW(LS400)	SG 或 SH，润滑油黏度等级（SAE）标准根据环境温度选择
M117(BENZ560)	SG 或 SH，润滑油黏度等级（SAE）标准根据环境温度选择

表7-3　部分柴油车发动机要求选用的机油规格

发动机型号	机油规格	发动机型号	机油规格
CA6100	CC	X613	CC 或 CD
8140.277	CD	WD61567/77	CD15W/40

4. 发动机机油的使用注意事项

（1）如果不是通用油，则汽油发动机机油不能用于柴油发动机上。同样，柴油发动机机油不能用于汽油发动机上。不同牌号的润滑油不得混用。

（2）质量等级较高的润滑油可代替质量等级较低的润滑油，反之则不能。

（3）经常检查润滑油的液面高度。检查时应使发动机处于水平位置，发动机停转几分钟后再进行，机油标尺上的油痕应在 max 与 min 之间。

（4）注意车辆使用地区的气温变化，及时换用黏度等级适宜的机油。在满足使用要求的前提下，润滑油的黏度应尽可能选择小些。

（5）适时（定期或按质）换油。可按车辆使用说明书或该车型规定的换油里程要求换油。

（6）严防水分、杂质等污染润滑油。

5. 润滑脂

润滑脂是将稠化剂掺入液体润滑剂中所制成的一种稳定的固体或半固体产品，其中可以加入旨在改善润滑脂某种特性的添加剂。润滑脂在常温下可附着于垂直表面而不流畅，并能在敞开或封闭不良的摩擦部位工作，具有其他润滑剂所不能代替的特点。因此，在汽车的许多部位都使用润滑脂润滑。目前，进口汽车和国产新车普遍推荐使用汽车通用锂基润滑脂（GB/T 5671—1985）。这种润滑脂具有良好的高低温适应性，可在－30～120℃的宽阔温度范围内使用；具有良好的抗水性和防锈性能，可用于潮湿和与水接触的摩擦部位；具有良好的安定性和润滑性，在高度运转的机械部位使用，不变质、不流失，保证润滑。它能够满足我国从哈尔滨到海南岛广大地区汽车的使用要求，与使用钙基或钙基润滑脂比较，可以延长换油期两倍，使润滑和维护费下降40%以上。

任务7.2　润滑系的构造与检修

【任务描述】

本任务重点介绍发动机润滑系统主要零部件（机油泵、机油滤清器、机油散热器、油底壳等）的构造与维修。

【知识准备】

7.2.1　机油泵

1. 机油泵的作用和类型

机油泵的作用是提高机油压力，保证机油在润滑系统内不断循环。机油泵一般安装在曲轴箱内，由曲轴、凸轮轴或中间轴驱动。目前发动机润滑系统中广泛采用的是外啮合齿轮式机油泵和内啮合转子式机油泵两种，如图7-5和图7-6所示。

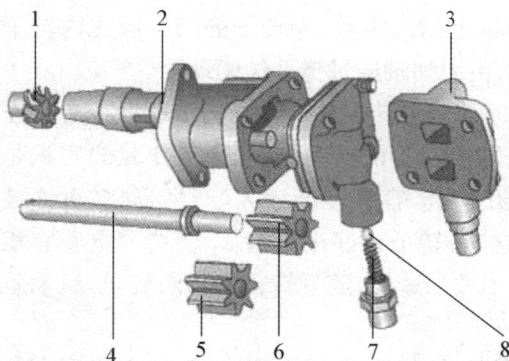

图7-5　外啮合齿轮式机油泵

1—机油泵驱动齿轮；2—泵体；3—泵盖；4—主动齿轮轴；
5—从动齿轮；6—主动齿轮；7—限压阀弹簧；8—限压阀

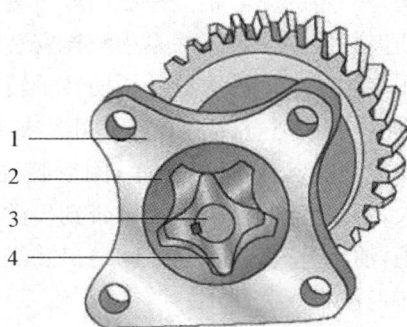

图7-6　转子式机油泵

1—壳体；2—外转子；3—转子轴；4—内转子

2. 机油泵的构造与工作原理

外啮合齿轮式机油泵主要由主动轴、主动齿轮、从动轴、从动齿轮、壳体等组成,两个齿数相同的齿轮相互啮合,装在壳体内,齿轮与壳体的径向和端面间隙很小。主动轴与主动齿轮键连接,从动齿轮空套在从动轴上(见图7-5)。工作时,主动齿轮带动从动齿轮反向旋转。两齿轮旋转时,充满在齿轮齿槽间的机油沿油泵壳壁由进油腔带到出油腔,在进油腔一侧由于齿轮脱开啮合以及机油被不断带出而产生真空,使油底壳内的机油在大气压力作用下经集滤器进入进油腔,而在出油腔一侧由于齿轮进入啮合和机油不断被带入而产生挤压作用,机油以一定压力被泵出,如图7-7所示。齿轮式机油泵结构简单,机械加工方便,工作可靠,使用寿命长,应用广泛。

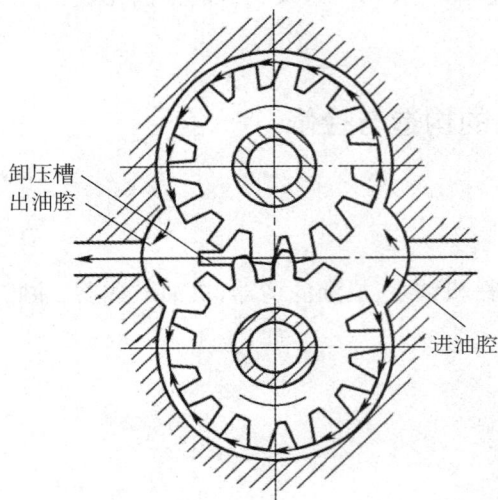

图7-7 外啮合齿轮式机油泵工作原理

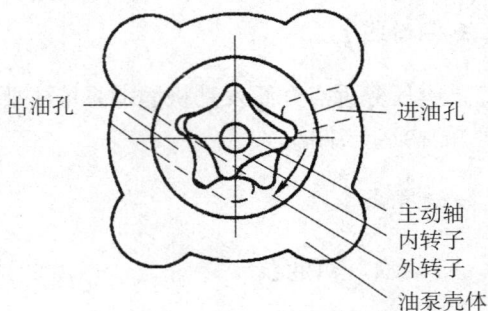

图7-8 转子式机油泵工作原理

转子式机油泵的结构如图7-8所示,主要由泵壳、泵盖、内转子、外转子、转子轴、机油泵链轮、限压阀等零件组成。内转子固定在机油泵转子轴上,其外端装有机油泵链轮。外转子自由地安装在泵壳内,并与内转子啮合传动,泵壳上设有进油孔和出油孔。内、外转子之间有一定的偏心距。一般内转子有4个或4个以上的凸齿数,外转子的凹齿数比内转子的凸齿数多一个。机油泵用螺栓安装在曲轴箱内,由中间轴通过传动链驱动。

转子齿形齿廓设计得使转子转到任何角度时,内、外转子每个齿的齿形廓线上总能互相成点接触。这样内、外转子间形成4个工作腔,随着转子的转动,这4个工作腔的容积是不断变化的。在进油道的一侧空腔,由于转子脱开啮合,容积逐渐增大,产生真空,机油被吸入,转子继续旋转,机油被带到出油道的一侧,这时,转子正好进入啮合,使这一空腔容积减小,油压升高,机油从齿间挤出并经出油道压送出去。这样,随着转子的不断旋转,机油就不断地被吸入和压出。

转子式机油泵具有结构紧凑,供油量大而且油压均匀,工作噪声小,吸油真空度高等优点。所以当机油泵安装在曲轴箱外或安装位置较高时,采用转子式机油泵比较合适。但内、外转子啮合表面的润滑阻力比齿轮泵大,功率消耗较大。

7.2.2 机油滤清器

发动机润滑系统采用的滤清器有全流式和分流式两种,目前多采用全流式滤清器。一般润滑系统中装有几个不同过滤能力的滤清器,集滤器、粗滤器和细滤器,分别串联或者并联在主油道中。与主油道串联的滤清器称为全流式滤清器,一般为粗滤器;与主油道并联的滤清器称为分流式滤清器,一般为细滤器,过油量为 10%~30%,现在轿车和轻型货车已很少用了。

1. 集滤器

集滤器一般为滤网式,安装于机油泵的前端,防止机油中粒度较大(粒度 0.1~0.15 mm)的杂质进入机油泵,主要分为浮动式集滤器和固定式集滤器,如图 7-9 所示。

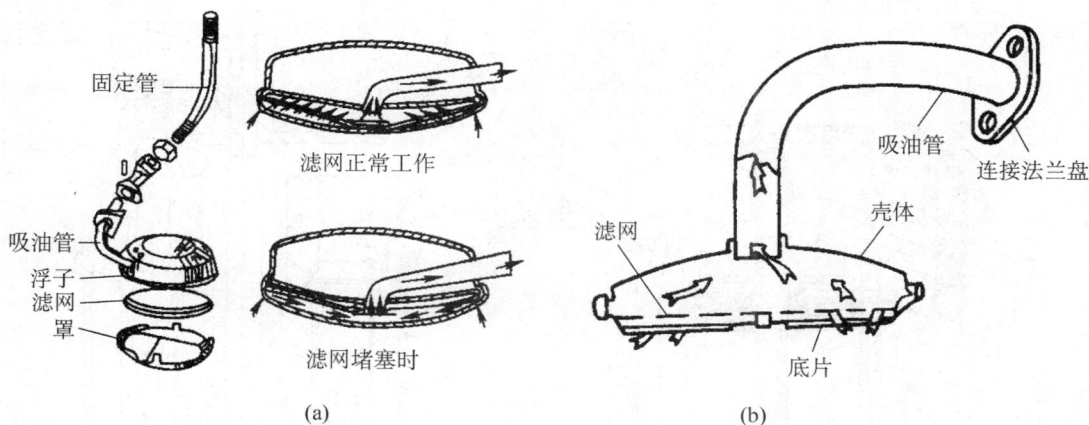

图 7-9 机油集滤器的构造

(a) 浮动式集滤器 (b) 固定式集滤器

浮动式集滤器的结构如图 7-9(a)所示,浮动式集滤器主要是浮子、滤网、罩、吸油管和固定管组成。发动机工作时,润滑油从罩的边缘被吸入,经过滤网滤除较大的杂质后进入机油泵;若滤网堵塞时,滤网上部产生真空,从而可以克服滤网弹性将滤网吸起,滤网上的环口离开罩,润滑油便不经过滤网而从环口直接被吸入机油泵,这样可保证润滑不致中断。浮动式集滤器能吸入油面上较清洁的机油,但油面上的泡沫易被吸入,使机油压力降低,润滑欠可靠,目前应用不多。

固定式集滤器的结构如图 7-9(b)所示,固定式集滤器主要由吸油管、滤网和罩组成,吸油管的上端用螺栓与机油泵连接,下端与滤网支座连成一体;罩利用翻边安装在滤网支座外缘凸台上,滤网夹装在支座上与罩之间;罩的边缘有 4 个缺口,形成进油道;当机油泵工作时,润滑油从罩的缺口处经过滤网滤除较大的杂质后,通过吸油管进入机油泵。固定式集滤器淹没在油面下,吸入的机油清洁度较差,但可防止泡沫吸入,润滑可靠,结构简单,应用较多。

2. 粗滤器

粗滤器用于滤去机油中粒度较大的杂质,机油流动阻力小,通常串联在机油泵和主油道之间,属于全流式滤清器。

粗滤清器根据滤芯的不同,有各种不同的结构形式,传统的粗滤器多采用金属片缝隙式和绕线式,现多采用纸质式和锯末式。

(1)金属片缝隙式粗滤器:如图7-10所示,这种粗滤器的滤芯由薄钢片制成的滤清片、隔片和刮片等组成。它们彼此相同地套在滤芯轴上,用上、下盖板及螺母压紧。由于滤清片之间有隔片,形成了一定的间隙,机油可通过此间隙流入滤芯,再经上盖出油道流向主油道,机油流动方向如图7-10箭头所示。

在上盖设有旁通阀,当滤芯堵塞时,旁通阀被机油压力顶开,润滑油不经滤芯而直接流入主油道,保证供油不会中断。金属片缝隙式粗滤器是一种永久性滤清器,由于质量大、结构复杂、制造成本高等缺点,已基本被淘汰。

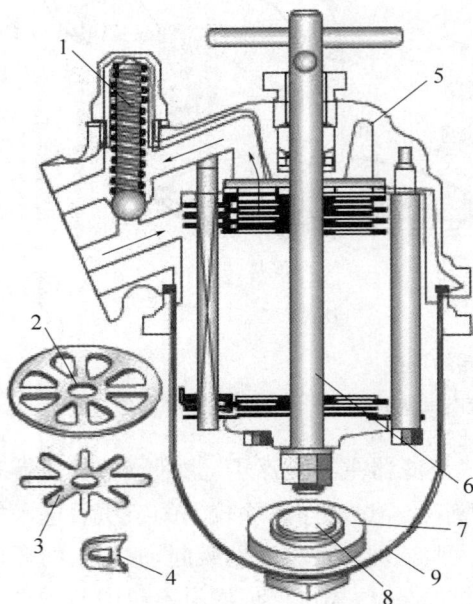

图7-10 金属片缝隙式粗滤器

1—旁通阀;2—滤清片;3—隔片;4—刮片;5—上盖;6—滤芯轴;7—螺母;8—放油螺栓;9—外壳

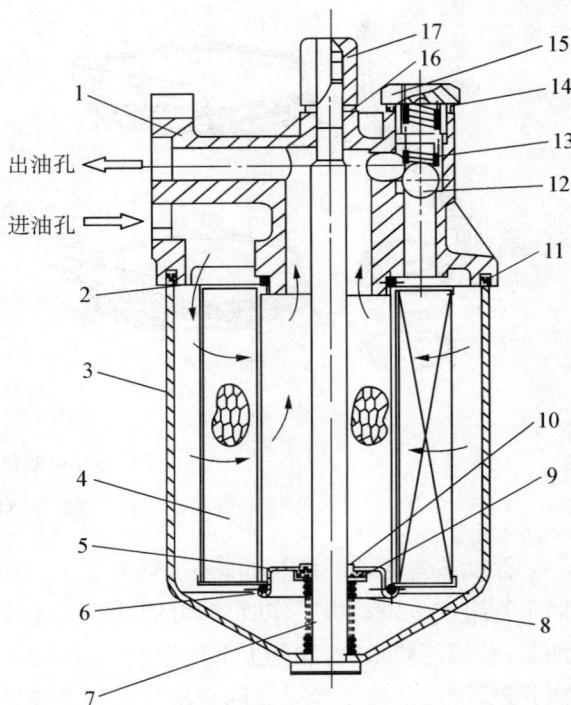

图7-11 纸质滤芯式粗滤器

1—上盖;2—滤芯密封圈;3—外壳;4—纸质滤芯;5—托板;6—滤芯密封圈;7—拉杆;8—滤芯压紧弹簧;9—压紧弹簧垫圈;10—拉杆密封圈;11—外壳密封圈;12—球阀;13—旁通阀弹簧;14—密封垫圈;15—阀座;16—密封垫圈;17—螺母

(2)纸质滤芯式粗滤器:如图7-11所示,纸质滤芯式粗滤器的滤芯是用微孔滤纸制成的,为了增大过滤面积,微孔滤纸一般都折叠成扇形和波纹形。微孔滤纸经过酚醛树脂处理,具有较高的强度、抗腐蚀能力和抗水湿性能,具有质量小、体积小、结构简单、滤清效果好、过滤阻力小、成本低和保养方便等优点,得到了广泛的应用,一般只需按规定里程(每行驶6 000~8 000公里)进行维护。

3. 细滤器

机油细滤器用以清除细小的杂质,对机油的流动阻力较大,故多做成分流式,与主油道并联,只有少量的机油通过它滤清后回到油底壳。机油细滤器为离心转子式结构,如图 7-12 所示。当一定压力的机油进入细滤器时,驱动转子高速旋转,于是比重大于机油的各种杂质、污物便在离心力作用下沉积在转子的内壁上,从而使经过清洁处理的机油流向主油道和油底壳。机油滤清器工作一段时间后,转子内壁的沉积物会逐渐增多,因而自身重量加大,转速也会相应下降。这种细滤器转子的转速必须达到 5 000～6 000 r/min 才能起到滤清机油的作用。为此,发动机的使用说明书中往往规定:在机油压力与温度正常的情况下,当发动机大油门熄火后,若能连续 25 s 听到滤清器转子转动的声音,说明该细滤器工作正常;若声响时间少于 25 s,则说明转子内壁沉积物过多,因而自身沉重、转速下降,已失去应有的滤清作用,必须拆开清洗检查。另外还规定,发动机每工作 500～600 h,应对机油细滤器保养一次。

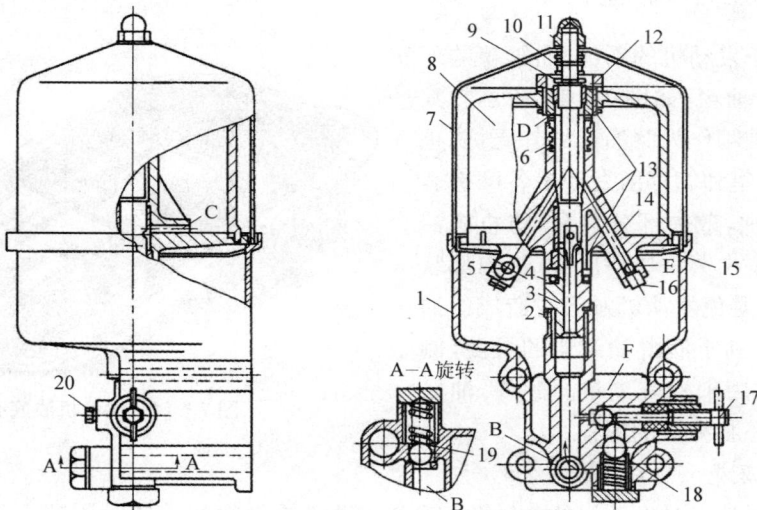

图 7-12 离心式细滤器

1—壳体;2—锁片;3—转子轴;4—止推轴承;5—喷嘴;6—转子体端套;7—滤清器盖;8—转子盖;9—支撑座;10—弹簧;11—压紧螺母;12—压紧套索;13—衬套;14—转子体;15—挡板;16—螺塞;17—机油散热器开关;18—机油散热器安全阀;19—进油限压阀;20—管接头 B—滤清器进油口 C—出油口 D—进油口 E—通喷油嘴油道 F—滤清器出油口

7.2.3 机油散热器

发动机运转时,由于机油黏度随温度的升高而变稀,降低了润滑能力,因此有些发动机安装了机油散热器。其作用是降低机油温度,保持润滑油有一定的黏度。机油散热器由散热管、限压阀、开关、进出水管等组成,如图 7-13 所示,结构与冷却水散热器相似。机油散热器一般安装在冷却水散热器的前面,与主油道并联。机油泵工作时,一方面将机油供给主油道,另一方面经限压阀、机油散热器开关、进油管进入机油散热器内,冷却后从出油管流回油底壳,如此循环流动。

笔记

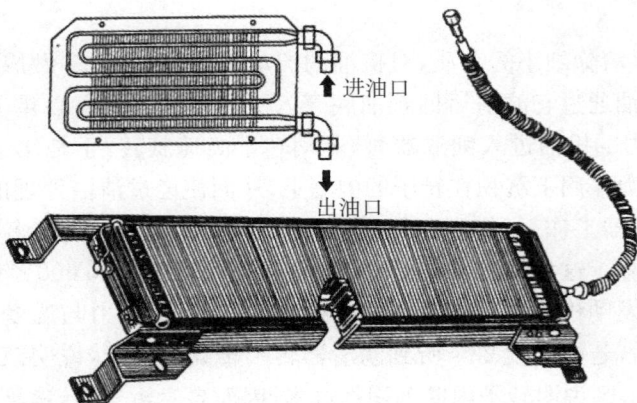

图 7 - 13　机油散热器

7.2.4　油底壳与机油尺

油底壳位于发动机的下部,曲轴箱的下半部,又称为曲轴箱,如图 7 - 14 所示。其作用是封闭曲轴箱作为储油槽的外壳,防止杂质进入,并收集和储存由发动机各摩擦表面流回的润滑油,散去部分热量,防止机油氧化。油底壳多由薄钢板冲压而成,内部装有稳油挡板,以避免发动机颠簸时造成的油面震荡激溅,有利于润滑油杂质的沉淀,侧面装有机油尺,用来检查油量。此外,油底壳底部最低处还装有放油螺栓。

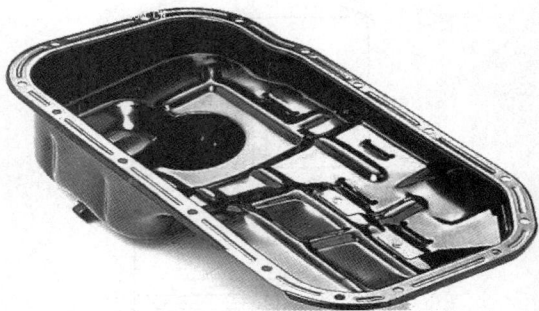

图 7 - 14　发动机油底壳

1. 湿式油底壳

湿式油底壳特点是发动机的曲轴曲拐和连杆大头在曲轴每旋转一周都会浸入油底壳的润滑油内一次,起到润滑作用,同时由于曲轴的高速运转,曲拐每次高速浸入油池内都会激起一定的油花和油雾,对曲轴和轴瓦进行润滑。这样对润滑油在油底壳内的液面高度就有了一定的要求,如果太低,曲轴曲拐和连杆大头不能浸入润滑油内,导致缺少润滑而磨损曲轴和连杆以及轴瓦;如果润滑油面太高,会导致轴承整个浸入,使曲轴的旋转阻力增大,最终导致发动机性能下降,同时润滑油容易进入气缸燃烧室内,导致发动机烧机油、火花塞积炭等问题。这种润滑方式结构简单,不需另设机油箱,但车辆工作的倾斜度不可过大,否则会因断油、漏油而引发烧瓦拉缸事故。

2. 干式油底壳

干式油底壳大多用在赛车的引擎上。它没有在油底壳中储存机油,更准确地说是没有油底壳。在曲轴箱的这些运动的摩擦表面都是通过一个个孔压出机油进行润滑。由于干式油底壳发动机取消了油底壳的储存机油的作用,所以原油底壳的高度就大大降低了,发动机的高度也随之降低,重心降低带来的好处就是有利于操作。

3. 机油尺和机油压力表

机油尺是用来检查油底壳内油量和油面高低的。它是一根金属杆,下端制成扁平,并有刻线。机油油面必须处于机油尺上、下刻度线之间。机油压力表用以指示发动机工作时润滑系统中压力的大小,一般都采用电热式机油压力表。它由油压表和传感器组成,中间用导线连接。传感器装在粗滤器或主油道上,把感受到的机油压力传给压力表。油压表装在驾驶室内仪表盘上,显示机油压力的大小。轿车一般不装机油压力表,只有压力报警信号指示灯。

7.2.5 曲轴箱通风

发动机工作时,一部分可燃混合气和废气经活塞环泄露到曲轴箱内。泄露到曲轴箱内的汽油蒸汽凝结后,将使润滑油变稀。同时,废气的高温和废气中的酸性物质及水蒸气将侵蚀零件,并使润滑油性能变坏。

另外,由于混合气和废气进入曲轴箱,使曲轴箱内的压力增大,温度升高,易使机油从油封、衬垫等处向外渗漏。为此,一般汽车发动机都装曲轴箱通风装置,以便及时将进入曲轴箱的混合气和废气抽出,使新鲜气体进入曲轴箱,形成不断的对流。曲轴箱通风方式一般有两种,一种是自然通风,另一种是强制通风。

1. 自然通风

从曲轴箱抽出的气体直接导入大气中的通风方式称为自然通风。柴油机多采用这种曲轴箱通风系统。在曲轴箱连通的气门室盖或润滑油加注口处接出一根下垂的出气管,管口处切成斜口,切口的方向与汽车行驶的方向相反,利用汽车行驶和冷却风扇的气流,在出气口处形成一定真空度,将气体从曲轴箱抽出,如图 7－15 所示。

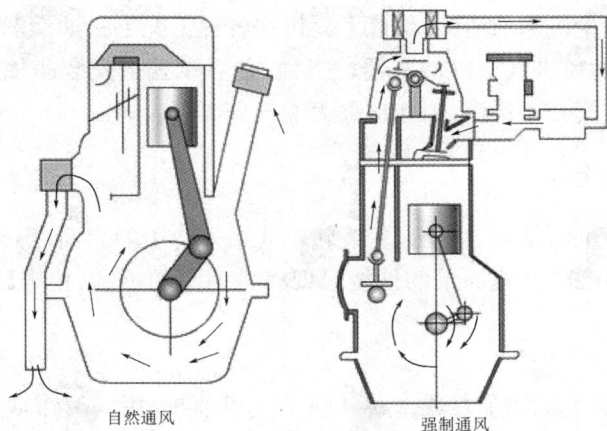

自然通风　　　　　　　强制通风

图 7－15　曲轴箱通风系统

2. 强制通风

利用发动机进气系统的抽吸作用,从曲轴箱抽出气体导入发动机进气管,吸入气缸再燃烧,这种通风方式称为强制通风,如图 7－15 右图所示。汽油机一般都采取这种曲轴箱强制通风方式,这样可以将窜入曲轴箱的混合气回收利用,有利于提高发动机的经济性。这种通风方式结构有些复杂,但可以将窜入曲轴箱的混合气和废气回收使用,不仅有利于提高发动机的经济性,而且还减轻了发动机的排放污染,因此在现在汽车上广泛使用。按抽吸曲轴箱内气体的形式,强制通风分为一般式、单向阀式、油气分离式和综合式。

(1)一般式强制通风:只是用橡胶管把曲轴箱和进气管道连接起来的通风方式称为一般式强制通风。这种通风方式结构比较简单,只需管路连接,中间不需要其他部件连接,适用于一些小型发动机。

(2)单向阀式强制通风:在连接曲轴箱与进气管的管路中连接一个单向阀,防止把曲轴箱内的机油吸出,适用于车用汽油机,如 EQ6100Q 型、日本三菱帕杰罗牌汽车发动机等。气门室罩上装有一个小空气滤清器,在曲轴箱和进气管之间用出气管相连,并在进入进气管之前的连接管处装有一个单向阀。

当发动机工作时,曲轴箱内的蒸汽经出气管、单向阀吸入气缸中,而新鲜空气经气门室罩上的小空气滤清器进入曲轴箱内。单向阀的作用是防止发动机在低速、小负荷时进气管的真空度太大而将机油从曲轴箱内吸出。曲轴箱通风单向阀主要由阀体、阀、阀座和弹簧组成。发动机在怠速时进气管真空度大,单向阀被吸在阀座上,曲轴箱内废气经阀上小孔进入进气管;随着发动机负荷增大,进气管的真空度下降,阀在弹簧弹力的作用下向外顶开,这时通气量逐渐加大;发动机大负荷时,阀完全打开,通风量最大,起到更新曲轴箱内空气的作用。

(3)油气分离式强制通风:在连接曲轴箱与进气管的管路中连接一个油气分离器,把从曲轴箱内抽吸的油、气进行分离,使液态的油流回曲轴箱,气态的气吸入进气管,这样可以减少机油的消耗。斯太尔牌发动机的油气分离器安装在发动机气缸盖的前端。发动机工作时,窜入曲轴箱内的油气经管路进入油气分离器,由于该油气分离器的内腔下平面呈倾斜状,所以液态的油沿斜面、回油管流回曲轴箱,而气态的气经连接管进入进气道。

(4)综合式强制通风:在连接曲轴箱与进气管的管路中不仅连接一个单向阀,还连接一个油气分离器,大大减少机油的消耗,保证发动机在各种工况下机油润滑的稳定。在气缸盖前罩盖上安装曲轴箱通风进气空气滤清器,在气缸盖后罩盖上安装曲轴箱通风出气口滤清器,这两个滤清器有油气分离作用,因此也称为油气分离器。

7.2.6　机油泵的检修

机油经长期使用,机油泵主、从动齿轮及转子式内外转子的表面,主动轴与轴孔、从动齿轮与轴之间的磨损,都会降低机油泵的性能。现将机油泵的拆卸、检查、维修与装配注意事项介绍如下:

1.机油泵的拆卸

从发动机机体上拆下机油泵总成。对于转子式机油泵,用卡簧钳取出卡簧,卸下齿轮、半圆键,用起子卸下泵盖螺栓,拿下泵盖及内、外转子总成。对于齿轮式机油泵,旋下机油泵盖固定螺栓,使泵盖与泵壳分开,揭下衬垫,取出从动齿轮。拆下泵盖上的限压阀塞,取出弹簧及球体。如果泵轴间隙过大,或传动齿轮与主动齿轮磨损间隙过大,在拆开更换时,可用锉刀将传动齿轮横销的铆锉平,冲出横销,即可将传动齿轮从泵轴上压出,然后从泵壳中抽出泵轴主动齿轮,再压下主动齿轮,应使用专用工具压出或拉出,不应用锤子冲击。若齿轮没有损坏,可以不拆下。最后,用煤油清洗机油泵全部零件。

2. 机油泵的检查

下面以齿轮式机油泵为例详细说明机油泵的检查。

（1）检查安全阀：检查安全阀弹簧有无损伤，弹力是否减弱，必要时更换，检查安全阀配合是否良好，油道是否堵塞，滑动表面有无损伤，如图7-16所示。

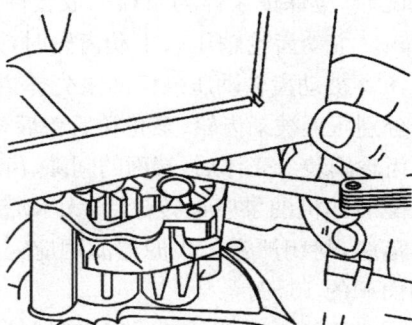

（2）齿轮齿顶与壳体间隙的检查。两啮合的齿轮装在壳体内，用塞尺测量齿顶与壳体所形成的间隙，间隙应为0.05～0.15 mm。

（3）齿轮轴向间隙的检查。检查时，用横尺在壳体端面上，用塞尺多次、多部位地塞进齿轮端面与尺的间隙进行测量，取最大值，其最大间隙应不超过0.15 mm，如图7-17所示。

（4）两齿轮啮合间隙的检查，如图7-18所示。间隙应为0.05～0.20 mm，所有齿侧间隙的差应不超过0.10 mm。

（5）检查齿轮的磨损。用游标卡尺检测齿轮的厚度是否符合要求，如图7-19所示。

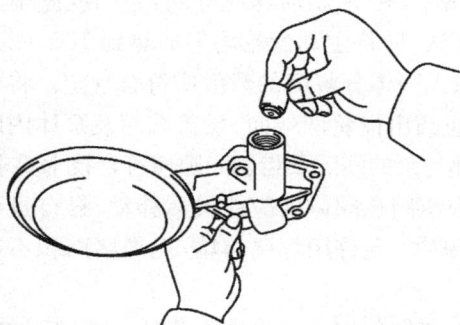

图7-16　安全阀的检查　　　　图7-17　齿轮齿顶与壳体间隙的检查

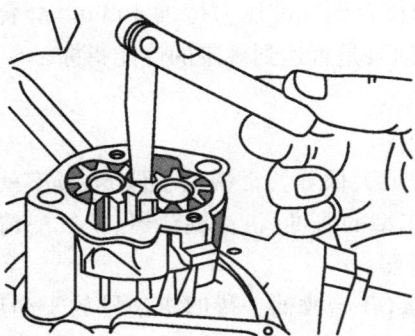

图7-18　两齿轮啮合间隙检查　　　　图7-19　齿轮磨损的检测

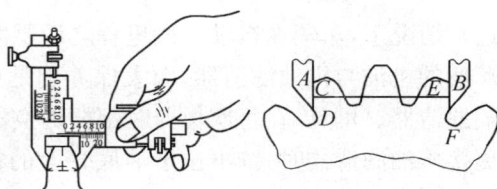

3. 机油泵的维修

在传动齿轮与主、从动齿轮齿面上或内外转子齿面上有毛刺，可用油石磨光；如果齿上有剥落或缺口，应予更换。对于转子式机油泵，当转子轴与衬套磨损间隙超过0.10 mm时，应更换衬套，如果没有衬套，可用镗孔镶套的方法，恢复其标准配合间隙。

镶套修理时，应注意保持内、外转子的偏心距不变，否则对供油量将有较大的影响。机油泵盖工作面磨损甚，也会影响泵油压力，检验时可用钢板尺与厚薄规配合检查，其磨损的凹痕深度不得超过0.05 mm。如果超过此值，可将泵盖平放在平板上，用砂纸研磨平整。

当此值大于 0.10 mm 时,可在车床上车平,然后磨光,也可在平面磨床上磨平。

对于壳体端面,可在铣床或者磨床上铣削,然后在平台上研磨。限压弹簧过软或者球阀有磨损、不圆、麻点多、封闭不严等现象时,均应更换。内转子横销有松动或者传动齿轮横销松动,亦应更换。

安装百分表测量泵轴,用手晃动泵轴检查其松旷程度,机油泵轴与壳的配合间隙一般为 0.03~0.08 mm,超过 0.16 mm 时应更换泵轴。泵轴端面间隙一般为 0.03~0.08 mm,用厚薄规测量泵壳尾端与传动齿轮间的间隙,如超过 0.12 mm,可拆下传动齿轮,在传动齿轮与泵壳尾端之间,加适当厚度的钢垫片来调整。

机油泵从动齿轮与泵轴的配合间隙一般为 0.02~0.05 mm,最大不超过 0.15 mm。主动轴的弯曲度用百分表检查,指针摆差不能超过 0.06 mm,超过时应予校正。

4. 机油泵的装配与磨合

装配时,应保证泵体与泵盖的成套性,不得错乱。主、从动齿轮应等高,其高度差不大于 0.03 mm。主动齿轮轴压入主动齿轮时,采用热压法,应将主动齿轮均匀加热到 $150\sim200^{\circ}$C 后再压入。被动齿轮轴压入机油泵壳体内,轴头深入壳体分解面的数值应符合规定。将相应的衬套分别压入被动齿轮、泵壳和后盖后,衬套不应凸出齿轮两端面、泵盖端面及泵体内腔底平面。齿轮副装入壳体后,端面的间隙、齿轮的顶部与泵的间隙及齿侧间隙应符合技术要求。

装配后的机油泵应运转灵活,无卡滞现象。限压阀在阀体内应能灵活移动,靠自身重量能自由落座,封闭严密。集滤器滤网应完好,如有破损,允许用焊锡焊堵,但焊堵面积不得大于滤网面积的 10%。

转子式机油泵安装外转子时,应把外转子端面有倒角的一面先装入壳体,安装后转动内转子,检查转动是否灵活。装好的机油泵应在机油泵实验台上进行磨合实验。磨合时先以额定转速,在无负荷的状态下运转 4min,然后逐渐增加符合到标准压力持续 3 min。磨合中应没有噪声、过热和漏油现象,磨合后检查所装配的机油泵是否达到规定的性能指标。

7.2.7 机油滤清器的检修

通常情况下,车辆在行驶一段里程之后要做小保养或大保养。常说的小保养,其实就是更换车辆的机油与机油滤清器;而大保养则是更换该车型的机油、机油滤清器、空气滤清器与汽油滤清器。可见,在每次保养时都要更换机油滤清器。

更换机油滤清器时,拧下位于油底壳上的机油螺塞,开始放油。待旧机油排放干净后,即可用专用工具将旧的机油滤清器拧下,当机油基本不再渗出后就可以安装新的机油滤清器。在安装时,最好在新的机油滤清器上涂一层机油,为的是可以达到更好的密封效果。通常情况下,轿车用机油滤清器的更换周期为 6 个月或行驶里程达到 5 000 km 时。

7.2.8 机油散热器的检修

1. 机油散热器的拆卸

在进行机油散热器的拆卸时,发动机机油和冷却液的温度很高,小心不要被烫伤。首先,拆卸水管时,应排除散热器和缸体中的发动机冷却液。其次,放出机油,从机油散热器上断开各管路。拆卸机油散热器时,不应将发动机机油溅到驱动皮带和发动机固定隔热垫等橡胶零件上。

2. 机油散热器的检查

检查机油散热器有无裂纹。从发动机冷却液进水口吹入压缩空气,检查机油散热器阻塞,若有必要,更换机油散热器。推动泄压阀球,来检查泄压阀是否运动正常,有无裂纹和碎片。如有需要更换,要使用合适的工具将泄压阀撬出。

3. 机油散热器安装后的检查

检查发动机机油液位和发动机冷却液液位,然后加注发动机机油和冷却液。起动发动机,确认是否有机油或冷却液泄漏。关闭发动机并等待 10 min 后,再次检查机油和冷却液液面高度。

【任务实施】

齿轮式机油泵的检查:

1) 实施过程

项目	实施内容	文字表述	图　示
齿轮式机油泵的检查	工具的选择		
	安全阀的检查		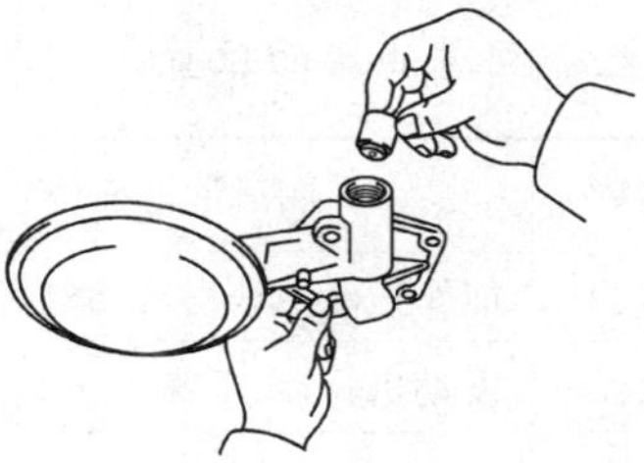
	齿轮顶与壳体之间的间隙测量		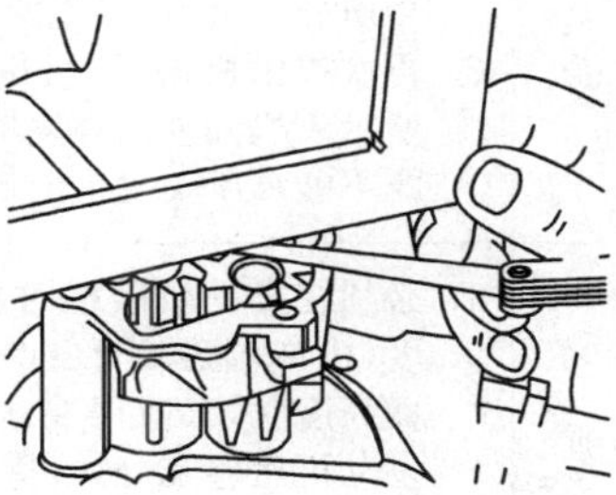
	齿轮轴向间隙的检查		
	两齿轮啮合间隙的检查		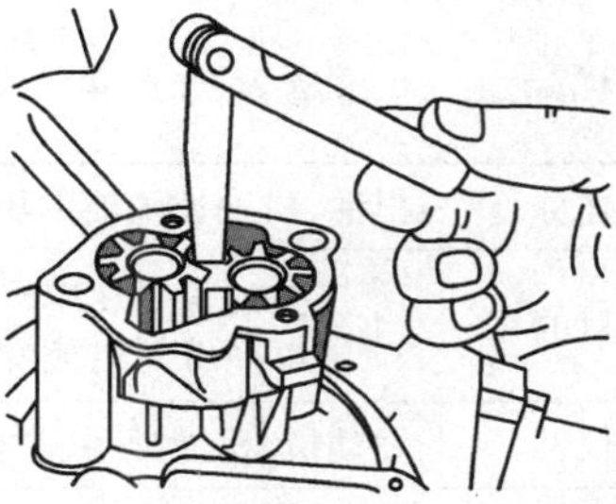

笔 记

项目	实施内容	文字表述	图 示
齿轮磨损检查			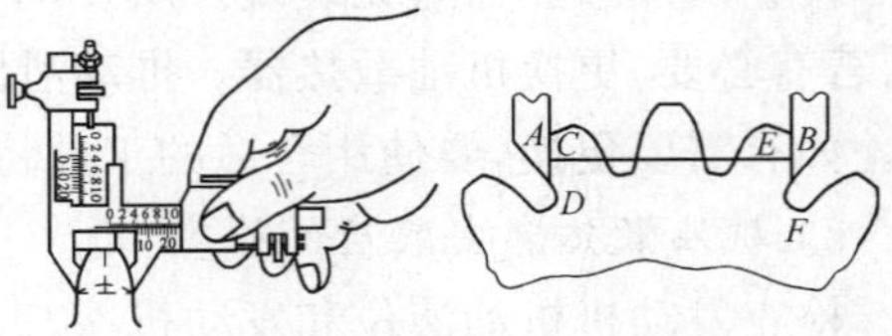

2）数据记录

项目	安全阀的检查/mm	齿轮顶与壳体之间的间隙/mm	齿轮轴向间隙/mm	两齿轮啮合间隙/mm	齿轮磨损/mm
结果（数据）					

【技能训练】

1. 检查润滑油油面位置

实训名称	润滑油油面位置的检测	图 示
实训目的	能够正确地获得发动机机油液面高度	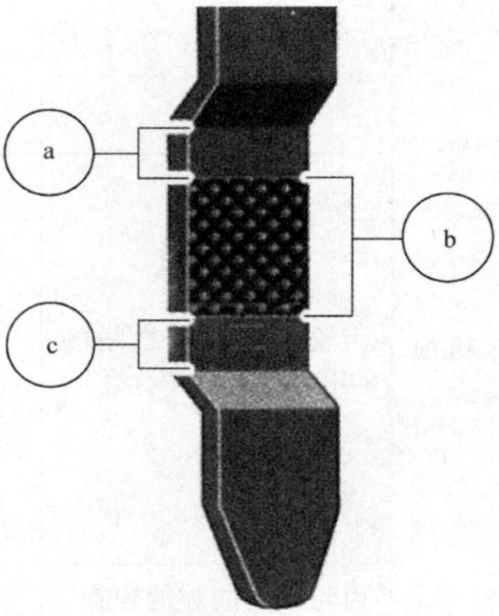
实训仪器	发动机一台、干净抹布	
实训过程	1. 拔出机油尺，用干净布擦净后再插入到台肩处 2. 再次拔出机油尺，读取油位高度，如图所示。机油油面高度应该在范围 b 内，既不能高于 a 也不能低于 c	
注意事项	1. 必须在发动机暖机时检查机油油面高度（机油温度高于 60℃），检查机油油面高度时，车应停在水平路面上，关闭发动机后停几分钟，待机油回到油底壳后方可检查 2. 观察时，机油尺始终应保持垂直	

2. 机油、机油滤清器的更换

实训名称	机油、机油滤清器的更换
实训目的	1. 工具的正确使用 2. 能够熟练的更换发动机机油及滤清器
实训仪器	发动机、机滤扳手、举升机、机油回收装置

（续表）

实训过程	第一步：运转发动机，使其达到工作温度。打开加机油口，然后使用举升机将车辆顶起，拉起手刹车并将前轮用木楔垫上 第二步：在油底壳下方放置旧油容器，找到油底壳的放油螺栓，慢慢拧开放油螺栓，小心不要接触到热油。让机油多滴下一段时间。检查放油螺栓，重新安装放油螺栓，注意不要将螺栓拧得过紧，防止油底壳损坏 第三步：将盛油容器移到机油滤清器下方，使用机油滤芯扳手将滤芯拧松，用手将其拧下。如果滤芯依然很热，记住一定要戴上手套。不要担心滤芯拧得很紧，在拆下过程中会损坏滤芯。只要不损坏安装滤芯的接口螺丝和滤芯周围的部件就可以了。毕竟拆下的滤芯我们不再使用 第四步：参照用户使用手册选择合适的机油滤芯 第五步：使用新机油涂抹新滤芯的接口垫圈。如果滤芯安装位置是垂直的，可以在滤芯中倒入一些新机油，这样可以在下次发动机起动时减少干磨。用手将滤芯拧入，按照指示的方法将滤芯拧紧（通常是在用手将滤芯拧紧后再拧入3/4圈） 第六步：接下来，将新机油倒入油底壳，参照用户使用手册的介绍。可以使用漏斗，防止将机油倒在发动机外部。检查发动机下部是否有泄漏。如果没有泄漏，放下车辆，检查机油尺，并起动发动机。起动后仪表上的指示灯应该马上熄灭。最后，关闭发动机重复检查机油量。根据当地法规处理旧机油和滤芯
注意事项	1. 在举升汽车之前，检查汽车的固定情况，注意人身安全 2. 严格按照上面的操作步骤，完成机油、机滤的更换

【案例分析】

1. 桑塔纳轿车机油压力过低

故障现象	（1）发动机怠速运转后，油压报警灯闪烁 （2）发动机转速达到2 150 r/min以上后（以桑塔纳轿车为例），油压报警灯闪烁，报警蜂鸣器同时发出报警
故障原因	（1）机油压力传感器效能不佳，机油压力表失准 （2）机油池油面太低 （3）汽油机汽油漏入油底壳或燃烧室未燃气体漏入油底壳，将机油稀释 （4）柴油机喷油器滴漏或喷雾不良，使未燃柴油流入油底壳，将机油稀释 （5）机油黏度降低 （6）机油泵齿轮磨损、泵盖磨损或泵盖衬垫太厚，造成供油能力太低 （7）内、外管路有泄漏之处 （8）机油安全阀调整不当、关闭不严或其弹簧折断 （9）机油集滤器滤网堵塞 （10）曲轴主轴承、连杆轴承或凸轮轴轴承或轴承盖松动、减磨合金脱落或烧损
故障诊断与排除	先拔出机油尺检查机油量是否过少，再检查机油黏度是否变小，是否含有汽油或水分，若混杂有汽油或水分，则应进一步检查何处渗漏。经上述检查无问题，喷油仍无力，则用新机油压力表和传感器做对比试验，检查原机油压力表是否失效，必要时检查曲轴轴承盒连杆轴承间隙是否过大。在行驶中，发现机油压力低于标准，可直接卸下主油道上的螺塞，观察喷油是否有力，若喷油有力，可继续行驶，待收车后再检查修复；若喷油无力，应立即排除检查，以免酿成机械事故

笔记

2. 桑塔纳机油压力过高

故障现象	发动机在正常温度和转速下,机油压力表读数高于规定值
故障原因	(1) 机油压力表或机油压力传感器失效 (2) 油底壳油面太高 (3) 机油变稠或新换机油黏度太大 (4) 机油安全阀卡滞或调整不当 (5) 通往各摩擦表面的分油道内积垢阻塞或主轴承、连杆轴承、凸轮轴轴承等间隙太小
故障诊断与排除	(1) 先用机油尺从曲轴箱蘸出机油,用手摸揉,检查机油黏度是否过高,若过高,应换用黏度合适的机油 (2) 卸下机油滤清器,检查滤芯是否过脏或堵塞,或旁通阀因弹簧弹力太强而不能打开,引起机油压力过高 (3) 检查减压阀弹簧是否压得过紧而不能顶开 (4) 经以上检查后,如均良好,除新装发动机外,应检查缸体通向曲轴轴承的油道是否堵塞

3. 桑塔纳机油消耗异常

故障现象	(1) 机油消耗量超过规定值,如捷达轿车大于 1.0 L/1 000 km (2) 尾气冒蓝烟 (3) 积炭增多
故障原因	(1) 发动机各部件表面漏油 (2) 活塞与气缸间隙大,泄漏量增加 (3) 曲轴箱通风不良
故障诊断与排除	看发动机各部件外表面是否有漏油处。使发动机高速运转,查看排气管是否冒蓝烟,有时也可看到从机油加注口冒出的脉动的蓝烟,这些都是机油进入气缸燃烧所致,应拆卸活塞连杆组进行检查分析。若仅是排气管冒蓝烟,而机油加注口并无脉动的蓝烟,则说明是气门室的机油沿磨损过量的气门进入燃烧室,可通过检测气缸压力,判断是否已发生泄漏

【学后测评】

1. 名词解释

(1) 压力润滑。

(2) 飞溅润滑。

(3) 曲轴箱通风。

(4) 强制曲轴箱通风。

2. 问答题

(1) 润滑系常见的故障有哪些?

(2) 发动机润滑系统中机油压力偏高的故障如何排除?

(3) 发动机润滑系的作用?

（4）发动机润滑系的基本组成及其作用？

（5）简述机油泵的作用和类型。

（6）外啮合齿轮式机油泵和转子式机油泵的区别是什么？

（7）曲轴箱为什么要通风？有哪几种通风方式？

参考文献

［1］陈家瑞. 汽车构造(第五版)[M]. 北京:人民交通出版社,2006.

［2］林平. 汽车发动机机械系统构造与检修[M]. 北京:人民邮电出版社,2011.

［3］王忠良. 汽车发动机检修[M]. 北京:人民交通出版社,2013.

［4］杨波,李维娟,张金友. 汽车发动机构造与维修[M]. 北京:北京理工大学出版社,2014.

［5］杨万成,姜波,靳福. 汽车维修工手册[M]. 北京:电子工业出版社,2005.

［6］蔡兴旺. 汽车构造与原理(上册发动机)(第2版)[M]. 北京:机械工业出版社,2010.

［7］薛川. 汽车发动机机械系统的检修[M]. 成都:西南交通大学出版社,2010.

［8］肖生发,赵树朋. 汽车构造[M]. 北京:北京大学出版社,2006.

［9］汤少岩,姜浩. 汽车发动机构造与维修[M]. 上海:上海交通大学出版社,2006.

［10］杨安杰. 汽车发动机构造与维修[M]. 郑州:河南科学技术出版社,2013.

［11］嵇伟,那日松. 轿车电喷发动机故障诊断与分析[M]. 北京:机械工业出版社,2008.

［12］李伟. 大众车系发动机双循环冷却系统[J]. 汽车维护与修理,2010(8).